es 1964
edition suhrkamp
Neue Folge Band 964

Der Begriff »Dienstleistungsgesellschaft« bezeichnet eine mögliche Zukunft der industriell entwickelten Staaten, in der – so die Hoffnung – gesellschaftliche Konflikte und Arbeitsmarktprobleme überwunden sind. Im vorliegenden Buch wird gezeigt, daß es keineswegs eine einheitliche Form von »Dienstleistungsgesellschaft« gibt, sondern daß verschiedene Pfade in die postindustrielle Gesellschaft führen, die mit unterschiedlichen Lebensqualitäten und sozialen Strukturen verbunden sind. Die Dienstleistungsgesellschaft kann sogar durch schärfere soziale Gegensätze gekennzeichnet sein, als es die industrielle Gesellschaft war. In Deutschland hat es zwei verschiedene Modelle gegeben: das »Hausfrauen-Modell« in der (alten) Bundesrepublik, das »Staats-Modell« in der ehemaligen DDR. Einige Anzeichen sprechen dafür, daß das vereinigte Deutschland dem US-amerikanischen Modell der »Dienstbotengesellschaft« folgen wird – wofür die konservative Familienpolitik und die wachsende Zuwanderung die Voraussetzungen schaffen.

Hartmut Häußermann
Walter Siebel
Dienstleistungsgesellschaften

Suhrkamp

edition suhrkamp 1964
Neue Folge Band 964
Erste Auflage 1995
© Suhrkamp Verlag Frankfurt am Main 1995
Erstausgabe
Alle Rechte vorbehalten, insbesondere das der Übersetzung,
des öffentlichen Vortrags
sowie der Übertragung durch Rundfunk und Fernsehen,
auch einzelner Teile.
Satz: Fotosatz Gutfreund GmbH, Darmstadt
Druck: Nomos Verlagsgesellschaft, Baden-Baden
Umschlagentwurf: Willy Fleckhaus
Printed in Germany

2 3 4 5 6 – 00 99 98 97 96

Inhalt

Einleitung

In den ehemaligen Zentren der industriellen Produktion, sei es im nördlichen Ruhrgebiet, im »Rostgürtel« im Nordwesten der USA, in Mittelengland oder in Lothringen, stehen Fabrikhallen leer, bleiben Kanäle und Eisenbahnanlagen ungenutzt. In den modernen Dienstleistungszentren dagegen schießen die Bürotürme in die Höhe, in die Wohnungen aus der Gründerzeit werden Rechtsanwaltskanzleien, Arztpraxen und alle Sorten von Büros gelegt; die Innenstädte wandeln sich zu luxuriösen Einkaufsparadiesen, das Freizeitgewerbe blüht. Schon der alltägliche Augenschein bestätigt die These vom *Wandel der Industriegesellschaft zur Dienstleistungsgesellschaft.*

Diese These kann sich ebenso auf Daten der Statistik stützen: Der Anteil der Dienstleistungen am Bruttosozialprodukt wächst beständig. Immer mehr Menschen arbeiten in Dienstleistungsberufen, immer weniger Menschen sind noch mit manueller Produktionsarbeit beschäftigt. Nach dem Statistischen Jahrbuch 1993 für die Bundesrepublik Deutschland waren im Jahre 1960 in Deutschland (früheres Bundesgebiet) noch 60 % aller Erwerbstätigen in den güterproduzierenden Wirtschaftsbereichen (Landwirtschaft, Fischerei, produzierendes Gewerbe) tätig. 40 % waren demnach im Dienstleistungsgewerbe beschäftigt. Im Jahr 1992 war das Verhältnis genau umgekehrt, obwohl die Zahl der Erwerbstätigen um 4 Millionen zugenommen hatte. Durchschnittlich sind 37 % der Beschäftigten in westdeutschen Großstädten in »produktionsorientierten Dienstleistungen« tätig, nur 27 % arbeiten manuellgewerblich. Die Zahl der zugelassenen Rechtsanwälte belief sich in der (alten) Bundesrepublik schon im Jahr 1986 auf über 45 000. Die deutsche Wiedervereinigung hat diesem Berufsstand ein wunderbares Arbeitsplatzwachstum beschert. Die Zahl der Stahlarbeiter in Westdeutschland liegt heute weit darunter. In den USA arbeiten schon etwa 75 % der Beschäftigten in Dienstleistungsberufen.

Diese Entwicklung ist in der ökonomischen Diskussion vor allem unter der Frage nach den *Wachstumschancen der Arbeitsmärkte* interessant: inwieweit kann die Ausweitung der Beschäftigung in Dienstleistungen die Arbeitsplatzverluste in der Güterproduktion kompensieren? Eröffnet der Strukturwandel zur Dienstleistungsgesellschaft neue Potentiale für (Voll-)Beschäftigung und Wohlfahrtssteigerung? Soziologen haben dagegen in erster Linie danach gefragt, inwieweit der erwartete Wandel der Arbeit und des Konsums auch *andere Sozialstrukturen, neue Formen politischer Herrschaft und andere Wertorientierungen* zur Folge haben könnte.

Die Dienstleistungsgesellschaft gilt als »die große Hoffnung des 20. Jahrhunderts« – so der Titel des Buchs, mit dem Jean Fourastié die Diskussion 1949 eröffnet hat. Nach den periodisch wiederkehrenden Wirtschaftskrisen, den Klassenkämpfen und Weltkriegen, die seit der Industrialisierung über Europa hereingebrochen waren, werde, so seine Prognose, mit der Dienstleistungsgesellschaft eine Epoche der ökonomischen, politischen und sozialen Stabilität beginnen. Insbesondere die Vollbeschäftigung sei gesichert, denn der »Hunger nach Tertiärem« (Fourastié) ist unstillbar, weshalb alle, die im Zuge der Rationalisierung der industriellen Produktion ihren Arbeitsplatz verloren haben, in den Dienstleistungen neue und sogar bessere Beschäftigung finden werden.

Die »Dienstleistungsgesellschaft« hat ein *gutes Image*: die Arbeit in Dienstleistungsberufen erfordert häufig hohe Qualifikationen und wird hoch bezahlt. Dabei handelt es sich um saubere Arbeitsplätze, »Weiße-Kragen-Berufe«, die obendrein den Frauen weit bessere Chancen bieten als früher die Industrie. Dienstleistungen sind personenbezogen und prinzipiell »wohltätig«, wie Gartner/Riessman (1978) es genannt haben, d. h. sie kommen direkt den Menschen zugute. Die Arbeit des Arztes oder des Kochs ist unmittelbar auf das Wohlbefinden des Konsumenten gerichtet und kann gerade deshalb von ihm auch leichter kontrolliert werden als etwa die eines Maschinenbauers. Schließlich gelten die Bedürfnisse, die in einer Dienstleistungsgesellschaft dominant werden, als »höhere«: Die Nahrungsaufnahme im Drei-Sterne-Restaurant befriedigt mehr als nur den täglichen Kalorienbedarf, es handelt sich um den Genuß von »Kochkunst«, also um ein differenzierteres »Erlebnis«, vergleichbar dem Museumsbesuch oder dem Bücherlesen. Kurz: Der Weg in die Dienstleistungsgesellschaft scheint klar, und es scheint ein Weg in eine bessere Zukunft zu sein. Als die Industriegesellschaft in den 60er Jahren von den ersten schweren Krisen ergriffen wurde, fanden die Botschaften über die kommende Dienstleistungsgesellschaft offene Ohren: Vollbeschäftigung werde gesichert, die Arbeit humaner, die Verteilung des gesellschaftlichen Reichtums gerechter, Herrschaftsverhältnisse demokratisiert. Die ganze Lebensweise werde auf ein höheres Niveau gehoben. Aber wie wenig davon ist heute Wirklichkeit!

In den 80er Jahren schien Schweden diesen Verheißungen recht nahe zu sein. Seitdem ist auch dort die Arbeitslosigkeit gestiegen. Die sozialdemokratische Regierung verlor Wähler, und der schwedische Sozialstaat läßt sich nur noch schwer finanzieren. Die USA erlebten zwar ein Beschäftigswunder, das hauptsächlich von der Expansion der Dienstleistungsberufe getragen war, aber die Armen sind noch ärmer und die Reichen sehr viel reicher geworden. In Deutschland schließlich erreichte die Zahl der Arbeitslosen 1993 fast wieder ein Niveau wie am Ende der Weimarer Republik. Schon die Hochkonjunktur in der zweiten Hälfte der 80er Jahre hat den wachsenden Umfang der Dauerarbeitslosigkeit nicht berührt. Für viele bedeutet der Strukturwandel von der Industrie- zur Dienstleistungsgesellschaft weniger eine Hoffnung als die dauerhafte Ausgrenzung aus dem Arbeitsmarkt und damit längerfristig auch aus anderen gesellschaftlichen Bezügen. Auch in der Bundesrepublik zeigen sich Tendenzen zu einer immer schärferen Polarisierung sowohl auf dem Arbeitsmarkt als auch auf dem Wohnungsmarkt und damit Anzeichen tiefer gesellschaftlicher Spaltungen, wie sie in den Großstädten Nordamerikas bereits in bedrohlicher Schärfe aufgebrochen sind.

Die »große Hoffnung des 20. Jahrhunderts« ist also bisher kaum eingelöst worden. In der sozialwissenschaftlichen Diskussion über eine höchst widersprüchliche und unübersichtliche Wirklichkeit haben sich die mit dem Übergang in eine Dienstleistungsgesellschaft verbundenen Erwartungen längst in einem Gewirr widersprüchlicher Thesen, ungeklärter Begriffe und entgegenstehender Daten aufgelöst. Im Hin und Her von Ja und Aber sind die eindeutigsten Trends und die sinnfälligsten Belege zusammen mit den schönsten Hoffnungen verschwunden. Nicht einmal über die Definition von Dienstleistungen herrscht Klarheit, noch weniger über ihre Entwicklung oder gar deren Bewertung.

Die »Industriegesellschaft« ist uns einigermaßen vertraut: sie manifestierte sich in Fabrikanlagen, Eisenbahnverkehr, Kraftwerken, Massenkonsumgütern, Arbeiterkultur und Klassenkampf, in körperlicher Arbeit, Fließband und Akkord. Die »Dienstleistungsgesellschaft« erscheint dagegen gleichsam verschleiert. Dienstleistungen lassen sich in ihrem Charakter und in ihren Auswirkungen nicht positiv bestimmen, sondern nur als Residualkategorie, also negativ durch das, was sie *nicht* sind: Produktion eines materiellen Gutes. Führt also der Weg von der Agrar- über die Industriegesellschaft in eine »Sonstiges-Gesellschaft«, auf die sich jeder seinen Reim machen kann, einen postindustriellen, einen postfordistischen, einen informationsgesellschaftlichen oder wie sie alle heißen?

Auf jeden Fall hat der gesellschaftliche Strukturwandel die soziologische Begrifflichkeit bereichert. Michael Marien (1977, 416) hat 350 verschiedene Benennungen für die moderne Gesellschaft identifiziert. Seine Liste müßte heute – auch dank einiger bemerkenswerter deutscher Beiträge – erheblich länger ausfallen. Marien (1975) spricht, mit Bezug auf seine kakophone Sammlung, von »The Banners of Babel«. »Einer abgestumpften Öffentlichkeit gegenüber kann man sich vielleicht nur noch mit kategorialem Gebrüll bemerkbar machen« (Hack 1987, 27). Der Verdacht, daß hierbei Marketing-Überlegungen von Sozialwissenschaftlern eine Rolle spielen könnten, ist nicht ganz abwegig.

Auch kann bezweifelt werden, ob die »Dienstleistungsgesellschaft« etwas Neues ist. Denkt man an das Heer der Zofen, Diener, Lakaien, Ammen, Gouvernanten, Köche, umherziehenden Händler und Quacksalber in früheren Zeiten, so kann man fragen, ob die Industriegesellschaft mit ihrer Dominanz männlicher, güterproduzierender Berufsarbeit vielleicht eine historische Ausnahme war, die jetzt wieder zurückgeführt wird in die Normalität einer von Güterproduktion und Dienstleistungen, von männlicher und weiblicher, beruflich-formeller und häuslich-informeller Arbeit *gleichermaßen* geprägten Gesellschaft. In eine solche Richtung argumentiert Jiri Skolka (1986), der meint, wir seien in der Tat auf dem Weg aus einer Dienstleistungsgesellschaft in eine andere, denn ein großes Gewicht der Dienstleistungsbeschäftigung sei keine neue Erscheinung: schon die »merchant economy des 16. und 17. Jahrhunderts« sei eine Dienstleistungswirtschaft mit einem entwickelten »modernen« (internationaler Handel und Finanzwesen) und einem großen »traditionellen« Sektor (viele Hausdiener) gewesen.

Unbestritten ist allein die Tatsache, daß der Anteil der in der Statistik ausgewiesenen Dienstleistungsbeschäftigten an der Gesamtzahl der Berufstätigen seit Jahrzehnten kontinuierlich gestiegen ist und ebenso der Beitrag der Dienstleistungen zum Bruttosozialprodukt. Doch heißt das keineswegs, daß entsprechend mehr Dienstleistungen, also Unterrichtsstunden, Drei-Sterne-Menüs und Rasuren hergestellt und von den Konsumenten verbraucht würden. Am stärksten hat nämlich die Zahl der Ingenieure und Techniker zugenommen, deren »produktionsorientierte Dienstleistungen« der Herstellung von Gütern dienen, und die Konsumenten lernen, kochen und rasieren sich zu Hause unter Zuhilfenahme von Sprachkassetten, aufwendigem Küchengerät und Elektrorasierern. In einer solchen »Selbstbedienungsgesellschaft« (Gershuny 1981) würden die personenbezogenen Dienstleistungen mehr und mehr an den Rand gedrängt durch eine Allianz aus Konsumenten und moderner Industrie, die den privaten Haushalten immer leistungsfähigere Werkzeuge und Haushaltsmaschinen bereitstellt. Welche Art von Dienstleistungstätigkeiten ist also charakteristisch für die Dienstleistungsgesellschaft?

In der Diskussion um die Chancen, die in einem Wandel von der Industrie- zur Dienstleistungsgesellschaft liegen könnten, spielt die Unterscheidung zwischen *produktionsorientierten* und *konsumorientierten* Dienstleistungen eine zentrale Rolle. Erstere dienen der Güterproduktion, sind also mittelbar oder unmittelbar Teil der industriellen Produktion. Letztere sind auf den Endverbrauch bezogen, sie dienen mittelbar oder unmittelbar dem Genuß und der Konsumtion. Sollte die Expansion der Dienstleistungsberufe allein auf der Entwicklung der produktionsorientierten Dienstleistungen beruhen, ergäbe die Rede von der Dienstleistungsgesellschaft einen ganz anderen Sinn als dann, wenn die Expansion personenbezogener Dienstleistungsberufe (wie Lehrer, Friseure oder Sozialarbeiter) als zentrales Kennzeichen angenommen wird.

Produktionsorientierte Dienstleistungen entstehen im Zuge der Rationalisierung der industriellen Produktion, in deren Verlauf Manager, Forscher und Techniker im Vergleich zu den Fertigungsarbeitern immer zahlreicher werden. Auch die Industrie wird zunehmend zur einer Sphäre der »white collars«, die Produktion wird zunehmend »tertiarisiert«. Als moderne Form der Umwegproduktion steigern die produktionsorientierten Dienstleistungen die Produktivität der Güterherstellung und erzeugen Innovation. Ihrer Zunahme entspricht eine Abnahme der Fertigungstätigkeiten, denn aufgrund der Produktivitätssteigerungen können immer mehr Güter mit immer weniger Arbeitskräften hergestellt werden. Direkt haben daher die produktionsorientierten Dienstleistungen weder positive Auswirkungen auf die Beschäftigung (vgl. Scharpf 1986) noch bewirken sie eine Verschiebung des Konsums von Gütern zu Dienstleistungen (vgl. Gershuny 1981). Damit wäre die These vom Trend zur Dienstleistungsgesellschaft mit all ihren schönen Hoffnungen auf Beseitigung der Arbeitslosigkeit, Kultivierung der Konsumenten und Abbau von Herrschaft hinfällig.

Die These vom Wandel der Dienstleistungsgesellschaft besagt aber in ihrer ursprünglichen Formulierung durch Fourastié, daß ein immer größerer Teil der Berufstätigen mit der Herstellung *konsumorientierter Dienstleistungen* beschäftigt sein werde und daß die Verbraucher einen immer höheren Anteil ihres Budgets für solche Dienstleistungen aufwenden. Im Zentrum der These vom Wandel zur Dienstleistungsgesellschaft stehen also die verbrauchsbezogenen Dienstleistungen. Sie – so meint Fourastié – gewinnen immer größeres Gewicht bei Beschäftigung und Konsum.

Fourastiés Prognose steht und fällt mit der Entwicklung der konsumorientierten Dienstleistungen. Sie haben schon immer einen beträchtlichen Teil der Beschäftigung ausgemacht, und allein ihre Expansion kann positive Beschäftigungseffekte über die Steigerung des Güterverbrauchs hinaus haben. Auch die Hoffnungen auf eine »Melioration« der Lebensweise – eine Standardannahme der Theorien von der Dienstleistungsgesellschaft – beruhen im Kern darauf, daß den Menschen in Zukunft mehr Beschäftigte direkt zu Diensten sein werden: um die Hausarbeit zu erleichtern oder zu ersetzen, sich um die Kinder und Hilfsbedürftigen zu kümmern, die Freizeit zu vermehren, das Kulturangebot auszuweiten – und vieles andere Schöne mehr. Dies sind die »Verheißungen der Dienstleistungsgesellschaft«. (Gross 1983)

In diesem Buch werden wir zunächst theoretisch und empirisch zeigen, welche Bedeutung die produktionsorientierten und die konsumorientierten Dienstleistungen für den Umfang der Erwerbstätigkeit in einer Gesellschaft haben. Bei der Diskussion um die Konturen der Dienstleistungsgesellschaft konzentrieren wir uns dann auf die konsumorientierten Dienstleistungen. Nehmen sie zu und falls ja, warum? Gibt es objektive Grenzen des Wachstums solcher Dienstleistungen oder sind diese beeinflußbar? Welche Konsequenzen hätte eine Zunahme der konsumorientierten Dienstleistungen für die sozialen Strukturen, für die Städte und für die alltägliche Lebensweise, also für die Qualität des Lebens in unserer Gesellschaft?

Unsere Analyse orientiert sich an folgenden **Thesen**: Wir werden zeigen, daß die beruflich organisierten, konsumorientierten Dienstleistungen in der Tat zunehmen. Diese Zunahme der Beschäftigung in konsumorientierten Dienstleistungen ist im wesentlichen bedingt durch einen Wandel in der Art und Weise, in der jene Arbeiten organisiert sind, die vor allem von Frauen erledigt werden. Es gibt – entgegen weit verbreiteten Annahmen – keine objektiven, in der »Natur« der Dienstleistungstätigkeit liegenden Grenzen für die Professionalisierung und Industrialisierung von verbrauchsbezogenen Dienstleistungen. Damit ist der Weg in die Dienstleistungsgesellschaft, wie sie Fourastié beschrieben hat, prinzipiell offen. Aber wie schnell auf diesem Weg vorangeschritten wird und vor allem wie dieser Weg aussehen wird, zu welcher Art von Gesellschaft und zu welcher Lebensweise er führt, das wird nicht allein von ökonomischen Gesetzmäßigkeiten, sondern mehr noch von politischen Entscheidungen und kulturellen Normen bestimmt.

Dreh- und Angelpunkt dieser Entwicklung ist der Wandel der traditionellen Rolle der Frauen. Der Weg in die Dienstleistungsgesellschaft ist der Weg der Frauen in das System beruflich organisierter Arbeit. Dieser Prozeß der Verberuflichung ändert zwar die Form, in der das weibliche Arbeitsvermögen organisiert ist, aber kaum die Inhalte. Im Beruf finden die Frauen bisher weitgehend die gleichen Aufgaben wieder, die sie schon als Hausfrauen hatten: Kinder erziehen, Alte pflegen, saubermachen, kurz: haushalts-, personen- oder konsumorientierte Dienstleistungen. Die Frauen werden zusammen mit ihren traditionellen Tätigkeiten in den Arbeitsmarkt integriert. Diese Vergesellschaftung des weiblichen Arbeitsvermögens hat bisher wenig an der Arbeitsteilung zwischen den Geschlechtern geändert.

Inhaltsübersicht

Bevor wir die wichtigsten Theorien zur Entwicklung einer Dienstleistungsgesellschaft vorstellen, wollen wir begriffliche Klarheit für eine oft genug verwirrende Diskussion schaffen, indem wir einige Grundbegriffe und Theoreme, die in diesem Zusammenhang häufig wiederkehren, erläutern, ein »Glossar der Diskussion um Dienstleistungen« voranstellen. Sie werden im Text benutzt und sollen dann nicht immer wieder definiert werden (*Kapitel 1*).

Im *zweiten Kapitel* stellen wir die zentralen Argumente der Debatte zur Dienstleistungsgesellschaft dar. Es ist im Kern eine Debatte über die Chancen kapitalistisch organisierter Gesellschaften, langfristig Vollbeschäftigung zu garantieren, und über die sozialen und politischen Konsequenzen veränderter Verbrauchs- und Berufsstrukturen. Am Anfang steht Jean Fourastiés »große Hoffnung des 20. Jahrhunderts«: Mit wachsendem gesellschaftlichem Reichtum verlagere sich die Nachfrage der Konsumenten auf Dienstleistungen. Da deren Produktion im Unterschied zur industriellen kaum rationalisierbar sei, werde ein immer größerer Teil der Berufstätigen im Dienstleistungssektor Beschäftigung finden (Prozeß der Tertiarisierung). Die Arbeitslosigkeit verschwindet, und die Bedürfnisse der Konsumenten werden immer kultivierter. Die Soziologen Bell und Gartner/Riessman diskutieren die Folgen dieser Veränderungen für die Sozial- und Machtstrukturen sowie für den Wandel der Werte in der Dienstleistungsgesellschaft. Die Ökonomen Baumol und Gershuny dagegen nutzen das zentrale Argument Fourastiés von der Resistenz der Dienstleistungen gegen Produktivitätssteigerungen, um eine gegenteilige Prognose zu begründen: Da Dienstleistungsarbeit nicht rationalisierbar sei, müsse sie für die Konsumenten relativ immer teurer werden, und diese »Kostenkrankheit« werde Dienstleistungen vom Markt verschwinden lassen. Strukturelle Unterbeschäftigung entsteht.

Fourastié, Bell und Gartner/Riessman stehen für die optimistische Version einer Entwicklung zur Dienstleistungsgesellschaft, Baumol und Gershuny für die pessimistische. Einig sind sich alle über die »Natur« von Dienstleistungen, nämlich ihre Resistenz gegenüber dem technischen Fortschritt, aus der mit ökonomischer Sachlogik gesellschaftliche Schlußfolgerungen zu ziehen seien, aber diese Schlußfolgerungen fallen gegensätzlich aus. Das legt den Verdacht nahe, daß die zugrundeliegenden Annahmen über objektive ökonomische Gesetzmäßigkeiten der Entwicklung selber fragwürdig sind. In Anlehnung an die vergleichenden Analysen wohlfahrtsstaatlicher Entwicklungen von Scharpf (1986) und Esping-Andersen (1990) wird in den folgenden Kapiteln dargestellt, daß die Entwicklung zur Dienstleistungsgesellschaft entscheidend von politischen und kulturellen Faktoren geprägt ist und weit weniger von anthropologischen, technischen und ökonomischen Sachgesetzlichkeiten, die in der bisherigen Debatte um die Zukunft der Dienstleistungsgesellschaft eine so zentrale Rolle spielen. Auf dem Weg in die Dienstleistungsgesellschaft gibt es also verschiedene Optionen.

Diese These wird in *Kapitel 3* empirisch belegt. Die Entwicklung des Arbeitsmarkts der ehemaligen Bundesrepublik Deutschland wird verglichen mit zwei anderen westlichen Industriegesellschaften: USA und Schweden, die als Modelle verschiedener Pfade in die Dienstleistungsgesellschaft dienen. Danach hat die Bundesrepublik noch erhebliche Spielräume für mehr Beschäftigung bei den verbrauchsbezogenen Dienstleistungen. Dreh- und Angelpunkt sind dabei das Ausmaß und die Art und Weise, wie Frauen in das System beruflich organisierter Arbeit eingebunden sind. Der Weg in die Dienstleistungsgesellschaft führt zu mehr Frauenerwerbstätigkeit.

In *Kapitel 4* wird der schwedische Weg beschrieben. Dort sind die staatlich organisierten Dienstleistungen während der 60er und 70er Jahre massiv ausgebaut worden. Dies gilt nicht nur für die Gesundheits- und Sozialdienste, sondern auch für freizeitorientierte Dienstleistungen und insbesondere für familienergänzende bzw. -ersetzende Dienste im Bereich der Kindererziehung. Mit dem Ausbau öffentlich organisierter und finanzierter Dienstleistungen wurden in Schweden zwei Ziele verfolgt: zum einen die Angleichung der Sozialisationsbedingungen von Kindern und damit die Erhöhung der Chancengleichheit, zum anderen die Entlastung der Frauen von Familienarbeit, um ihnen eine größere Wahlfreiheit für ihren persönlichen Lebensstil zu geben. Große Teile der Familienarbeit, die bis in die 60er Jahre auch in Schweden noch von unbezahlten Hausfrauen im Privathaushalt erledigt worden sind, sind in öffentliche Institutionen verlagert und professionalisiert worden. Die Dienstleistungsgesellschaft ist also teilweise Familienersatz und soll vertikale wie horizontale Ungleichheiten vermindern. Mehr Gleichheit aber geht in Schweden einher mit weniger Differenzierung. Diese Form einer Dienstleistungsgesellschaft hat zu einer Normierung und Standardisierung von Lebensstilen geführt, die zunehmend als Beeinträchtigung individueller Freiheit erlebt werden und einer der Gründe für die gegenwärtige Erosion des »schwedischen Modells« sind (vgl. dazu Kapitel 7).

Für den marktförmig organisierten Weg in die Dienstleistungsgesellschaft stehen die USA der 80er Jahre (*Kapitel 5*). Aber auch das »amerikanische Beschäftigungswunder« verliert bei näherem Hinsehen erheblich von seinem Glanz. Die »Reagonomics« haben zwar eine kaufkräftige Nachfrage nach und ein preiswertes Angebot von konsumorientierten Dienstleistungen entstehen lassen. Aber dieser Markt funktioniert nur auf der Basis einer massiven Polarisierung der Einkommens- und Beschäftigungsstrukturen. Die Dienstleistungsgesellschaft nach amerikanischem Muster ist ungleicher als die Industriegesellschaft.

Sozialer und räumlicher Wandel sind aufs engste miteinander verschränkt. Die Industrialisierung führte zu einer enormen Zusammenballung von Menschen und Betrieben in den großen Städten (Verstädterung) und zu tiefgreifendem Wandel der Lebenweise: Trennung von Arbeiten und Wohnen, kleinfamiliale Lebensform, Entwicklung des Konsumentenhaushalts, der weitgehend abhängig ist von der öffentlichen und privaten Infrastruktur der Stadt (Urbanisierung). Ähnliche Konsequenzen wird auch die Dienstleistungsgesellschaft haben. In *Kapitel 6* beschreiben wir zunächst nur die räumlichen Veränderungen im Gesamtsystem der Städte und in den Stadtstrukturen anhand von vier Schlagworten: Disurbanisierung – Suburbanisierung – Hierarchisierung – Polarisierung. Diese raumstrukturellen Veränderungen, die teilweise auf eine Umkehr des industriellen Urbanisierungsprozesses hinauslaufen (Counter-Urbanisierung), werden in der Literatur fast ausschließlich auf die produktionsorientierten Dienstleistungen zurückgeführt. In den beiden letzten Abschnitten von Kapitel 6 diskutieren wir Rationalisierungsstrategien in den Konsumdiensten, die auch bei diesen stärkere raumselektive Wirkungen erwarten lassen. Die punktuelle Konzentration des Einzelhandels in den inneren Stadtkernen einerseits und in riesigen privat organisierten Shopping-Malls andererseits ist nur ein auch in der Bundesrepublik schon sichtbares Beispiel.

Das schwedische und das amerikanische Modell der Dienstleistungsgesellschaft beruhen auf spezifischen, historisch gewachsenen sozialen, politischen und kulturellen Bedingungen. In *Kapitel 7* diskutieren wir, inwieweit diese Bedingungen in den beiden Ländern auch in Zukunft noch Bestand haben werden. Sowohl in den USA wie in Schweden gibt es Anzeichen von Legitimitätsverlust und Erosion. Danach fragen wir nach der Übertragbarkeit auf bundesrepublikanische Verhältnisse. Dies scheint – bei aller Skepsis gegenüber derartigen Überlegungen – am ehesten für das amerikanische Modell zuzutreffen. Aber selbst wenn die Bundesrepublik zwischen den beiden Wegen in die Dienstleistungsgesellschaft gleichsam wählen könnte, handelt es sich doch um eine Wahl wie zwischen Skylla und Charybdis. Ist der Weg in die Dienstleistungsgesellschaft angesichts dieser Alternativen überhaupt wünschenswert? Sind die staatsförmige bzw. die marktförmige Vergesellschaftung der konsumorientierten Dienstleistungen die einzige Zukunftsmöglichkeit, oder gibt es noch eine dritte Alternative, die der Bundesrepublik vielleicht aufgrund ihrer Verspätung auf dem Marsch in die Dienstleistungsgesellschaft noch offenstünde?

Diese früher in anderen Zusammenhängen beliebte Frage nach einem »dritten Weg« erfordert noch einmal eine theoretische Diskussion des Gegenstands Dienstleistungen. In *Kapitel 8* werden Dienstleistungen soziologisch erklärt und ihre Quellen bestimmt. Als Kern der Entwicklung zur Dienstleistungsgesellschaft wird der kontinuierliche Prozeß der Vergesellschaftung aller menschlichen Lebenstätigkeit beschrieben, in dessen Verlauf auch die intimsten Regungen durch Markt oder Staat organisierbar werden. Diese »Landnahme« (Rosa Luxemburg) ergreift jetzt die Reste der als (weibliche) Familienarbeit im informellen Bereich des privaten Haushalts verbliebenen Tätigkeiten.

In *Kapitel 9* wird diese These an der Entwicklung der Erwerbsarbeit der Frauen seit der Industrialisierung empirisch belegt. Die Kurve der weiblichen Erwerbsarbeit gleicht dem Querschnitt einer Wanne: Vor der Industriegesellschaft mit ihren großen Anteilen von (landwirtschaftlichen und anderen) Selbständigen war die Integration der Frauen in das überwiegend noch nicht lohnförmig und noch nicht außerhäuslich organisierte System der Erwerbsarbeit hoch. In der durchgesetzten Industriegesellschaft sinkt die Erwerbsbeteiligung der Frauen rapide ab – auf den Boden der Wanne. Es entsteht die »Nur-Hausfrau«. Mit der Dienstleistungsgesellschaft werden nun auch deren Tätigkeiten außer Haus, beruflich und betrieblich, organisiert. Die Frauen werden in das System der beruflich organisierten Lohnarbeit integriert, und ihre Erwerbstätigenquoten erreichen wieder das alte Niveau. Nun tun die Frauen formell und bezahlt im Sozial-, Gesundheits- und Bildungswesen dasselbe, was sie vorher als informelle und unbezahlte Familienarbeit im Haushalt erledigt haben.

Die geschlechtsspezifische Arbeitsteilung ist also auch im Verlauf der ökonomischen Verselbständigung der Frauen weitgehend stabil geblieben. Aber dies ist nicht der einzige Einwand gegen die sich abzeichnende Entwicklung zur Dienstleistungsgesellschaft. Sowohl im schwedischen wie auch im amerikanischen Modell vollzieht sich ein Prozeß der Vergesellschaftung, der das Alltagsleben tiefgreifend verändert. Die beiden Pfaden in die Dienstleistungsgesellschaft gemeinsamen kulturellen Konsequenzen werden im *Kapitel 10* angesprochen. Die theoretische und vielleicht auch praktische Chance aufgrund der Rückständigkeit der Bundesrepublik könnte darin bestehen, den Weg in die totale Vergesellschaftung, in die restlos warenförmige oder bürokratische Organisation des Alltagslebens, eben nicht bis ans Ende zu gehen. Aber das setzt nicht nur eine Umverteilung von Erwerbsarbeit und Haushaltsarbeit zwischen den Geschlechtern und damit auch eine andere Organisation der Produktion voraus. Es verlangt auch andere Identitäten, von Frauen und Männern.

Kapitel 1
Was heißt »Dienstleistungsgesellschaft«?

Mit dem Begriff »*Dienstleistungsgesellschaft*« werden solche Gesellschaften belegt, deren *Beschäftigungsstruktur* durch ein Übergewicht von Dienstleistungen gekennzeichnet ist. Eine genaue
Mindestmarke gibt es dafür nicht, aber »Übergewicht« bedeutet,
daß zumindest 50% der Erwerbstätigen mit Dienstleistungen ihr
Einkommen verdienen. Für die Klassifikation als Dienstleistungsgesellschaft ist also nur die Verteilung der formellen bzw. kon-
traktuellen Erwerbstätigkeit auf verschiedene Tätigkeitsbereiche
ausschlaggebend, wobei zumindest zwischen Fertigungs- und
Dienstleistungsbereich unterschieden wird.

Mit dem Wandel der Beschäftigung wird häufig die Annahme
verknüpft, daß sich auch die *Konsumstrukturen* zugunsten des
Verbrauchs von Dienstleistungen und zu Lasten des Güterverbrauchs verschieben. Der Wandel zur Dienstleistungsgesellschaft
beinhaltet dann eine parallele Veränderung der Arbeitsmärkte und
der Verbrauchsgewohnheiten. Gershuny hat als erster auf die Feh-
ler dieser Kopplung hingewiesen (vgl. Kap. 2).

Die »verschiedenen Tätigkeitsbereiche« können dabei *sektoral*
oder *funktional* abgegrenzt werden.

Sektorale Gliederung

»Sektor« ist kein Begriff der amtlichen Statistik. Die amtliche
Wirtschaftsstatistik weist folgende *Wirtschaftsabteilungen* aus:
Nr. 0: Land- und Forstwirtschaft, Fischerei; Nr. 1: Energie- und
Wasserversorgung, Bergbau; Nr. 2: Verarbeitendes Gewerbe; Nr. 3:
Baugewerbe; Nr. 4: Handel; Nr. 5: Verkehr und Nachrichten-
übermittlung; Nr. 6: Kreditinstitute und Versicherungsgewerbe;
Nr. 7: Dienstleistungen, soweit von Unternehmen und freien Be-
rufen erbracht; Nr. 8: Organisationen ohne Erwerbszweck; Nr. 9:
Gebietskörperschaften und Sozialversicherung.

Bei der Zusammenfassung dieser Wirtschaftsabteilungen in
»Sektoren« werden meistens folgende Unterscheidungen vorgenommen:

– *Primärer Sektor,* der Land- und Forstwirtschaft, Fischerei, Energie- und Wasserversorgung sowie Bergbau umfaßt; damit sind hier die Industriezweige enthalten, die Rohstoffe gewinnen; sie werden auch »extraktive Industrien« genannt, weil sie ihre Produkte unmittelbar aus der Natur (Land, Gestein, Wasser) gewinnen;

– *Sekundärer Sektor,* der verarbeitendes Gewerbe (also die gesamte Industrie, die Rohstoffe zu Investitions- oder Konsumgütern verarbeitet) sowie das Baugewerbe umfaßt;

– *Tertiärer Sektor,* unter den alle übrigen Wirtschaftsabteilungen subsumiert werden.

Die Einordnung der Unternehmen und Betriebe erfolgt nach dem »Schwerpunkt« ihrer wirtschaftenden Tätigkeit, d. h. daß sämtliche Beschäftigte eines Betriebs, der z. B. Autos produziert, auch dann dem sekundären Sektor zugerechnet werden, wenn sie etwa als Betriebspsychologen Therapien für Alkoholiker anbieten, also eine Dienstleistung erbringen. Die konkrete Tätigkeit ist für die sektorale Gliederung der Beschäftigten irrelevant, entscheidend ist allein die Zuordnung nach dem Endprodukt des Betriebs.

Funktionale Gliederung

Die tatsächlich ausgeübte Tätigkeit ist dagegen ausschlaggebend für die funktionale Gliederung der Beschäftigtenstatistik. In ihr werden die Beschäftigten unabhängig von der sektoralen Zuordnung ihrer Arbeitsstätte in Tätigkeitsgruppen zusammengefaßt. Das Sägen und Hämmern eines Schreiners, der Bühnenbilder im Theater herstellt (also in einem Dienstleistungsbetrieb), wird dann als Fertigungstätigkeit gezählt, das Therapieren von Alkoholikern in einem Produktionsunternehmen als Dienstleistungstätigkeit.

Unterscheidungsmerkmale

Unterschieden werden einerseits »herstellende« und andererseits »dienstleistende« Bereiche. Die Klassifikation ist also dichotomisch, wobei ein einziges Kriterium zur Unterscheidung benutzt wird, und das ist die Antwort auf die Frage: wird in der Arbeit ein materielles Produkt durch die manuelle oder maschinelle Bearbeitung einer Sache (Verwandlung eines Rohstoffs oder eines Vorprodukts) hergestellt, oder ist das Produkt der Arbeit immateriell, d. h. daß an einem materiellen Gut nichts verändert wird. Mit anderen Worten: handelt es sich um die Produktion eines Gutes, oder um die Leistung eines Dienstes? Während die »Fertigung« einigermaßen genau bestimmbar ist als manuelle Tätigkeit, die sich auf die unmittelbare Gewinnung, Verarbeitung oder Bearbeitung von Sachgütern richtet, sind Dienstleistungen negativ bestimmt als solche Tätigkeiten, die sich auf ebendies nicht richten. Damit ist eine große Bandbreite von Tätigkeiten bzw. Betrieben unter dem Begriff »Dienstleistungen« zusammengefaßt, was zu einigen Problemen bei der Theoriebildung führt, die wir später noch diskutieren werden.

Mit dem »*Trend zur Dienstleistungsgesellschaft*« ist nun schlicht die empirische Tatsache gemeint, daß (sektoral betrachtet) die Zahl der in Betrieben der Güterproduktion bzw. des sekundären Sektors Beschäftigten relativ abnimmt oder (funktional betrachtet) daß die Zahl der Erwerbstätigen, die nicht mit der Gewinnung, Verarbeitung oder Bearbeitung von materiellen Gütern befaßt sind, zunimmt.

Die Drei-Sektoren-Theorie

Die Tertiarisierung der Beschäftigung (nach sektoraler Betrachtung) ist die Grundlage der »Drei-Sektoren-Theorie«, nach der im Laufe der Wirtschaftsgeschichte eine Verschiebung der Schwergewichte der Beschäftigung zunächst vom primären zum sekundären und dann weiter zum tertiären Sektor zu beobachten ist.

Die Begründung für diese Entwicklung, der in den Theorien über die Dienstleistungsgesellschaft der Charakter einer Gesetzmäßigkeit zugeschrieben wird, liegt in den *Unterschieden der Produktivitätsentwicklung* zwischen den Sektoren. Bei der Herstellung von Gütern kann durch Technisierung und Automatisierung die Produktivität laufend erhöht werden; wenn der Absatz der Produkte (aufgrund von Sättigungsgrenzen) aber nicht im gleichen Ausmaß gesteigert werden kann, werden Arbeitskräfte freigesetzt, denn selbst eine steigende Nachfrage kann mit weniger Arbeitskräften befriedigt werden. Die frei werdenden Arbeitskräfte finden im tertiären Sektor Beschäftigung, denn bei Dienstleistungen kann die Produktivität nicht in ähnlicher Weise gesteigert werden, sie sind »rationalisierungsresistent«.

Dies liegt, so die Begründung bei den meisten Theoretikern, am besonderen Charakter der Dienstleistungsarbeit: sie ist gekennzeichnet durch das *»Uno-actu-Merkmal«*, d. h. Produktion und Verbrauch finden bei Dienstleistungen orts- und zeitgleich in derselben Handlung statt. Deshalb müssen beide Seiten, Dienstleister und Konsument, persönlich zur selben Zeit an einem Ort sein. Beispiele dafür sind der Friseur, der seine Dienstleistung nur erbringen kann, wenn der zu bearbeitende Kopf tatsächlich anwesend ist, oder der Arzt, der eine Behandlung nur am Patienten direkt vornehmen kann. Im Gegensatz zu materiellen Gütern können Dienstleistungen nicht transportiert werden, und sie sind auch nicht lagerfähig – können also nicht auf Vorrat gehalten oder per Versand abgesetzt werden. Da es sich bei Dienstleistungen um »Dienste am Menschen« handelt, sind nach der ursprünglichen Theorie die Möglichkeiten zur Technisierung äußerst begrenzt, denn in der Regel handelt es sich um eine Interaktion zwischen Menschen, an der sich häufig die Konsumenten selbst (und sei es nur durch Stillhalten) beteiligen müssen (»Koproduktion«).

Die Drei-Sektoren-Theorie beruht also auf einer Verlagerung der Erwerbstätigkeit vom primären über den sekundären zum tertiären Sektor. Dieser Wandel kann sich sowohl vollziehen, wenn die Gesamtzahl der Erwerbstätigen gleichbleibt, als auch, wenn sie zunimmt. Die Tertiarisierung kann sich also sowohl in einer nur relativen wie auch in einer absoluten Zunahme von Arbeitskräften im tertiären Sektor zeigen.

Tertiarisierung der Produktion

Von dieser sektoralen Tertiarisierung zu unterscheiden ist die funktionale, die sich *innerhalb* des sekundären Sektors vollzieht: als Folge der Verwissenschaftlichung der Produktion und aufgrund beständiger Innovationen in der Produkt- und Prozeßtechnologie wird der Anteil von Industriebeschäftigten, die unmittelbar in der Fertigung tätig sind, relativ immer kleiner. Die manuelle Produktionsarbeit wird, um die Produktivität der Arbeit zu steigern, zunehmend durch Maschinen ersetzt – und die Entwicklung und Planung neuer kostensenkender Technik und Verfahren sowie neuer Produkte erfordern immer mehr Personal. Da diese Arbeitskräfte aber nicht direkt in der Fertigung tätig sind, erbringen sie definitionsgemäß Dienstleistungen.

Als solche *»produktionsorientierten Dienstleistungen«* werden alle Tätigkeiten bezeichnet, die indirekt zur Herstellung eines Produkts beitragen: Forschung und Entwicklung (Naturwissenschaftler, Ingenieure, Techniker), Design, Organisation und Planung, Verwaltung und Management, Werbung und Verkauf.[1] Dies sind Beispiele für Dienstleistungen in einem Produktionsbetrieb, deren Wachstum zur »Tertiarisierung der Produktion« beiträgt. Dabei kann die Gesamtbeschäftigung gleichbleiben oder sogar abnehmen (*relative Tertiarisierung*).

Ein Produktionsbetrieb kann sich diese Dienste aber auch von einem anderen Unternehmen erbringen lassen, das sich darauf spezialisiert hat. Dieses wäre dann ein Dienstleistungsunternehmen, dessen Arbeitskräfte im tertiären Sektor gezählt werden. Wenn ein Produktionsunternehmen seine Abteilungen z. B. für Forschung und Entwicklung oder Werbung auflöst und statt dessen diese Dienste extern kauft, findet statistisch eine sektorale Tertiarisierung statt, ohne daß irgendeine Tätigkeit eingeschränkt oder ausgeweitet worden wäre. Sektorale Tertiarisierung kann demnach auch ein statistisches Artefakt sein.

Die Tertiarisierung kann sich also innerhalb des Produktionsbetriebs durch Zunahme der produktionsorientierten Dienstleistungen vollziehen (funktionaler Wandel) oder als Wachstum von Beschäftigten in Dienstleistungsunternehmen (sektoraler Wandel), ohne daß sich die Zahl der Beschäftigten verändert. Keine Form der Tertiarisierung geht zwangsläufig mit einer Expansion der Beschäftigung einher. Es besteht also keineswegs eine Automatik derart, daß Freisetzungen in der Produktion durch Mehrbeschäftigung entweder in den (internen) produktionsorientierten oder in den (externen) unternehmensorientierten Dienstleistungen kompensiert werden (vgl. Baethge/Oberbeck 1986 und Scharpf 1986).

---

1 Nusbaumer (1987, S. 212) hat diesen Wandel an der Geschichte der Schuhproduktion veranschaulicht: während der Wertanteil der Arbeit am Endprodukt um 1800 noch 35 % betrug, ist er bis zum Jahr 1986 auf ca. 15 % zurückgegangen – ebenso der Wert des verarbeiteten Materials von 40 % auf 30 %. Der Wertanteil der »produktionsorientierten Dienstleistungen« (technologisches Know-how, Design, Marketing etc.) ist dagegen von 25 % auf 50 % gestiegen.

Wann und unter welchen Bedingungen die Beschäftigung im Zuge des Wandels zur Dienstleistungsgesellschaft expandiert, unterliegt bestimmten Bedingungen, die später ausführlich erörtert werden. Dabei spielen die *sozialen, personen- und haushaltsorientierten* Dienstleistungen, im folgenden konsumorientierte Dienste oder *Konsumdienste* genannt, eine besondere Rolle. Als Konsumdienste werden sie deshalb bezeichnet, weil sie unmittelbar vom Endverbraucher konsumiert werden. Für sie gilt also insbesondere das Uno-actu-Prinzip. Während die produktions- bzw. unternehmensorientierten Dienstleistungen sich irgendwann in einem materiellen Gut (im Endprodukt des gesamten Produktionsprozesses, in den durch Planung, Organisation und Fertigung sehr vielfältige Tätigkeiten involviert sind) vergegenständlichen, gilt für die konsumorientierten Dienste, daß Erbringung und Verbrauch gemäß dem Uno-actu-Prinzip sich orts- und zeitgleich vollziehen.

Haushaltsorientierte Dienste sind solche, die Tätigkeiten, die üblicherweise in einem Privathaushalt anfallen, in Form von Erwerbsarbeit für den Haushalt erledigen: Essenszubereitung im Restaurant, Saubermachen durch eine Putzfrau, Pflege von Kleidung und Wäsche usw. *Personenbezogene Dienstleistungen* können einerseits (mehr oder weniger notwendige) Dienste sein, die unmittelbar der Person zugute kommen, wie z. B. Frisieren oder sonstige Körperpflege (etwa Massagen), außerdem Gesundheitsbehandlungen (medizinische oder psychotherapeutische), Bildung und Erziehung. Innerhalb der personenbezogenen Dienstleistungen können weiter die »sozialen Dienste« unterschieden werden, die sich an abhängige Personen richten: Pflege und Betreuung von Kindern, Kranken und Alten.

Schließlich zählen zu den konsumorientierten Dienstleistungen jene Angebote, die nicht eine traditionelle Verpflichtung übernehmen und ersetzen, sondern neuartige Betätigungen ermöglichen: Freizeitdienste aller Art wie Bade- und Körperkultur, Fitneß und Sport, Hobbies und Kultur, Unterhaltung und Urlaub. Sie können als »Freizeitdienste« oder »Fun-Services« bezeichnet werden.

Kapitel 2
Theorien zur Dienstleistungsgesellschaft

In den Theorien der »Dienstleistungsgesellschaft« wird behauptet, daß sich mit dem ökonomischen und technischen Wandel ein neuer Typus von Gesellschaft herausbilde, der sich von der »Industriegesellschaft« hinsichtlich der politischen Machtstrukturen, der zentralen Konfliktlinien sowie der Arbeits- und Lebensbedingungen unterscheide. Diese andere Qualität ergibt sich aus Veränderungen der Produktion und des Konsums: immer mehr Menschen sind in Dienstleistungen erwerbstätig, und der Konsum richtet sich ebenfalls immer stärker auf Dienstleistungen. Dreh- und Angelpunkt der These, daß sich eine »Dienstleistungsgesellschaft« herausbilde, ist also die Tatsache, daß weniger Menschen in der unmittelbaren Produktion beschäftigt sind. Die Lohnarbeit in der Industrieproduktion war das hervorstechende Merkmal der »Industriegesellschaft« im Vergleich zur Agrargesellschaft, und an ihre quantitative Zunahme wurden weitreichende Theorien (z. B. in der marxistischen Theorie) zu den gesellschaftlichen Konsequenzen geknüpft. Vergleichbare Bedeutung wird in den Theorien über die Dienstleistungsgesellschaft der Zunahme von Dienstleistungsarbeitsplätzen zugemessen. In diesem Kapitel werden wir die Diskussion über das Theorem der Herausbildung einer Dienstleistungsgesellschaft nachzeichnen.

1. Die »Drei-Sektoren-Theorie«

Den Anfang nahm die Diskussion mit der »Drei-Sektoren-Theorie«. Mit ihr wird behauptet, daß mit der Entwicklung der Produktivkräfte eine Wanderung des Schwerpunkts der Beschäftigungs- und Konsumstrukturen vom primären zum tertiären Sektor verbunden sei. Die »Drei-Sektoren-Theorie« geht auf das 1940 veröffentlichte Buch von Colin Clark, »The Conditions of Economic Progress«, zurück. Darin entwickelte er die Hypothese, daß sich in Perioden des ökonomischen Wachstums die Beschäftigung vom ersten (dem agrarischen) zum zweiten (dem industriellen) und dann zum dritten (dem tertiären) Sektor verschiebe. Clark griff dabei auf eine sektorale Einteilung der Beschäftigung zurück, die im Jahr zuvor von Fisher erfunden worden war (vgl. Wolfe 1955).

Fisher hatte drei Sektoren entsprechend einer Hierarchie der Bedürfnisse bzw. entsprechend der »Notwendigkeit« von Produkten abgegrenzt. Primär ist demnach der Sektor, in dem die unmittelbar lebensnotwendigen Güter produziert werden, sekundär die Herstellung nachrangig notwendiger Produkte, und tertiär ist jener Sektor, dessen Produkte Luxusbedürfnisse oder Bequemlichkeiten, jedenfalls keine Notwendigkeiten befriedigen. Die Abgrenzung der Sektoren wurde also anhand einer normativen Qualifizierung von Produkten vorgenommen, anhand derer die Verschiebung der Nachfrage und deren Wirkungen für die Beschäftigung gezeigt werden konnten. Clark behauptete mit der »Drei-Sektoren-These«, daß sich mit jedem Wachstumsschub die Nachfrage in Richtung der weniger notwendigen Güter verschiebe.

Jean Fourastié (1954) war es, der mit seinem Buch »Le Grand Espoir Du XXe Siècle«, das im Original 1949 erschien, der Theorie von der Verschiebung zwischen den drei Sektoren zu Popularität verholfen hat. Anders als Fisher, der die Sektoren nach der Art ihrer Produkte unterschieden hatte, differenzierte Fourastié die drei Sektoren nach den Unterschieden der Produktivität bei der Herstellung der Produkte. Primär nennt er jenen Sektor, in dem »mittlere« Produktivitätssteigerungen erzielt werden können, sekundär ist der Sektor mit besonders hoher Steigerung der Produktivität, tertiär jener, in dem die Produktivität gar nicht oder nur sehr begrenzt erhöht werden kann.

Von Anfang an sind damit zwei grundsätzlich verschiedene Definitionen der Sektoren in der Diskussion: einerseits diejenige von Fisher und Clark, die von den Konsumpräferenzen bzw. von der essentiellen »Notwendigkeit« von Produkten ausgeht, und andererseits diejenige von Fourastié, die von den Produktivitätsunterschieden bei der Herstellung ausgeht – anders gesagt: die Unterscheidung nach der Art der Produkte und die Unterscheidung nach der Art der Produktion.

2. Der Vater der Debatte: Jean Fourastié

Die These von der Entwicklung zur Dienstleistungsgesellschaft fußt auf Veränderungen in beiden Bereichen, dem der Arbeit und dem des Verbrauchs: immer mehr Menschen sind mit Dienstleistungstätigkeiten beschäftigt, und immer neue Dienstleistungen werden von den privaten Haushalten konsumiert. Entsprechend wird dieser Prozeß in der Theorie von Fourastié auch doppelt begründet mit der unterschiedlichen Wirksamkeit des technischen Fortschritts in den drei Sektoren und mit Verschiebungen in der Struktur der Nachfrage.

Da Fourastié die drei Sektoren entsprechend den Produktivitätssteigerungen abgrenzt, die bei den jeweiligen Produktionsprozessen[1] erzielt werden können, wird der technische Fortschritt als zentrale Ursache von Produktivitätssteigerungen zum Schlüsselbegriff der Theorie der Dienstleistungsgesellschaft. Der Untertitel der französischen Originalausgabe lautet denn auch »Progrès Technique – Progrès Économique – Progrès Social«, und Fourastié bezeichnet sein Buch geradezu als Versuch, »den technischen Fortschritt zu definieren und seine wirtschaftlichen Auswirkungen zu untersuchen«. (S. 27)

»Als technischer Fortschritt wird eine Steigerung des Produktionsvolumens je Rohstoff- oder Arbeitszeiteinheit bezeichnet« (S. 28). Produktivitätssteigerung zeigt sich als Einsparung von Ressourcen pro Produktionseinheit und als Steigerung des Güterausstoßes pro Arbeitszeiteinheit. Fourastié definiert technischen Fortschritt operational als die Gesamtheit aller Kenntnisse und Maßnahmen, die »die Produktivität der menschlichen Arbeit« steigern (S. 28). Damit gehören für ihn nicht nur die Ergebnisse der Natur- und Ingenieurwissenschaften zum technischen Fortschritt, sondern auch die der »neuen Wissenschaften...: Rechnungswesen, Arbeitsorganisation, Absatzorganisation und Normung« (S. 71). Er rechnet demnach die Produktentwicklung, die Organisation der Produktion und die Vermarktung zum technischen Fortschritt – also alle diejenigen Tätigkeiten, die heute produktionsorientierte Dienstleistungen genannt werden.

---

[1] In ökonomischer Terminologie wird der Begriff Produktion für alle Prozesse verwendet, die ein *ökonomisches* Gut herstellen – unabhängig davon, ob dieses Gut materiell oder immateriell ist. Begrifflich ist daher auch die Arbeit eines Masseurs ein Produktionsprozeß, und die Massage ist im ökonomischen Sinne ein Produkt.

Der technische Fortschritt hat nach Fourastié vor ca. 200 Jahren eingesetzt. Vorher hat sich die Produktivität über Jahrhunderte hinweg faktisch nicht verändert. Während der ganzen Geschichte der Menschheit gab es bis dahin nur zwei Faktoren der Produktion: Natur (Rohstoffe und Energie) sowie die menschliche Arbeit. Diese beiden Faktoren sind im wesentlichen konstant. Erst mit den natur- und betriebswirtschaftlichen Erkenntnissen kommt Dynamik in die Entwicklung, denn durch sie wird eine rasante und dauerhafte Steigerung der Produktivität erzielt.

Aber nicht alle Bereiche menschlicher Arbeitstätigkeit sind gleichermaßen offen für technischen Fortschritt. Einige werden als erste von ihm erfaßt, z. B. die landwirtschaftliche Produktion, wo aber die Produktivitätsgewinne doch bald an Grenzen stoßen. Andere Bereiche – wie die industrielle Güterproduktion – werden später vom technischen Fortschritt erfaßt, weisen dann aber praktisch unbegrenzte Möglichkeiten der Produktivitätssteigerung auf. Wieder andere erweisen sich als weitgehend resistent gegen den technischen Fortschritt – insbesondere Dienstleistungstätigkeiten.

Diese Unterschiede »zwingen« laut Fourastié zur »Aufteilung der gesamten Volkswirtschaft in grundlegend verschiedenartige Sektoren mit verschieden starkem technischem Fortschritt. Ich möchte als primär alle Produktionszweige mit mittelmäßigem technischem Fortschritt (Landwirtschaft), als sekundär alle Wirtschaftszweige mit starkem technischem Fortschritt (im wesentlichen Industrie) und als tertiär alle wirtschaftlichen Tätigkeiten bezeichnen, die nur einen geringen technischen Fortschritt kannten und kennen (Handel, Verwaltung, freie Berufe, Dienstleistungsberufe u. ä.).« (S. 30) Wolfe (1955, 406) hat dies später auf die Formel gebracht: Der Anstieg in der Produktivität der Arbeit ist im ersten Sektor durch natürliche, im zweiten durch mechanische Faktoren bestimmt und im dritten durch die unmittelbaren menschlichen Fähigkeiten bzw. Kenntnisse.

Die These von der unterschiedlichen Anwendbarkeit des technischen Fortschritts begründet zunächst nur die Einteilung der Volkswirtschaft in drei Sektoren. Ein Phasenmodell der gesellschaftlichen Entwicklung wird aus diesem Klassifikationsschema erst durch die zweite zentrale These Fourastiés über »die natürliche Struktur« (Fourastié 1954, 84) des Konsums: »Die physische Struktur des menschlichen Körpers, seine Ortsgebundenheit, die

Dauer seines Lebens und sein Ruhebedürfnis begrenzen seinen Verbrauch. Wer kauft Fleisch, das er nicht mehr essen, Bücher, die er nicht mehr lesen, Pferde, die er nicht mehr reiten, Autos, die er nicht mehr fahren kann? Mit dem Überfluß wird auch die Sättigung sichtbar.« (S. 38) Die »Sättigung der menschlichen Bedürfnisse ... unter der Wirkung des Überflusses« (S. 84) hat zur Folge, daß sich die Nachfrage auf die noch nicht befriedigten Wünsche verlagert, was wiederum langfristig eine entsprechende Verschiebung in der Erwerbsarbeit zur Folge haben muß.

Der technische Fortschritt hat zunächst die Nahrungsmittelproduktion gesteigert. »Wenn ... der Lebensstandard die 2700 Kalorien, die ein gesunder Mensch braucht, um nicht mehr das Würgen und die Unruhe des Hungers zu spüren, erreicht oder überschreitet, dann treten im menschlichen Leben andere Wünsche und Bedürfnisse auf und wollen durch außerordentlich verschiedenartige individuelle Betätigungen befriedigt werden.« (S. 243) Weitere Produktivitätssteigerungen im primären Sektor müssen Arbeitskräfte freisetzen, denn der Absatz der Produkte kann nicht ebenso gesteigert werden, er ist an eine »natürliche« Grenze gestoßen, was zu einer Überproduktionskrise führt. Die überflüssig gewordenen Arbeitskräfte wandern vom Land in die Stadt und werden vom expandierenden sekundären Sektor absorbiert, denn nach der Sättigung des Hungers entwickelt sich die Nachfrage nach »sekundären« Gütern. Im sekundären, industriellen Sektor lassen sich aber durch Mechanisierung und Rationalisierung die größten Produktivitätsfortschritte erzielen, daher ist absehbar, daß sich die Schere zwischen Produktivitätssteigerung und Konsumfähigkeit erneut öffnen wird. Wie bei den Nahrungsmitteln gibt es auch »eine Höchstgrenze des sekundären Verbrauchs ..., die wir nicht überschreiten können, weil der Mensch weder die Zeit noch die physischen Möglichkeiten hat, mehr als eine bestimmte Menge von Gütern aufzunehmen, zu viele Dinge zu besitzen, sich an allen zu erfreuen«. (S. 273) Wieder ändert sich die Nachfrage der Konsumenten.

Der Mensch entwickelt mit steigendem Realeinkommen neue Wünsche und Bedürfnisse: »Er wird z. B. anspruchsvoll in der Wahl seines Berufes; er verringert seine Arbeitszeit und nimmt eine Senkung des Lebensstandards in Kauf, um mehr Freizeit zu haben; er strebt nach geistiger und künstlerischer Bildung und verlängert seine Schulzeit.« (S. 244) Dadurch steigt die Nachfrage nach Dienstleistungen und verschafft den Arbeitskräften, die im sekundären Sektor wegen Absatzproblemen freigesetzt werden, Beschäftigung im tertiären Sektor.

Damit kommt die Bewegung zum Stillstand. Der tertiäre Sektor zeichnet sich dadurch aus, daß technischer Fortschritt kaum anwendbar ist, weshalb die Produktivität nur wenig gesteigert werden kann. Professoren und Friseure mögen es als Kränkung betrachten, aber Fourastié meint, der Produktivitätsunterschied werde deutlich, »wenn wir uns einmal die ›Produktivität‹ eines Universitätsprofessors oder eines Herrenfriseurs einerseits und die eines Automobilarbeiters andererseits vorstellen; während die eine sich in fünfzig Jahren verzehnfachte, blieb die andere praktisch unverändert«. (S. 31)

Das Verhältnis zwischen Produktivität und Nachfrage kehrt sich im tertiären Sektor um: einer kaum zunehmenden Produktivität steht ein unstillbarer »Hunger nach Tertiärem« (S. 274) gegenüber. Seine Unersättlichkeit gründet einmal in der Knappheit der Zeit, denn Dienstleistungen dienen nach Fourastié dazu, Zeit zu sparen. »Der Mensch merkt sehr schnell, daß die Zeit nicht dehnbar ist, und beginnt mir ihr hauszuhalten. Deshalb zieht er bei der Einteilung seiner Ausgaben eine Dienstleistung einem nicht unmittelbar nützlichen materiellen Gut vor, weil die Dienstleistung ihm Zeit spart. Er läßt sich die Waren lieber ins Haus bringen, als selbst den Gang zum Krämer zu machen. Er gibt seine Wäsche lieber in die Wäscherei, als sie selber zu waschen. Und sehr bald verlangt er, daß die Wäsche bei ihm abgeholt und acht Tage später wieder zurückgebracht wird. Mit dem durchschnittlichen Reichtum des Menschen steigt auch sein Bedarf an Dienstleistungen, weil er nach einem Kompromiß zwischen den ihm angebotenen Freuden aller Art und der ihm zur Verfügung stehenden Zeit sucht. Sekundärer Verbrauch erfordert Zeit, tertiärer Verbrauch spart Zeit.« (S. 275)

Noch ein zweiter Mechanismus erklärt laut Fourastié, weshalb die Individuen unbegrenzt Dienstleistungen nachfragen. Man könnte ihn mit einem aktuellen Schlagwort der Soziologie »Individualisierung des Konsums« nennen. Mit zunehmender Sättigung bei Nahrungsmitteln und industriellen Gebrauchsgütern komme es dazu, daß sich der »Geschmack verfeinert und individualisiert«. Der Konsum dient dann vor allem dazu, die Differenz zu anderen zu betonen – »invidious comparison«, wie Veblen (1953) es genannt hat.

Wichtiger noch ist für Fourastié aber der »kollektive Hunger nach Tertiärem« (S. 275), worunter er ziemlich genau das versteht, was heute als produktionsorientierte Dienstleistungen bezeichnet wird. Technischer Fortschritt sei »ohne eine Vergeistigung der Arbeit« nicht möglich, also ohne »Vorbereitung, Organisation und Planung«. (S. 276) Damit benennt Fourastié neben dem Strukturwandel der Konsumnachfrage die Arbeitsteilung als zweite zentrale Quelle der Dienstleistungstätigkeiten: »Die Produktion der materiellen Güter erscheint also in einem vorgerückten Stadium des technischen Fortschritts als ein äußerst komplizierter Mechanismus, in dem nur der geringste Teil der Arbeitskräfte auf die Ausführung selbst entfällt, während um so mehr zur Vorbereitung, Planung, Beobachtung, Forschung, kurz zum Denken benötigt werden und in dem diese geistige Arbeit für das Laufen der Maschine absolut unerläßlich sein wird.« (S. 277)

Der individuelle und der kollektive Hunger nach Tertiärem können nun nicht – wie bei der landwirtschaftlichen Produktion oder bei der Güterherstellung – durch Produktivitätssteigerungen aufgefangen werden. »Die Menschheit wird also – und dies ist außerordentlich wichtig – noch in vierzig oder fünfzig Jahren, auch ohne neuen Krieg, bei weiterer Zunahme des technischen Fortschritts und selbst in den reichsten Ländern, geradezu nach tertiären Diensten hungern. Sie wird einen steigenden tertiären Bedarf für den individuellen Verbrauch und vor allem für die Aufrechterhaltung der zivilisatorischen Einrichtungen haben.« (S. 278)

Daraus entwickelt Fourastié ein Drei-Phasen-Modell:

1. Fast die gesamte Geschichte der Menscheit über existierte nach seiner Ansicht eine *traditionelle Zivilisation*, gekennzeichnet durch eine extrem ungleichgewichtige Verteilung der Beschäftigten zugunsten des primären Sektors (80 % aller Beschäftigten), während im sekundären und tertiären Sektor jeweils 10 % beschäftigt waren. Diese traditionelle Zivilisation kannte keinen technischen Fortschritt, es war ein statischer Zustand. Krisen waren Krisen der Unterproduktion von Nahrungsmitteln.

2. Die *Übergangsperiode* (Industriegesellschaft) beginnt für Fourastié um 1750 mit dem Einsetzen des technischen Fortschritts und geht nach einer Expansionsphase in eine Endphase über, die durch einen Wandel der Beschäftigten zugunsten des tertiären Sektors gekennzeichnet ist. Krisen sind im wesentlichen Krisen der Überproduktion im sekundären Sektor.

3. In der zukünftigen *tertiären Zivilisation* hat sich die Beschäftigungsverteilung gegenüber der traditionellen umgekehrt: 80% sind im tertiären, jeweils 10% im primären bzw. sekundären Sektor beschäftigt. Während in der Übergangsperiode der technische Fortschritt und damit das Veränderungspotential der Gesellschaft außerordentlich hoch ist, ist die tertiäre Zivilisation wieder eine statische, in einem neuen Gleichgewicht befindliche Gesellschaft. Die Nachfrage im primären und sekundären Sektor ist weitgehend gesättigt, während ihre Sättigung im tertiären zumindest für die nächsten hundert Jahre (S. 280) an den Grenzen des technischen Fortschritts scheitert, wodurch eine permanent wachsende Nachfrage nach weiteren Arbeitskräften ausgelöst wird. Somit ergibt sich beim sektoralen Wandel ein stationärer Zustand, weil sich Grenzen des Konsums von Produkten aus dem primären und sekundären Bereich ergeben haben, die in den Aufnahmekapazitäten der menschlichen Natur begründet sind, und weil im tertiären Sektor kaum technischer Fortschritt stattfindet. Krisen sind wieder Unterproduktionskrisen, und zwar von Dienstleistungen, die nicht minder bedrohlich als die Unterproduktion von Nahrungsmitteln sein müssen: »Eine tertiäre Unterproduktion (wird) nicht nur einen Mangel an tertiären Annehmlichkeiten für den einzelnen, sondern einen vollständigen Zusammenbruch des wirtschaftlichen und gesellschaftlichen Gefüges zur Folge haben.« (S. 280)

Fourastié bezeichnet die tertiäre Zivilisation dennoch als die »große Hoffnung des 20. Jahrhunderts«. Damit ist zweierlei gemeint:

Die erste Hoffnung liegt in einer Höherentwicklung der menschlichen Lebensweise zugunsten bequemerer, urbanisierter Lebensumstände, besserer Arbeitsbedingungen und der Befriedigung »höherer« Bedürfnisse. Die industrielle Zusammenballung der Menschen wird sich auflösen zur »traditionellen Vereinzelung,... doch diesmal mit dem ganzen Komfort, den... die moderne Technik bietet«. (S. 247) Die »tertiären Vorstädte« werden den Gartenstadtideen nahekommen: »wenig Steine, viel Himmel, Erde, Bäume und Wasser«. (S. 247) Die Arbeitszeiten werden kürzer, die Berufsarbeit wird von körperlichen Mühen und Monotonie befreit. Die moderne Maschinerie wird »den Menschen zwingen, sich auf die schwierigsten geistigen Aufgaben und die Lösung der wissenschaftlich unvorhersehbaren Probleme zu spezialisieren, in denen Intuition, Ethik und Weltanschauung immer wichtiger werden«. (S. 303) Schließlich werden mit der Sättigung der materiellen Bedürfnisse die geistigen Ansprüche der Menschen steigen: »die Mutter liest nur die Zeitung und vielleicht noch ›Vom Winde verweht‹, die Tochter schon ›Reader's Digest‹, die Enkeltochter jedoch wird Steinbeck und vielleicht sogar Bergson und Colin Clark lesen.« (S. 248)

Eine zweite Hoffnung besteht darin, daß krisenhafte Phänomene wie z. B. Arbeitslosigkeit mit der Expansion des tertiären Sektors bewältigt werden, ist also eine Hoffnung auf ökonomische und politische Stabilität. Das »unstillbare Bedürfnis nach Tertiärem« (S. 126) und die geringen Produktivitätsfortschritte bei den verbrauchsbezogenen Dienstleistungen werden mehr als ausreichende Beschäftigung für alle bieten. Fourastié hält es deshalb auch nicht für möglich, daß die durchschnittliche Arbeitszeit pro Beschäftigten unter 2000 Stunden im Jahr sinken könne.[2]

Stabilität wird von Fourastié aber noch weiter gefaßt. Die industrielle Phase ist in seinem Schema die einzige in der menschlichen Geschichte, die durch dynamischen Wandel gekennzeichnet ist. Eben deshalb ist sie für ihn eine krisenhafte Periode des »Übergangs«. Fourastié hat dabei die Krisen und Kriege bis zum Zweiten Weltkrieg vor Augen. Ganz anders als in der neueren sozialwissenschaftlichen Diskussion gilt ihm Wachstum daher nicht als Garant der politischen und ökonomischen Stabilität. Erst die erneute Stagnation in der tertiären Zivilisation kann wieder ein Zustand stabilen Gleichgewichts sein. Die Industriegesellschaft ist eine »Übergangsperiode, die zwei Gleichgewichtszustände trennt: das traditionelle, vor dem technischen Fortschritt bestehende Gleichgewicht und das zukünftige Gleichgewicht, das dann erreicht sein wird, wenn der gegenwärtige technische Fortschritt die große Masse der Beschäftigten aus dem primären in den tertiären Sektor überführt haben wird.« (S. 129)

Fourastié betont die Kosten des sozialen Wandels, denn dieser ist »durch schwerste Krisen wirtschaftlicher, politischer und gesellschaftlicher Natur gekennzeichnet« (S. 241): Kriege, Unruhen, wirtschaftliche Depressionen, Arbeitslosigkeit, aber auch individuelle Leiden wie Verlust von Heimat, von vertrauten Lebenswei-

---

2 Zum Vergleich: in der (alten) Bundesrepublik waren es im Jahr 1987 1672 Stunden (Pettersson 1990, 126).

sen und Orientierungen. »Das Drama der Übergangsperiode ist der Übergang aus einem Dorf im Süden, wo die Lebensweise seit dem Altertum unverändert geblieben war, in eine der ungeordneten Vorstädte einer Großstadt des Nordens.« (S. 126) Die durch den technischen Fortschritt ausgelöste gesellschaftliche Dynamik ist seiner Ansicht nach zerstörerisch. Doch der technische Fortschritt wird im neuen Gleichgewicht der tertiären Gesellschaft zur Ruhe kommen. Damit wird auch der soziale Wandel nicht mehr mit »Leid und Elend« (S. 288) verbunden sein. Zwar wird es auch dann noch Veränderungen geben, aber in einem für die Gesellschaft wie für den einzelnen verträglichen Ausmaß. Die Phase der Industriegesellschaft erscheint gleichsam wie eine Pubertätskrise, die zu überstehen ist, um in die Reife des Erwachsenenlebens einzutreten. Das ist die dritte, die eigentliche Hoffnung, die Fourastié mit der Dienstleistungsgesellschaft verbindet.

Bei Fourastié sind die Grundmuster der Argumentation zur Dienstleistungsgesellschaft voll entfaltet: Der wissenschaftliche Fortschritt bedingt den technischen Fortschritt. Dieser steigert die Produktivität und wird dadurch zur Quelle des gesellschaftlichen Reichtums. Mit wachsendem Reichtum verschieben sich die Bedürfnisstrukturen und damit die Konsumpräferenzen zugunsten von Luxusgütern und Dienstleistungen. Die Dienstleistungsproduktion ist weitgehend resistent gegen den technischen Fortschritt und damit gegen Produktivitätssteigerungen, also muß ein immer größerer Anteil der Arbeitskräfte im Dienstleistungssektor arbeiten. Technischer Fortschritt und Wandel der Konsumpräferenzen bedingen somit einen Strukturwandel des Beschäftigungssystems in Richtung auf höher qualifizierte und weniger belastende Arbeit in Dienstleistungsberufen, einen Wandel der Lebensweise in Richtung auf eine humane Urbanisierung sowie einen Wandel der Bedürfnisstrukturen in Richtung auf »höhere« Ansprüche. Das Wachstum verbrauchsbezogener Dienstleistungen aufgrund steigender Konsumentennachfrage ist der entscheidende Motor für den Wandel.

Der Optimismus Fourastié's ist allerdings vorsichtig. Er rechnet mit 200 oder 300 Jahren, bis die tertiäre Zivilisation Wirklichkeit geworden ist. Sein Optimismus gründet hauptsächlich darin, daß die Krisen der industriellen Phase überwunden werden können. In der tertiären Zivilisation kann die Menschheit endlich wieder zur Ruhe kommen. Die tertiäre Zivilisation wird einige Grundübel der

Industriegesellschaft verschwinden lassen, die Lebensbedingungen und die Stabilität der Dienstleistungsgesellschaft werden insgesamt besser sein. Fourastié kann daher als vorsichtiger Theoretiker einer Melioration der Gesellschaft bezeichnet werden. Dem haben sich in der Folgezeit einige Soziologen der Grundtendenz nach angeschlossen.

3. Die Optimisten: Daniel Bell und Gartner/Riessman

»Das neue Thema ... ist nicht mehr Ausweitung, Expansion, sondern Besserung, was ich Melioration nennen werde, qualitative an Stelle quantitativer Entwicklung.« (Dahrendorf 1975, S. 33) Die These, daß die Entwicklung zur Dienstleistungsgesellschaft gleichbedeutend mit Melioration sei, ist von Daniel Bell und von Gartner/Riessman mit Nachdruck vertreten worden. Sie gehen von der Verschiebung der Beschäftigung zugunsten von Dienstleistungen als empirischem Faktum aus und fragen nach den sozialen Konsequenzen dieses Wandels für Herrschaftsverhältnisse, Lebensweisen und politisches Bewußtsein. Allerdings setzen sie an unterschiedlichen Phänomenen innerhalb der Dienstleistungsgesellschaft an. Während Gartner/Riessman sich auf die Folgen der Expansion von konsumorientierten (sozialen, personenbezogenen) Dienstleistungen konzentrieren, befaßt sich Bell mit der wachsenden Bedeutung von Wissen und Information für das gesamte Produktionssystem, also mit der Ausweitung von produktionsorientierten Dienstleistungen.

Daniel Bell: Die postindustrielle Gesellschaft

Daniel Bells Buch »The Coming of Post-Industrial Society. A Venture in Social Forecasting« erschien 1973 (deutsch 1979). Selten wohl hat ein so unausgegorenes und schlampig geschriebenes Buch so viel Furore gemacht. Aber der Erfolg des Titels zeigt, daß Bell damit ein gesellschaftlich virulentes Thema aufgegriffen hat. Es verlangt einige Mühe, um aus den Widersprüchen und Ungenauigkeiten des Textes zentrale Thesen herauszuarbeiten. Hier also unsere Version einer notwendig selektiven Interpretation:

Wie Fourastié unterteilt auch Bell die gesellschaftliche Entwicklung in drei Phasen: Vorindustrielle Gesellschaften sind daduch charakterisiert, daß die Arbeitskräfte vorwiegend in der Urproduktion (Lebensmittel) arbeiten, die Muskelkraft ist die Hauptproduktivkraft, das Leben »stellt in erster Linie ein Spiel gegen die Natur dar«. (Bell 1979, 129) Industriegesellschaften sind güterproduzierende Gesellschaften, Arbeiter und Ingenieur sind die dominierenden Berufe, Energie bildet »die Basis der Produktivität«, das Leben ist in erster Linie ein »Spiel gegen die technisierte Natur«. (S. 130) Die nachindustrielle Gesellschaft beruht auf Dienstleistungen, sie ist »ein Spiel zwischen Personen. Denn hier zählt weniger Muskelkraft oder Energie als Information. Die wichtigste Figur ist der Akademiker. (...) Lebensqualität (bemißt sich)... nach den Dienstleistungen und Annehmlichkeiten – Gesundheits- und Bildungswesen, Erholung und Künste«. (S. 131) »Information bedeutet alles und wird zur Machtquelle innerhalb der Organisationen.« (S. 133)

Die postindustrielle Gesellschaft läßt sich nach Bell anhand von fünf Dimensionen beschreiben:

1. In der Wirtschaft dominieren die Dienstleistungen gegenüber den Gütern. Damit ist nicht nur die Zunahme der Dienstleistungsbeschäftigung gemeint, sondern auch die Zunahme des Konsums von Dienstleistungen.

2. Im Beschäftigungssystem dominiert eine »Klasse professionalisierter und technisch qualifizierter Berufe«. (S. 34) Kennzeichnend für die postindustrielle Gesellschaft ist also nicht nur die quantitative Zunahme der Dienstleistungsberufe, sondern auch ihr qualitativer Wandel: von Transport, Verkehr und Versorgung verlagert sich der Schwerpunkt der beruflichen Tätigkeit auf Gesundheit, Ausbildung, Forschung und Verwaltung, insbesondere auf die akademischen Berufe. Die Zahl der akademisch und technisch qualifizierten Berufe war in den 60er Jahren nach Bell in den USA doppelt so schnell angestiegen wie der Durchschnitt aller Berufe.

3. Theoretisches Wissen ist das »axiale Prinzip« der postindustriellen Gesellschaft, es ist die Quelle von technischen, politischen und sozialen Innovationen. »Die nachindustrielle Gesellschaft... organisiert sich zum Zwecke der sozialen Kontrolle und der Lenkung von Innovation und Wandel um das Wissen.« (S. 35) Die neuen wissenschaftlich fundierten Industrien hängen in erster Linie von theoretischer Arbeit ab. »In zunehmendem Maße wird das theoretische Wissen so zum strategischen Hilfsmittel und axialen

Prinzip der Gesellschaft. Universitäten, Forschungsorganisationen und wissenschaftliche Institutionen ... entpuppen sich immer deutlicher als axiale Strukturen der entstehenden neuen Gesellschaft.« (S. 41)

4. Der technische Fortschritt ist lenkbar geworden. Bell hält die Probleme der »Beurteilung der Technologie« für gelöst. »Sie erforderte lediglich einen politischen Mechanismus, der die Durchführung einschlägiger Untersuchungen und die Aufstellung der für neue Technologien gültigen Kriterien erlaubt.« (S. 42) »Planung und Lenkung des technologischen Wachstums« (S. 41) sei die zentrale Dimension des sozialen Wandels.

5. Gesellschaftliche Entwicklung selbst wird zum Gegenstand einer neuen intellektuellen Technologie. Gelernt wird der Umgang mit organisierter Komplexität, »der Umgang mit großen Systemen mit vielen aufeinander einwirkenden Variablen«, ermöglicht durch »Informationstheorie, Kybernetik, Entscheidungstheorie, Spieltheorie, Nutzentheorie, stochastische Prozesse«. (S. 44) Zwei Merkmale kennzeichnen dies als intellektuelle Technologie: Erstens, daß es sich hier um eine Substitution intuitiver Urteile durch Regeln zur Lösung von Problemen handelt, zweitens, daß dies mit dem Werkzeug des Computers möglich ist.

Bell macht den Wandel an der Zunahme bestimmter Dienstleistungsberufe, der akademisch ausgebildeten Professionellen fest, deren sozialwissenschaftliches und technisches, vor allem aber theoretisches Wissen die strategische Rolle einer ersten Produktivkraft einnimmt. »Die Schlüsselposition innerhalb dieser akademisch-technischen Klasse wiederum fällt den Naturwissenschaftlern und Ingenieuren zu.« (S. 35) Die Bellsche Wissenselite erbringt Leistungen, die primär der Steuerung der Güterproduktion dienen.

Aber ihre Macht geht darüber hinaus. Die nachindustrielle Gesellschaft ist für Bell eine »Wissensgesellschaft« (S. 214). Ihr wesentliches Merkmal ist die Planung von Entwicklung und Forschung. Sie diene dazu, »das technologische Wachstum systematisch zu organisieren« (S. 198). Wissen wird dabei von Bell positivistisch definiert »als Sammlung in sich geordneter Aussagen über Fakten oder Ideen, die ein vernünftiges Urteil oder ein experimentelles Ergebnis zum Ausdruck bringen und anderen durch irgendein Kommunikationsmedium in systematischer Form übermittelt werden«. (S. 176 f.)

Das Wissenschaftssystem ist die Keimzelle der postindustriellen Gesellschaft. »Wenn dem aber so ist, kann man den wissenschaftlichen Stand – sein Ethos und seine Organisation – als die Monade bezeichnen, die das Bild der künftigen Gesellschaft in sich trägt.« (S. 269) Von den drei zentralen Machtquellen Amt, Eigentum und Wissen erlangt letzteres allmählich das Übergewicht. In der postindustriellen Gesellschaft wird die Klasse der Wissenschaftler und Techniker dominieren. Bei Bell scheint am Ende die vage Vision einer Gesellschaft auf, die von Wissenschaftlern und politischen Technokraten beherrscht wird, eine Vision, die näher am militärisch-industriellen Komplex angesiedelt ist als an den optimistischen Vorstellungen von einer Gesellschaft, in der die Menschen ihre Geschicke bewußt lenken.

In Bells Vision einer postindustriellen Gesellschaft spielt also die Zunahme von wissenschaftlichen Tätigkeiten im Bereich der Güterproduktion die zentrale Rolle. Die Methode wissenschaftlicher Analyse wird seiner Ansicht nach zur dominierenden Weltinterpretation, und technische Problemlösungen werden zum Paradigma gesellschaftlicher Steuerung. Damit verschieben sich Konfliktfronten, Herrschaftsstrukturen und politische Bewußtseinslagen – die postindustrielle Gesellschaft erlangt eine andere Qualität als die industrielle, in der das Privateigentum das »axiale Prinzip« bildete.

Gartner/Riessman: Die Macht der Konsumenten

Gartner/Riessman verbinden mit dem Wandel zur Dienstleistungsgesellschaft die Perspektive von mehr Selbstbestimmung und Demokratie. Im Gegensatz zu Bell, der die Dominanz von produktionsorientierten Dienstleistungen im Auge hat, beziehen sich Gartner/Riessman dabei auf die Expansion der konsumorientierten Dienstleistungen.

Die Autoren gehen von drei empirischen Phänomenen aus:

1. Sie konstatieren Veränderungen, die eine Charakterisierung der modernen Gesellschaft als Dienstleistungsgesellschaft rechtfertigen:

– »Der wachsende Prozentsatz der im Dienstleistungssektor Beschäftigten.«

– »Die wachsende Anzahl bezahlter und kostenloser Dienstleistungen.«

– »Die Bedeutung solcher Leistungen als Voraussetzung für den Zugang zu anderen Privilegien (z. B. der Einfluß der Ausbildung . . . für Beschäftigungsmöglichkeiten und Einkommenschancen)« und

– »Die Beachtung, die den personenbezogenen Dienstleistungen, ihren Produzenten und Empfängern seitens der Öffentlichkeit und der Medien zuteil wird.« (Gartner/Riessman 1978, 30f.)

2. Wie Fourastié und Bell gehen sie von der prinzipiellen Möglichkeit einer Stabilität der kapitalistischen Gesellschaft aus: »Es scheint, als ob der moderne Kapitalismus beträchtliche Fähigkeiten herausgebildet hat zur Erhaltung einer relativen ökonomischen Stabilität, eines ziemlich hohen Lebensstandards für einen Großteil der Bevölkerung, . . . aufgrund dessen ein beträchtlicher Teil der Bevölkerung in die Lage versetzt wird, sozusagen als Nichtarbeiter außerhalb der Erwerbsbevölkerung zu bleiben.« (S. 64) Mit Stabilität ist nicht Krisenfreiheit gemeint, aber die Vermeidbarkeit systemsprengender Krisen.

3. Ebenfalls wie bei Fourastié und Bell ist in den Augen der beiden Autoren die moderne Dienstleistungsgesellschaft durch eine enorme Steigerung der Produktivität in der Produktion und damit ein Schrumpfen des Umfangs gesellschaftlich notwendiger Arbeit gekennzeichnet.

In dieser hochproduktiven kapitalistisch organisierten Dienstleistungsgesellschaft kommt den personenbezogenen Dienstleistungen nach Gartner/Riessman eine entscheidende Rolle zu. Sie sind durch Kopfarbeit, durch Arbeits- statt Kapitalintensität, durch Konsumentennähe und Immaterialität ihrer Produkte charakterisiert. Diese qualitativen Aspekte sind für Gartner/Riessman ausschlaggebend für die Perspektive der Melioration, denn personenbezogene Dienstleistungen zeichnen sich gegenüber der industriellen Produktion durch zwei Merkmale aus:

a) Personenbezogene Dienstleistungen sind von der Natur der Sache her »wohltätig«. Es handelt sich um Mensch-Mensch-Beziehungen, also um einen Produktions- und Konsumvorgang, der im wesentlichen interaktiv organisiert ist. Eben das verstärkt die in den personenbezogenen Dienstleistungen angelegte humanistische Orientierung, die wohltätige Absicht und das persönliche Engagement. Gartner/Riessman bezeichnen als herausragende Merkmale der personenbezogenen Dienstleistungen: »Erstens, daß diese Dienstleistungen das Ziel haben, dem Empfänger Nutzen oder Wohlbefinden zu schaffen, sei es affektiv oder kognitiv; und zweitens, daß die Dienstleistungen in der Hauptsache Beziehungsarbeit leisten, im zwischenmenschlichen Bereich angesiedelt sind... Deshalb betrachten wir personenbezogene Dienstleistungen vom Prozeß her als interpersonell und vom Ziel... her als potentiell wohltätig.« (S. 51)

b) Personenbezogene Dienstleistungen verleihen dem Konsumenten Macht. »Grundmerkmal der Dienstleistungen ist,... daß sie oft dahin tendieren, den Konsumenten in die Produktion der Dienstleistung einzubeziehen. (...) Diese spezifische Konsumentenrolle ist... von größter Wichtigkeit. Schüler und Studenten sind zum Beispiel nicht nur Konsumenten der Dienstleistungen, d. h. der Bildung, sondern sie sind gleichzeitig ein Produktionsfaktor. Ebenso sind Patienten ein Produktionsfaktor bei der Wiederherstellung ihrer Gesundheit. Der Konsument ist hier eine Produktivkraft, und die personenbezogenen Dienstleistungen sind nicht nur arbeitsintensiv, sie können auch als konsumentenintensiv bezeichnet werden. (...) Ausschlaggebend ist..., daß der Schlüssel für eine Produktivitätssteigerung in diesem Sektor in einer wirksamen Aktivierung und Mobilisierung der Konsumenten liegt. (...) Das Zusammenfallen der spezifischen Rolle der Konsumenten in der Dienstleistungsproduktion mit ihrer Bedeutung in der Volkswirtschaft als ganzer liefert den Schlüssel zum Verständnis der potentiellen Macht der Konsumenten.« (S. 105 f.)

Beide Thesen sind die Basis für ihre Behauptung, in den personenbezogenen Dienstleistungen liege ein emanzipatorisches Potential. Die starke Stellung des Konsumenten als Produktivitätsreserve und als Erfolgsmaßstab kann Mitspracherechte der Konsumenten begründen. Die Bereitschaft zur Mitarbeit seitens des professionellen Personals und der Klienten, etwa im Zuge einer Schulreform, ist wesentliche Voraussetzung für den Erfolg einer solchen Reform. Die Betroffenen werden zur aktiven Mitarbeit aber nur dann bereit sein, wenn sie mit den Zielen der Reform einverstanden sind, was wiederum ihre Beteiligung bei der Formulierung dieser Ziele voraussetzt. »Die Stoßrichtung des konsumentenintensiven Ansatzes ist grundsätzlich antibürokratisch, da er auf der Annahme aufbaut, daß die Effizienz des Systems an der Stelle zu verorten ist, wo die Beziehung, der Kontakt zwischen Konsument und Erbringer stattfindet, und nicht innerhalb des Dienstleistungssystems selbst.« (S. 246)

Die Folgen der Entwicklung zu einer Gesellschaft, in der personenbezogene Dienstleistungen quantitativ, qualitativ und politisch einen zentralen Stellenwert einnehmen, liegen vor allem auf der Ebene des politischen Bewußtseins und der Wertorientierungen: abnehmende Bedeutung der Werte der Industriegesellschaft, zunehmende Bedeutung von postmateriellen Orientierungen. Politische Konflikte über Lebensqualität, persönliche Freiheit, Partizipation und individuelle Selbstbestimmung stehen im Mittelpunkt. Die Auseinandersetzungen verlagern sich aus dem Bereich der Verteilung des materiellen gesellschaftlichen Reichtums zu Fragen der kulturellen und sexuellen Emanzipation oder allgemeiner: in den Bereich des Alltagslebens außerhalb der beruflich organisierten Arbeit. »Es nimmt deswegen auch nicht wunder, daß die Grundwerte unserer Zeit...

Dienstleistungswerte sind, die mit Dingen zu tun haben wie: Humanisierung der Arbeitswelt, Verbesserung der Lebensqualität und der Umweltbedingungen, Erweiterung des Bewußtseins, Abbau von Hierarchie, Bürokratie, Autorität und Zentralismus sowie Entwicklung der Persönlichkeit.« (S. 52)

Als Ursachen für diesen Wertewandel, der die politischen Konflikte in der Dienstleistungsgesellschaft charaktisiert, nennen Gartner/Riessman einmal die spezifische Qualität der Produktion personenbezogener Dienstleistungen zum zweiten die spezifische Qualität des Konsums von Dienstleistungen, sowie drittens den wachsenden Anteil von ehemals Erwerbslosen und Benachteiligten (Frauen, Minderheiten, Lernbevölkerung), die jetzt in den Dienstleistungen beschäftigt werden und in diesen professionalisierten Bereich Werte hineintragen, mit denen sie außerhalb des Systems beruflicher Arbeit in den langen Zeiten etwa als Lernender oder Arbeitsloser sozialisiert worden sind.

Träger der politischen Veränderungen sind einerseits die »Konsumentenvorhut«, weil der Konsument die Produktivitätsreserve der Dienstleistungsproduktion ist, andererseits die Produzenten der personenbezogenen Dienstleistungen, weil diese quantativ zunehmen und ein neues Arbeitsethos haben. Die neuen Werte der Dienstleistungsgesellschaft und ihre Träger stehen im Widerspruch zu den alten Werten der Industriegesellschaft. Gartner/Riessman sprechen von der »Koexistenz dreier Gesellschaften«:

1. Der industrielle Sektor, die Arbeiterklasse und der alte Mittelstand mit den Werten Autorität, Puritanismus, Nationalismus, Sicherheit.

2. Die neoindustrielle Gruppe, eine gebildete Elite, die weder die Werte der alten Koalition noch die der Konsumentenvorhut teilt, sich vielmehr für Effizienz, Leistung und Statuskonkurrenz engagiert.

3. Die Konsumentenvorhut und die Produzenten in den personenbezogenen Dienstleistungen, die Frauen, die Lernbevölkerung, die Minderheiten, die Lehrer und die Beschäftigten im öffentlichen Dienst, die eher humanistische, lebensqualitätsbezogene Werte verfolgen.

Die neuen Konfliktlinien sind also Konflikte im Überbau der Gesellschaft.

4. Die Pessimisten: Baumol und Gershuny

Gegen die optimistischen Prognosen der Dienstleistungstheoretiker sind grundsätzliche Einwände erhoben worden. Sie richten sich gegen die Annahme einer prinzipiell grenzenlosen Ausweitung des Konsums von beruflich, also durch formelle Erwerbstätigkeit produzierte Dienstleistungen und stellen damit die zentrale These der »Dienstleistungsgesellschaft«, nämlich die Expansion von Dienstleistungstätigkeiten, in Frage.

Baumol: Kostenkrankheit

Baumol (1967) benutzt (wie Fourastié) die Produktivitätsunterschiede zur Unterscheidung von zwei Gruppen ökonomischer Tätigkeiten: »Technologisch fortschrittliche Aktivitäten, bei denen Innovationen, Kapitalakkumulation und Skaleneffekte zu einem kumulativen Anstieg der Produktionsergebnisse pro Arbeitsstunde führen, und Aktivitäten, die ihrer Natur nach nur sporadische Produktivitätszuwächse zulassen.« (S. 415 f.) Der Unterschied liege in der »technologischen Struktur der Aktivität«, und er resultiere aus der Rolle, die die Arbeit spielt: »In einigen Fällen ist die Arbeit lediglich ein Mittel, ein nebensächliches Erfordernis für die Herstellung eines Endprodukts, während in anderen Fällen die Arbeit selbst das Endprodukt ist.« (S. 416) Letzteres sei typisch für Dienstleistungen. Diese klassifiziert er daher in einen »nicht-progressiven« Bereich, während er – wie Fourastié – die Produktionsprozesse, in denen die Produktivität durch Technisierung gesteigert werden kann, einem »progressiven« Bereich zuordnet. Baumol diskutiert zwar die Möglichkeiten der Produktivitätserhöhung durch die Anwendung neuer Technologien auch bei den Dienstleistungen, aber er beharrt letztlich auf der »Unterscheidung zwischen den Bereichen mit relativ konstanten Preisen und denen, wo die Produktivität steigt«. (S. 417)

Mit den folgenden Annahmen bzw. Randbedingungen gelangt er zu seiner sehr einflußreich gewordenen Theorie der »Kostenkrankheit« von Dienstleistungen:

1. Beim Vergleich der Entwicklung von progressivem (Güterproduktion) und nichtprogressivem (Dienstleistungen) Bereich können zunächst alle anderen Kosten außer der Arbeit vernachlässigt werden;
2. trotz unterschiedlicher Produktivitätsentwicklung bewegen sich die Löhne in beiden Bereichen gleich;
3. Lohnerhöhungen in den beiden Bereichen entsprechen den Produktivitätszuwächsen des »progressiven« Sektors.

»Wenn die Produktivität im einen Sektor kumulativ im Vergleich zur Produktivitätsentwicklung des anderen zunimmt, dann müssen die relativen Kosten im nichtprogressiven Sektor unvermeidlich zunehmen, und diese Kosten werden kumulativ und ohne Grenzen steigen.« (S. 419) Denn während die Löhne im progressiven Sektor entsprechend der Produktivitätssteigerung erhöht werden (und insoweit einer realen Leistungssteigerung entsprechen), steigen sie im nichtprogressiven Bereich ohne entsprechende Erhöhung der Produktivität. Die ökonomische Konsequenz ist, daß die Produkte des nichtprogressiven Sektors langsam vom Markt verschwinden, weil sie schlicht zu teuer werden – oder daß, wenn sie weiterhin angeboten und gekauft werden, ein ständig wachsender Anteil der Gesamtarbeit in diesem Sektor gebunden wird und somit das Wachstum der gesamten Wirtschaft verlangsamt wird.

Staatliche Eingriffe zugunsten der sozialen oder kulturellen Infrastruktur können nach Baumol dazu führen, daß immer größere Bestandteile gesellschaftlicher Arbeit in den unproduktiven Dienstleistungssektor hinübergezogen werden. Dies müßte einen Kollaps des Wachstums und der Staatsfinanzen zur Folge haben. Diese Überlegungen führen daher zu der These, daß das Wachstum von konsumorientierten Dienstleistungen begrenzt ist: sie müssen entweder an ihrer »Kostenkrankheit« sterben oder künstlich (durch den Staat) ernährt werden, was aber an unübersteigbare finanzielle Schranken stößt. Nach Baumol ist der Weg in die Dienstleistungsgesellschaft ökonomisch nicht gangbar.

Gershuny: Substitution durch Eigenarbeit

Gershuny wendet sich ebenfalls gegen die Meliorationsannahmen der Dienstleistungsgesellschafts-Optimisten, und zwar mit zwei empirischen Argumenten, die ein Wachstum der verbrauchsbezogenen Dienstleistungen und damit die Basis der Meliorationshoffnungen in Frage stellen.

1. Die Beschäftigungsstruktur ändert sich nicht parallel zu den Veränderungen der Struktur des Konsums. Damit wird eine zentrale Annahme der »Drei-Sektoren-Theorie« bestritten. Zwar läßt sich eine Zunahme von Dienstleistungsbeschäftigung feststellen, doch gibt es keine parallele Zunahme des Dienstleistungskonsums bei den privaten Haushalten. Das Wachstum des tertiären Sektors ist nach seiner Ansicht vor allem den produktionsorientierten Dienstleistungen zu verdanken, die aufgrund der arbeitsteiligen Ausgliederung von Forschung, Entwicklung und Management aus den Industriebetrieben zunehmen. Von der amtlichen Statistik werden sie als Dienstleistungsbetriebe klassifiziert, ohne daß sich die Gesamtbeschäftigung tatsächlich erhöht hat. Die Externalisierung von Dienstleistungsbeschäftigung in selbständige Firmen ist also nur eine Verschiebung zwischen statistischen Kategorien, der nicht einmal reale Veränderungen in den Arbeitssituationen entsprechen müssen.

2. Wenn man die privaten Haushalte und deren Konsumausgaben betrachtet, zeigen die Veränderungen der Nachfrage in den letzten 40 Jahren (vor 1980) sogar eine Abnahme des Dienstleistungskonsums und eine Zunahme der Ausgaben für Industriegüter, insbesondere für Medien und Transport. Allerdings können sinkende Ausgaben für Gesundheitsdienste, wie Gershuny für Großbritannien festgestellt hat, dadurch bedingt sein, daß diese im Beobachtungszeitraum verstaatlicht worden sind. In der Tat zeigen die staatlichen Ausgaben für Dienstleistungen einen starken Zuwachs. Doch Gershuny belegt, daß preisbereinigt die gesamten Ausgaben für Dienstleistungen (also private und öffentliche Ausgaben zusammen) innerhalb von 20 Jahren nur um ca. 3 % auf ein

Fünftel der gesamten Konsumausgaben[3] einer Gesellschaft zugenommen haben. Das Wachstum der Ausgaben für Dienstleistungen wäre also keineswegs dramatisch.

Diese Argumente sprechen gegen die These von einer Entwicklung zur Dominanz verbrauchsbezogener Dienstleistungen. Nach Gershuny gibt es daher keinen Grund, an den Grundzügen der Industriegesellschaft zu zweifeln. Auch wenn mehr Dienstleistungen produziert und konsumiert werden, ist doch die Richtung der Expansion von Nachfrage und Beschäftigung umgekehrt. Es gibt keine Tendenz zu mehr beruflich organisierten konsumorientierten Dienstleistungen, diese werden vielmehr informell in den privaten Haushalten in Eigenarbeit unter Einsatz von Haushaltsinvestitionsgütern erbracht: anstatt ins Restaurant zu gehen, holt man das Fertigmenü aus der Tiefkühltruhe und wärmt es im Mikrowellengerät auf; anstatt sich für einen Sprachkurs einzuschreiben, kauft man sich Lernkassetten. Berufliche Dienstleistungstätigkeiten werden also substituiert durch eine Kombination aus Eigenarbeit und Industrieprodukten. So entsteht keine Dienstleistungsgesellschaft, sondern eine Selbstbedienungsgesellschaft.

Bei seinem zentralen Argument geht Gershuny also ebenso wie Fourastié und Baumol vom Uno-actu-Prinzip, also der nichtstofflichen Qualität der Dienstleistungen und der darin begründeten Rationalisierungstendenz aus, doch handhabt er diese Annahme längst nicht so rigoros wie jene. Seine Theorie von der »Selbstbedienungsgesellschaft« unterstellt, daß Teile der Dienstleistung durchaus mechanisiert werden können, aber eben nicht so weit, daß sich ähnliche Produktivitätsgewinne erzielen lassen wie bei der Industrieproduktion. Daher werden konsumorientierte Dienstleistungen in einer Art Kooperation von großer Industrie und privaten Haushalten erbracht. Die rationalisierbaren Bestandteile der Dienstleistung werden in Gestalt von Automobilen, Waschmaschinen und Küchengeräten verstofflicht und den privaten Haushalten verkauft, die unter Einsatz dieser »Haushaltsinvestitionsgüter« in informeller »Haushaltsarbeit« Transportleistungen, saubere Wäsche und Mittagessen herstellen. In dieser Arbeitsteilung werden die rationalisierbaren und damit profita-

---

3 Die gesamten Konsumausgaben beziehen sich auf Dienstleistungen und materielle Güter.

blen Bestandteile der Dienstleistungsproduktion industrialisiert, der Rest wird der informellen Arbeit in den privaten Haushalten überlassen. Die Industrie beschäftigt sozusagen Konsumarbeiter.

5. Zusammenfassung

Fourastié hat eine säkulare Drift der Beschäftigung in Richtung Tertiarisierung zur Grundlage seiner Phasentheorie des sozialen Wandels gemacht. Zwar hat er den Unterschied zwischen produktions- und konsumorientierten Dienstleistungen gesehen, aber daraus keine analytischen Konsequenzen gezogen. Die zentrale Begründung für das Wachstum der Dienstleistungsbeschäftigung liegt in den Verschiebungen der Konsumnachfrage zugunsten von Dienstleistungen und kann sich daher nur auf konsumorientierte Dienste beziehen.

Bell und Gartner/Riessman gehen jeweils von der Tertiarisierung der Beschäftigung als gegebenem Faktum aus und spekulieren über deren gesellschaftliche Konsequenzen. Da Bells Überlegungen an den produktionsorientierten Dienstleistungen ansetzen, ergeben sich bei ihm völlig andere Perspektiven als bei Gartner/Riessman, die die Expansion von konsumorientierten Dienstleistungen zum Ausgangspunkt ihrer Überlegungen machen.

Baumol hat gezeigt, daß unter marktwirtschaftlichen Bedingungen die von Fourastié prognostizierten Entwicklungen nicht eintreffen können, sondern in eine Finanz- und Wachstumskrise führen müssen. Gershuny entwickelt seine These, nach der marktförmig angebotene Dienstleistungen durch die Eigenarbeit der Konsumenten substituiert werden, anhand empirischer Untersuchungen von Konsumausgaben privater Haushalte. Damit ist ein Ausweg aus der »Dienstleistungskrise« gezeigt, die sich nach Baumols Modell ergeben müßte.

Fourastié wie Baumol gehen von der Vorstellung einer *Natur der Dienstleistungen* aus, in die ihre prinzipielle Nicht-Rationalisierbarkeit eingebaut sei. Beide assoziieren daher die verwirklichte Dienstleistungsgesellschaft mit Stagnation – was aber für den einen eine Hoffnung, für den anderen eine Gefahr darstellt. Bei Fourastié wird nach dem Ende einer krisenhaften Übergangsperiode, der Zeit der industriellen Wachstumsgesellschaft, ein neues Gleichgewicht erreicht – für ihn eine positive Vision. Bei Baumol führt die Kostenkrankheit zum Verschwinden der Dienstleistungen vom Markt, ein Prozeß, der nur durch eine wachstumsschädliche Umlenkung der gesellschaftlichen Arbeit in den Dienstleistungsbereich unterbrochen werden kann – für ihn als Wachstumstheoretiker allerdings eine pessimistische Aussicht.

Nach der von Baumol diagnostizierten Kostenkrankheit führt der Weg in die Dienstleistungsgesellschaft direkt in eine Wachstumskrise. Realität kann diese Prognose allerdings nur werden, wenn die Modellannahmen stimmen. Verändern sich die Prämissen, sind andere Wege denkbar:

1. Die Argumentation steht und fällt mit der Gültigkeit und Wirksamkeit des Uno-actu-Merkmals. Wenn dies nur eingeschränkt gilt oder veränderbar ist, ergeben sich andere Konsequenzen. Immer mehr Teile des »nichtprogressiven« Sektors könnten in den »progressiven« transferiert werden, d. h. die Möglichkeiten zur Produktivitätssteigerung würden erweitert und ausgenutzt – entweder durch technische Rationalisierung oder durch die von Gershuny beschriebene Kombination von Technik und Eigenarbeit. Dies wäre der Weg einer »Verstofflichung« (Ostner/Willms 1983, 211) der personenorientierten Dienstleistungen.

2. Die »Kostenkrankheit« ergibt sich daraus, daß sich die Lohnbewegungen sowohl im »progressiven« wie auch im »nichtprogressiven« Bereich an den Produktivitätsfortschritten des »progressiven« Bereichs orientieren. Für Dienstleistungen entstehen daher immer höhere Kosten, ohne daß die Leistung entsprechend erweitert worden wäre. Die Entwicklung der Löhne in den beiden Sektoren könnte aber entkoppelt werden, sie entwickeln sich dann entsprechend der unterschiedlichen Produktivitätssteigerungen nicht parallel, sondern auseinander. Dienstleistungen würden dann relativ billiger, und bei polarisierter Einkommensverteilung könnte ein billiges Angebot konsumorientierter Dienstleistungen (wieder) auf eine kaufkräftige Nachfrage treffen. Das Wachstum der Nachfrage resultierte dann nicht ausschließlich aus einer Vermehrung des Reichtums (Niveaueffekt), sondern auch aus einer ungleichen Verteilung (Struktureffekt) (vgl. Scharpf 1986).

3. Die Theorie der Kostenkrankheit gilt nur für die marktförmige Organisation von Dienstleistungen; eine andere Möglichkeit wäre die nicht-marktfähige Organisation: Abschöpfung der Produktivitätsgewinne des »progressiven« Sektors (z. B. durch Steuern) zur Subventionierung des »nichtprogressiven« Bereichs.

Damit würde das Problem eines gebremsten Wachstums zwar nicht beseitigt, aber das Angebot von Dienstleistungen garantiert. Kostenproblem und Beschäftigungsentwicklung wären entkoppelt.

Wir werden sehen, daß alle drei Wege, die Kostenkrankheit zu umgehen, in der Realität beschritten werden – in verschiedenen Ländern je nach politischer und sozialer Struktur einer Gesellschaft mit unterschiedlicher Intensität und mit verschiedenen sozialen Konsequenzen. Es gibt verschiedene Pfade in die Dienstleistungsgesellschaft.

Kapitel 3

Internationaler Vergleich:
Der schwedische, der amerikanische und der westdeutsche Weg

Zwischen verschiedenen kapitalistisch organisierten westlichen Ökonomien bestehen erhebliche Unterschiede im Ausmaß der Beschäftigung in den verbrauchsorientierten Dienstleistungen (Scharpf 1986; Esping-Andersen 1990). Die USA, Schweden und die (alte) Bundesrepublik stehen dabei als Modelle für grundsätzlich verschiedene Typen der »Dienstleistungsgesellschaft«. Wir zeichnen im folgenden diese Unterschiede nach und stellen Ansätze zu ihrer Erklärung vor.

1. Ist die Bundesrepublik überindustrialisiert?

Wenn man die Aufteilung der Erwerbstätigen auf die drei Sektoren mit der anderer Länder vergleicht, so sind in der Bundesrepublik deutlich weniger Arbeitskräfte im Dienstleistungsbereich beschäftigt:

Tabelle III.1: Erwerbstätige nach Sektoren (in Prozent)

	Landwirtschaft und Fischerei			Produzierendes Gewerbe			Dienstleistungen		
	1970	1980	1990	1970	1980	1990	1970	1980	1990
Bundesrepublik	8,6	5,3	3,4	49,3	43,7	39,8	42,0	51,0	56,8
USA	4,5	3,6	2,8	34,4	30,5	26,2	61,1	65,9	70,9
Schweden	8,1	5,6	3,3	38,4	32,2	29,1	53,5	62,2	67,5

Quelle: OECD Labour Force Statistics, 1992; eigene Berechnungen

Im Jahr 1990 lag der Anteil des Dienstleistungssektors an der erwerbstätigen Bevölkerung in den USA und in Schweden um 14,1 bzw. 10,7 Prozentpunkte über dem in der BRD. Dagegen war der Anteil des produzierenden Gewerbes in der Bundesrepublik 13,6 bzw. 10,7 Prozentpunkte höher als in den anderen beiden Ländern. Die Unterschiede haben im Zeitverlauf auch nicht abgenommen. Ist die Bundesrepublik also ein »überindustrialisiertes« Land? Ist sie im Vergleich zu den anderen Ländern beim Strukturwandel »rückständig«?

Da der tertiäre Sektor sowohl produktionsorientierte wie konsumorientierte Dienstleistungen umfaßt, kann diese Frage anhand der sektoralen Daten nicht beantwortet werden, denn es könnte sich um ein statistisches Artefakt handeln: Es könnte ja sein, daß in Schweden und in den USA – aus welchen Gründen auch immer – produktionsorientierte Dienste stärker als selbständige Unternehmen organisiert sind und deshalb dort als Teil des Dienstleistungssektors zählen, während in der Bundesrepublik diese Tätigkeiten öfter innerhalb von Industriebetrieben angesiedelt sind und deshalb im güterproduzierenden Bereich mitgezählt werden. Die »Dienstleistungen«, die Vorleistungen für die Güterproduktion erbringen bzw. der Verteilung von Gütern dienen, müssen also erst von den Konsumdiensten getrennt werden. Wenn die Gesamtbeschäftigung so aufgegliedert werden soll, daß erkennbar wird, wie hoch der Anteil an konsumorientierten Dienstleistungen ist, müssen daher jene Teile des tertiären Sektors, die funktional eng mit der Güterproduktion verflochten sind (wie z. B. Ingenieurbüros), aussortiert und dem Produktionsbereich zugeschlagen werden.

Die Möglichkeiten, eine genauere funktionale Bestimmung von Dienstleistungen vorzunehmen, sind beim internationalen Vergleich allerdings durch die verfügbaren Statistiken begrenzt.[1] Die sektorale OECD-Statistik teilt die Erwerbstätigen in neun Kategorien ein. Wir folgen dem Vorgehen von Scharpf (1986) und fassen die erste Kategorie (ISI 1), Land- und Forstwirtschaft, mit der zweiten (ISI 2), Fischerei und Bergbau, zum primären Sektor zusammen. Die Kategorien 3, 4, 5, 7 und 8: das verarbeitende Gewerbe (ISI 3), die Energie- und Bauindustrie (ISI 4) *plus* die produktionsorientierten Dienstleistungen, Transport und Verkehr

---

[1] Die sektorale Gliederung und die funktionale (nach den tatsächlich ausgeübten Tätigkeiten) zu kombinieren ist für die Bundesrepublik mit der Statistik der sozialversicherungspflichtig Beschäftigten möglich (vgl. die Daten bei Bade 1987). Internationale Vergleiche mit Daten einer funktionalen Gliederung bereiten erhebliche Einordnungsprobleme und sind nur in aufwendigen Forschungsprojekten möglich (vgl. die Beispiele in: Bundesanstalt für Arbeit 1986; Riede u. a. 1988; Esping-Andersen 1990).

(ISI 5), Finanz- und Versicherungsinstitute, Immobiliengeschäfte (ISI 7) und Forschungs-, Beratungs- und Entwicklungsunternehmen (ISI 8) werden zum Bereich *Güterproduktion* zusammengefaßt. Zwei der neun Kategorien bilden zusammen den Bereich der *konsumorientierten Dienstleistungen*: Groß- und Einzelhandel, Gaststätten- und Hotelgewerbe (ISI 6) und öffentliche, soziale und persönliche Dienste (ISI 9).[2]

Danach ergibt sich folgende Tabelle für die drei Länder:

Tabelle III.2: Stand und Entwicklung der Erwerbstätigen nach güterorientiertem Bereich und konsumorientierten Dienstleistungen in den USA, Schweden und der (alten) Bundesrepublik (1970/ 1980/1990)
(Anteile an den Erwerbstätigen)

	Primärer Bereich			Güterorienterter Bereich			Konsumorientierte Dienstleistungen		
	1970	1980	1990	1970	1980	1990	1970	1980	1990
Bundesrepublik	9,9	6,2	4,1	57,9	54,4	52,7	32,2	39,3	43,0
USA	5,2	4,6	3,4	46,5	43,7	42,2	48,3	51,9	54,3
Schweden	8,6	6,0	3,6	49,7	45,6	44,5	41,5	48,5	51,8

Quellen: OECD Labour Force Statistics 1989 (für 1970); OECD Labour Force Statistics 1992 (für 1980 und 1990); eigene Berechnungen

Auch bei dieser Aufgliederung ist der Unterschied der Bundesrepublik im Jahre 1990 gegenüber den anderen Ländern noch deutlich: in Schweden liegt der Anteil der Erwerbstätigen in den konsumorientierten Dienstleistungen um 8,8 und in den USA um 11,3 Prozent höher als in der Bundesrepublik. Der Wandel zwischen 1970 und 1990 war zugleich in der BRD insofern schwächer ausge-

---

2 Daß Groß- und Einzelhandel nicht zu trennen sind, ist ein Nachteil dieser Statistik. Der Großhandel ist nicht nur eine Vorstufe des Einzelhandels, sondern vermittelt auch Warenbeziehungen zwischen Produktionsbetrieben. Er müßte also nach unserem Konzept wenigstens teilweise dem güterorientierten Bereich zugerechnet werden. Der Anteil der im Großhandel Beschäftigten machte in der Bundesrepublik im Jahre 1987 7,3 % aus, in Schweden im Jahr 1990 8,4 % und in den USA im Jahre 1986 14,2 % (Angaben aus der Arbeitsstättenzählung und den statistischen Jahrbüchern der einzelnen Länder). Aber selbst wenn man die Tabelle um die Großhandelswerte korrigieren würde, blieben die erheblichen Differenzen hinsichtlich der dann verbleibenden Werte für die verbraucherorientierten Dienstleistungen zwischen den Ländern grundsätzlich bestehen.

prägt, als hier die Beschäftigung im güterproduzierenden Bereich am wenigsten abgenommen hat. Mit einem Anteil von 56,8 % aller Erwerbstätigen, die in den Grundstoffindustrien und im güterproduzierenden Bereich zusammen beschäftigt sind, übertrifft die (alte) Bundesrepublik die anderen Länder im Jahr 1990 deutlich (USA: 45,6 %; Schweden: 48,1 %).

Damit ist aber noch nicht gesagt, daß in der Bundesrepublik tatsächlich relativ mehr Menschen mit der Güterproduktion beschäftigt sind als in den anderen Ländern, denn die Raten der Erwerbstätigkeit können so unterschiedlich sein, daß in Wirklichkeit doch eine ähnliche Menge von Arbeit in diesem Bereich geleistet wird. Wir folgen daher wiederum dem Vorgehen von Scharpf, der die Zahl der Erwerbstätigen in den verschiedenen Bereichen auf die jeweilige Bevölkerung im erwerbsfähigen Alter bezogen hat. Das ergibt folgende Tabelle:

Tabelle III.3: Stand und Entwicklung der Anteile der Erwerbstätigen in verschiedenen Wirtschaftsbereichen an der Bevölkerung im Alter zwischen 15 und 64

	Primärer Bereich			Güterorientierter Bereich			Konsumorientierte Dienstleistungen		
	1970	1980	1990	1970	1980	1990	1970	1980	1990
Bundesrepublik	6,7	4,0	2,8*	39,2	35,4	33,3*	21,8	25,5	29,1*
USA	3,2	3,0	2,5	28,8	28,7	30,2	30,0	34,1	38,8
Schweden	6,4	4,7	2,9	36,4	36,2	36,5	30,4	38,5	42,4

* BRD: Daten für 1989
Quellen: Daten für 1980 und für 1989/90 aus OECD 1970-1990; Daten für 1970 aus OECD 1967-1987

Nun zeigt sich ein ganz anderes Bild. Die BRD unterscheidet sich nur geringfügig von Schweden und den USA hinsichtlich des Anteils der Erwerbsfähigen, die im güterproduzierenden Bereich beschäftigt sind. Schweden weicht nach oben ab, die USA nach unten. Von einer »Überindustrialisierung« kann insofern keine Rede sein, als in der Bundesrepublik der prozentuale Anteil der Menschen im erwerbsfähigen Alter, die mit der Produktion von materiellen Gütern zu tun haben, fast genau in der Mitte zwischen Schweden und den USA liegt.

2. Die Bundesrepublik: Eine rückständige Dienstleistungsgesellschaft

Diese Unterschiede sind jedoch gering im Vergleich zu den Werten bei den konsumorientierten Dienstleistungen: während 1990 in Schweden 42,4% und in den USA 38,8% der Bevölkerung im erwerbsfähigen Alter mit solchen Diensten beschäftigt waren, waren es in der Bundesrepublik 1989 lediglich 24,1%. Die Besonderheit der Bundesrepublik liegt also in einem »Defizit« bei der Beschäftigung in den konsumorientierten Dienstleistungen und nicht in einer Überindustrialisierung.

Dies verweist auf Unterschiede in der Erwerbsquote. Bezieht man die Gesamtzahl der Erwerbstätigen auf die Bevölkerung im erwerbsfähigen Alter, dann ergibt sich folgendes Bild:

Tabelle III.4: Erwerbsquoten in den USA, Schweden und der Bundesrepublik (Bevölkerung im Alter zwischen 15 und 64 Jahren)

BRD	insg. 1970	Frauen 1970	insg. 1980	Frauen 1980	insg. 1989	Frauen 1989
Erwerbstätige	71,5	47,7	65,0	50,6	62,9	53,2
Arbeitslose	0,4	0,3	2,2	2,2	4,4	4,5
Erwerbsquote	71,9	48,0	67,2	52,8	67,3	57,7
Nichterwerbstätige	28,1	52,0	32,8	47,2	32,7	42,3

USA	insg. 1970	Frauen 1970	insg. 1980	Frauen 1980	insg. 1990	Frauen 1990
Erwerbstätige	62,0	45,9	65,9	55,1	71,4	64,3
Arbeitslose	3,2	2,9	5,1	4,4	4,2	3,7
Erwerbsquote	65,2	48,8	71,0	59,5	75,6	68,0
Nichterwerbstätige	34,8	51,2	29,0	40,5	24,4	32,0

Schweden	insg. 1970	Frauen 1970	insg. 1980	Frauen 1980	insg. 1990	Frauen 1990
Erwerbstätige	73,2	58,4	79,4	72,4	81,9	79,8
Arbeitslose	1,1	1,0	1,6	1,7	1,3	1,2
Erwerbsquote	74,3	59,4	81,0	74,1	83,2	81,0
Nichterwerbstätige	35,7	40,6	19,0	25,9	16,8	19,0

Quelle: OECD, Labour Force Statistics 1992

Der Anteil derjenigen an der Bevölkerung im Alter von 15 bis 64 Jahren, die weder als beschäftigt noch als arbeitslos gemeldet sind und deshalb zu den Nichterwerbstätigen gezählt werden müssen, ist in der Bundesrepublik am höchsten, und er ist nur in der Bundesrepublik in dieser 20-Jahres-Periode angestiegen. In den anderen beiden Ländern liegt dieser Anteil im Jahr 1990 deutlich unter dem Niveau der Bundesrepublik. Während hier ein Drittel der Bevölkerung im Erwerbsalter[3] nicht zur Erwerbsbevölkerung gehört, sind es in den USA lediglich etwa ein Viertel und in Schweden sogar nur ein Sechstel. Das heißt, daß in den anderen Ländern der Arbeitsmarkt einen größeren Anteil der Bevölkerung aufnimmt als in der Bundesrepublik, und zwar vor allem in den konsumorientierten Dienstleistungen. Das höhere Beschäftigungsniveau in den Dienstleistungen kommt also nicht dadurch zustande, daß der Trend zur Deindustrialisierung in den USA und Schweden schon weiter fortgeschritten wäre, denn das Arbeitskraftvolumen im güterorientierten Bereich ist etwa gleich groß. Die Dienstleistungsbeschäftigung ist vielmehr zusätzliche Erwerbstätigkeit.

Da diese Daten nur die Zahl der Erwerbstätigen enthalten, könnte der Unterschied allerdings auch darin liegen, daß unterschiedlich lang gearbeitet wird, also z. B. in unterschiedlichen Anteilen von Vollzeit- und Teilzeitbeschäftigten. Pettersson (1990) hat die faktische Arbeitszeit in den drei Ländern errechnet, wobei sie die Unterschiede der Erwerbsquoten, der tariflich bzw. gesetzlich festgelegten Normalarbeitszeiten sowie der Fehlzeiten (Krankheit etc.) berücksichtigt hat.

Nimmt man den gesamten gesellschaftlichen Arbeitsaufwand, also die Arbeitsstunden pro Kopf der Bevölkerung (Tab. III.5, Spalte 3), so wird in Schweden und erst recht in den USA mehr beruflich gearbeitet als in Westdeutschland. Das gleiche gilt, wenn man demographische Faktoren neutralisiert, also nur die erwerbsfähige Bevölkerung im Alter zwischen 16 und 64 Jahren zugrunde legt (Tab. III.5, Spalte 2). Da die faktischen Arbeitszeiten pro Beschäftigten (Tab. III.5, Spalte 1) sich nicht im gleichen Maße unterscheiden, in Schweden liegen sie sogar beträchtlich unter den west-

3 Als »Erwerbsalter« gilt hier die Spanne vom 15. bis zum 64. Lebensjahr, also die Zeit, in der jemand in einem »Normalarbeitsverhältnis« nach den gesetzlichen Regeln der Bundesrepublik sozialversicherungspflichtig beschäftigt sein kann.

Tabelle III.5: Faktische Arbeitszeiten in der Bundesrepublik,
den USA und Schweden (1987, in Stunden pro Jahr)

	Faktische Arbeitszeiten pro Beschäftigtem	Arbeitsstunden pro Erwerbsfähigem (16-64 J.)	Arbeitsstunden pro Kopf der Gesamtbevölkerung	Normalarbeitszeit
Bundesrepublik	1672	1030	712	1712
Schweden	1482	1212	770	1796
USA	1770	1312	832	1915

Quelle: Pettersson 1990, 126

deutschen, dürfte die vergleichweise hohe Arbeitslosigkeit in der alten Bundesrepublik Deutschland einen wesentlichen Einfluß haben – neben der insgesamt geringeren Erwerbsquote. Wichtig ist hier außerdem, daß Pettersson gegenläufige Entwicklungen in den drei Ländern konstatiert. Die von ihr berechnete faktische Arbeitszeit hat sich zwischen 1980 und 1987 in Westdeutschland um 3,5 % verringert, in den USA ist sie dagegen um 2,0 % gestiegen, in Schweden sogar um 3,1 % (S. 125).

Die einen Arbeitsplatz haben, arbeiten in Deutschland durchschnittlich länger als in anderen Ländern, aber wenn die geleisteten Arbeitsstunden auf die Gesamtbevölkerung umgerechnet werden, entfällt auf die Arbeitskräfte weniger Arbeitszeit. Die Erwerbstätigkeit konzentriert sich also auf einen kleineren Teil der Bevölkerung. Von der Erwerbsarbeit ausgeschlossen sind in Deutschland zum einen die Arbeitslosen und zum anderen viele Frauen, denn die Erwerbsquote der Frauen ist in Deutschland erheblich niedriger.

Die Arbeitslosen

Die Bundesrepublik liegt, obwohl sie die niedrigste Erwerbsquote hat, mit ihrer Arbeitslosenquote noch über den USA (0,2 %) und Schweden (3,1 %), bei denen im Jahre 1990 die Quote der tatsächliche Erwerbstätigen um 8,5 bzw. 19 Prozentpunkte über denjenigen der Bundesrepublik lag (vgl. Tabelle III.4). Eine niedrige Arbeitslosenquote und eine hohe Erwerbstätigkeit schließen sich also keineswegs aus.

Hervorstechendes Merkmal der Entwicklung auf dem Arbeitsmarkt der Bundesrepublik in den letzten beiden Jahrzehnten war
die zunehmende Erwerbstätigkeit der Frauen. Waren 1970 in der
Bundesrepublik erst 48 % aller Frauen im erwerbsfähigen Alter
(15 bis 64 Jahre) erwerbstätig bzw. arbeitslos gemeldet, so waren es
1989 57,7 %. Im selben Zeitraum aber hat die Erwerbsarbeit von
Frauen in den USA und in Schweden sehr viel schneller zugenommen: in den USA um 19,2, in Schweden sogar um 21,6 Prozentpunkte. Damit steht in der Bundesrepublik mit Abstand der höchste Anteil der Frauen außerhalb des Beschäftigungssystems, nämlich 42,3 %, während es in den USA 32 % und in Schweden nur
19 % sind (vgl. Tabelle III.4). Sie gehören entweder zur »stillen
Reserve«, befinden sich in der Ausbildung oder sind Hausfrauen.

Die Erwerbsquoten der Männer unterscheiden sich in den drei
Ländern relativ wenig: im Jahre 1987 gehörten von den Männern im
Alter zwischen 15 und 64 in der Bundesrepublik 77,2 %, in den USA
82,7 % und in Schweden 84,1 % zu den Erwerbspersonen.[4] Diese
Quoten haben in den beiden europäischen Ländern infolge von
Frühverrentungen seit 1967 abgenommen, in den USA ist sie etwa
gleich geblieben. Der Anteil der Männer an der männlichen Bevölkerung im Erwerbsalter, der weder erwerbstätig noch arbeitslos ist,
liegt in der Bundesrepublik mit 22,8 % am höchsten. In diesem
hohen Wert schlagen sich die umfassenden Regelungen zu Frühverrentung und Vorruhestand nieder, mit denen in den 80er Jahren die
hohe strukturelle Arbeitslosigkeit rechnerisch vermindert wurde.

Die Tabellen ergeben ein verblüffendes Bild. Die Bundesrepublik hat von allen drei Ländern die niedrigste Erwerbsquote. Sowohl Männer und erst recht Frauen stehen hier weit häufiger
außerhalb des Beschäftigungssystems. Und obwohl hier am wenigsten beruflich gearbeitet wird, ist in der Bundesrepublik der
Anteil der Arbeitslosen am höchsten. Worauf ist das zurückzuführen? Die Arbeitsmärkte in Schweden und in USA haben sehr viel
stärker expandiert als in der Bundesrepublik, aber in welchen
Bereichen? Offenkundig nicht in der Industrie, denn im güterproduzierenden Bereich sind zwar in Schweden anteilsmäßig etwas
mehr Menschen beschäftigt als in der Bundesrepublik, doch dieser

---

4 Die Zahl der Erwerbspersonen ist die Summe aus Erwerbstätigen und Arbeitslosen.

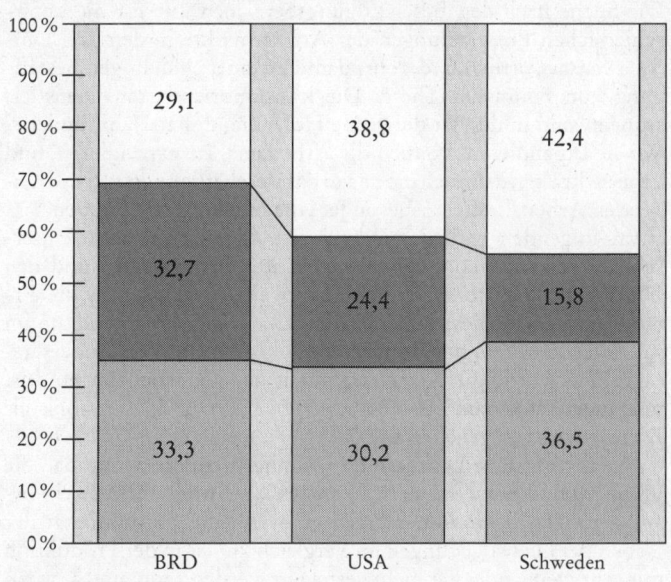

Verteilung der erwerbsunfähigen Bevölkerung in der BRD, den USA und Schweden (1990)

■ Güterorientierter Bereich ■ Nichterwerbstätige ☐ Konsumorientierter Bereich

Unterschied beträgt nur 3,2 Prozentpunkte (Tabelle III.3) gegenüber 16,1 Prozentpunkten bei der Erwerbsquote (Tabelle III.4). In den USA liegt der Anteil des güterproduzierenden Bereichs an allen Beschäftigten sogar um 3,1 Punkte unter dem in der Bundesrepublik, die Erwerbsquote aber ist trotzdem um 6,3 Punkte höher. Die Unterschiede zwischen den drei Ländern müssen beinahe ausschließlich durch die konsumorientierten Dienstleistungen zu erklären sein.[5] Daß dies der Fall ist, zeigt das folgende Diagramm.

5 Bei diesen Unterschieden könnte es sich allerdings auch teilweise um ein statistisches Artefakt handeln, wenn die Methoden zur Erfassung von Beschäftigten unterschiedlich sind. In der Bundesrepublik wurden bis 1990 diejenigen Beschäftigungen, die unterhalb der Einkommensgrenze lagen, ab der Beiträge zur Sozialversicherung bezahlt werden müssen (1989: 470 DM), in der Arbeitsstatistik nicht mitgezählt. Im Jahr 1992 gab es in den alten und neuen Bundesländern zusammen

3. Wege in die Dienstleistungsgesellschaft

Die Suche nach den Beschäftigungsbereichen, die für die unterschiedlichen Entwicklungen der Arbeitsmärkte in den drei Ländern verantwortlich sind, führt damit zu einer eindeutigen Bestätigung von Fourastiés These: Die konsumorientierten Dienstleistungen sind in der Tat die große Hoffnung des 20. Jahrhunderts. Wo sie expandieren, können die Arbeitsmärkte expandieren, und zwar so kräftig, daß auch die neu in das Beschäftigungssystem drängenden Arbeitskräfte, insbesondere die Frauen, Arbeit finden.[6]

Im folgenden wollen wir zunächst klären, wie diese Unterschiede zustande kommen. Wie konnten in Schweden und den USA diese Dienste so schnell ausgeweitet werden, daß die Erwerbsquoten in diesen Ländern gestiegen sind, während sie im selben Zeitraum in der Bundesrepublik gefallen sind? Anders gesagt: Wie wurde die Kostenkrankheit der Dienstleistungen dort umgangen, während sie anscheinend in der Bundesrepublik als Bremse wirksam gelieben ist?

Die theoretische Diskussion in Kapitel 2 endete damit, daß die »Kostenkrankheit« ein marktförmiges Wachstum unter zwei Voraussetzungen behindert, nämlich 1. wenn die Produktivität der Arbeit bei Dienstleistungen im Vergleich zu der in der Produktion nur sehr wenig oder gar nicht gesteigert werden kann, und 2. wenn sich dennoch die Löhne etwa gleich entwickeln.

Die so bedingte Kostenkrankheit kann auf zwei Wegen umgangen werden:

– Zum einen dadurch, daß sich die Löhne in den beiden Bereichen nicht gleich entwickeln; dann ergäbe sich eine stärkere Spreizung der Einkommensentwicklung, und einer kaufkräftigen Nachfrage der einkommensstarken Haushalte stünde ein billiges Angebot an Dienstleistungsarbeit seitens der Armen gegenüber.

– Zum anderen dadurch, daß der Staat einen Teil der Produktivitätsgewinne aus den »technologisch fortgeschrittenen« Bereichen

4,45 Mio. sozialversicherungsfrei Beschäftige und geringfügig Nebentätige, 620000 davon in den neuen Bundesländern. Die Mehrheit dieser Beschäftigungen wird in den Privathaushalten, im Gastgewerbe und im Handel ausgeübt (vgl. Friedrich 1993).
6 Auf den für die Qualität der Dienstleistungsgesellschaft entscheidenden Zusammenhang zwischen Frauenerwerbsarbeit und Expansion der konsumorientierten Dienste werden wir später eingehen (Kapitel 9).

per Steuern abschöpft und in die konsumorientierten Dienstleistungsbereiche umlenkt.

Beide theoretisch möglichen Wege sind faktisch begangen worden, und sie bedingen die Unterschiede zwischen den drei Ländern: in den USA expandiert die Beschäftigung in privatwirtschaftlich organisierten Dienstleistungsunternehmen, weil dort sehr niedrige Löhne bezahlt werden und die Einkommensstruktur ungleicher geworden ist. In Schweden ist die Beschäftigung in den konsumorientierten Dienstleistungen fast ausschließlich in der Form des öffentlichen Dienstes ausgeweitet worden, weil der Staat durch eine hohe Besteuerung der privaten Einkommen und der Konsumausgaben die Produktivitätsgewinne umlenkt. Und in der Bundesrepublik? Hier findet aufgrund einer angeglichenen Lohnentwicklung eine marktförmige Expansion nur in geringem Ausmaß statt, die sozialstaatlichen Umverteilungen sind weniger personal- als geldintensiv (Scharpf 1986), und der Arbeitsmarkt ist für einen größeren Anteil der Bevölkerung verschlossen: für eine höhere Zahl von Arbeitslosen und insbesondere für die Frauen. Es ergeben sich somit drei Modelle (nach Schmid 1992):

Das schwedische »Modell des integrierten Sozialstaates«

Die staatsförmige Expansion der konsumorientierten Dienstleistungen in Schweden ist das Ergebnis eines über hohe Steuern finanzierten, ausgebauten Sozialstaates mit einem großen Anteil öffentlicher Beschäftigung. Die sozialen Dienste sind professionalisiert und als öffentliche Infrastruktur organisiert. Die Frauenerwerbsquote ist außerordentlich hoch, die Arbeitslosigkeit niedrig. Schweden kann auch als eine *Gesellschaft des öffentlichen Dienstes* bezeichnet werden. In Kapitel 4 diskutieren wir die historischen Grundlagen und gegenwärtigen Perspektiven dieses Modells.

Das US-amerikanische »Modell der integrierten Marktwirtschaft«

Die marktförmige Expansion der konsumorientierten Dienstleistungen in den USA beruht vor allem auf drei Komponenten: Erstens sind die institutionellen Regulierungen des Arbeitsmarktes (kollektives Arbeitsrecht wie Tarifrecht, Arbeitszeit- und Arbeitsschutzgesetze, Gewerbebestimmungen, Ladenöffnungszeiten usw.)

deutlich schwächer ausgeprägt. Zweitens ist die öffentliche Beschäftigung im Bereich Gesundheit und soziale Dienste vergleichsweise geringer. Drittens gibt es ein massenhaftes Angebot billiger Arbeitskräfte durch die hohe Immigration aus Ländern der »Dritten Welt«. Der US-amerikanische Arbeitsmarkt zeigt im Bereich der Dienstleistungen ein polares Wachstum: professionelle, produktions- und unternehmensorientierte Dienstleistungen einerseits und unqualifizierte Dienstleistungsarbeiten insbesondere im Freizeitsektor andererseits. Die Frauenerwerbstätigkeit ist ebenfalls hoch und die Arbeitslosigkeit etwas niedriger als in der Bundesrepublik. Allerdings ist in den USA die geschlechtsspezifische Segregation auf dem Arbeitsmarkt geringer als in den beiden anderen Ländern, weil die Sortierung in die verschiedenen Arbeitsmarktsegmente eher den ethnischen als den geschlechtsspezifischen Differenzen folgt. In den gering entlohnten konsumorientierten Dienstleistungen sind überwiegend Angehörige ethnischer Minderheiten beiderlei Geschlechts tätig. Die USA können auch als *Dienstbotengesellschaft* bezeichnet werden. In Kapitel 5 wird das US-amerikanische Modell ausführlich diskutiert.

Das westdeutsche »Modell des desintegrierten Sozialstaats«

Auf den nur schwach expansiven Arbeitsmärkten der Bundesrepublik ist durch das Steuer- und Arbeitsrecht sowie die Ausgestaltung der sozialstaatlichen Institutionen (stärker transfer-, weniger personalintensiv) dafür gesorgt, daß eine starke geschlechtsspezifische Arbeitsteilung zwischen informeller Arbeit (vorwiegend der Frauen in den privaten Haushalten) einerseits, Markt und Staat andererseits aufrechterhalten und ein relativ großer Teil der Bevölkerung von der Erwerbsarbeit ausgegrenzt bleibt. Die Bundesrepublik kann charakterisiert werden als eine eher traditionelle Industriegesellschaft mit stagnierendem Arbeitsmarkt und nur langsamer Entwicklung der Dienstleistungsbeschäftigung, hoher Arbeitslosigkeit und einer vergleichsweise geringen Erwerbstätigkeit von Frauen. Die Bundesrepublik kann daher auch als *Selbstbedienungsgesellschaft* bezeichnet werden.[7]

7 In der DDR lagen die Verhältnisse freilich ganz anders. Die Erwerbsquoten, Beschäftigungsstruktur und die geschlechtsspezifische Arbeitsmarktsegmentation waren ähnlich wie in Schweden. Für die modellhafte Gegenüberstellung von verschiedenen Typen der Dienstleistungsgesellschaft beschränken wir uns auf die alte

Esping-Andersen (1990 und 1991) weist an den Unterschieden zwischen Westdeutschland, Schweden und den USA nach, daß zentrale Merkmale der Dienstleistungsgesellschaft, nämlich Umfang, Struktur und Qualität des Dienstleistungsarbeitsmarkts und des Dienstleistungsangebots, in relevantem Ausmaß von der politisch-institutionellen Kultur abhängig sind. Damit werden den optimistischen wie den pessimistischen Prognosen der Dienstleistungstheoretiker ihre scheinbar sachlogischen Begründungen aus der Natur der Sache (Dienstleistungen sind resistent gegen den technischen Fortschritt) und aus der Natur des Menschen (mit wachsendem Reichtum wandeln sich die Bedürfnisse hin zum Konsum von Dienstleistungen) entzogen: Sowohl für die quantitativen wie für die qualitativen Unterschiede der drei Modelle führt Esping-Andersen nicht nur ökonomische, sondern auch soziale, politische und kulturelle Gründe an:

Erstens ist die Nachfrage nach Dienstleistungen nicht so preiselastisch wie Baumol unterstellt. Zumindest in bestimmten Bereichen der professionalisierten Dienste (Gesundheitswesen, produktionsorientierte Dienstleistungen) führen Preissteigerungen nicht zu Nachfragerückgang durch Konsumverzicht oder Substitution in Eigenarbeit (S. 217).

Zweitens erleichtern größere Flexibilität der Einkommen und niedrigerer gewerkschaftlicher Organisationsgrad in den USA die Entfaltung eines privatwirtschaftlich organisierten Dienstleistungssektors auf der Basis niedriger Entlohnung.

Drittens zwingen das Fehlen korporatistischer Strukturen und der nur schwach ausgebaute Sozialstaat in den USA den Unternehmen zusätzliche Managerfunktionen auf (Esping-Andersen 1990, 203):

a) In den USA – anders als unter den neokorporatistischen Bedingungen in Westdeutschland und Schweden – übernehmen die Gewerkschaften kaum Disziplinierungsfunktionen. Amerikanische Unternehmen benötigen daher weit mehr Personal für Kontrolle und Überwachung.

b) Da das wohlfahrtsstaatliche Netz geringer ausgebildet ist, bieten in den USA Unternehmen ihren Beschäftigten vielfach entsprechende Zusatzleistungen (Pensionen, Krankenversicherung usw.), was die Managementaufgaben vermehrt.

Bundesrepublik, deren Institutionenstruktur seit 1990 auch auf die neuen Bundesländer übertragen wurde (vgl. dazu Kapitel 10).

c) Der große und wenig organisierte US-amerikanische Arbeitsmarkt zwingt die Unternehmen, größere Personalabteilungen für die Suche und Fortbildung von Arbeitskräften zu unterhalten.

Viertens, und das ist nach Esping-Andersen der wichtigste Grund, unterscheiden sich die politischen Kulturen in den drei Ländern. Der Wohlfahrtsstaat sei kein automatisches Nebenprodukt der Industrialisierung, vielmehr sei er selber ein machtvoller Faktor, der die Entwicklung der Gesellschaft eigenständig präge (S. 221). »Unterschiedliche Interaktionen zwischen Wohlfahrtsstaat und Arbeitsmarkt produzieren unterschiedliche postindustrielle Muster. Sie beeinflussen nicht nur die Wachstumsrate der Dienstleistungen, sondern auch die relative Bedeutung sozialer Wohlfahrtsstaats-Aktivitäten gegenüber personenbezogenen Dienstleistungen; sie beeinflussen die Qualifikation und die berufliche Zusammensetzung der Erwerbsbevölkerung; und sie beeinflussen die Verteilung von Arbeitsplätzen nach Geschlecht und rassischem/ethnischem Hintergrund.« (Esping-Andersen 1990, 192)

Der Wohlfahrtsstaat Westdeutschlands ist demnach durch eine konservative Allianz von Staat, Gewerkschaften und Kirchen geprägt, die auf den industriellen Strukturwandel mit einer forcierten Politik der Verringerung des Arbeitkräfteangebots[8] reagiert hat: Frühverrentung, Ausweitung der Bildungszeiten, steuerliche Privilegien für das traditionelle Familienmodell mit nur einem (männlichen) Verdiener. Hinzu kommt das konservative Modell der Subsidiarität, das dem privaten Haushalt und damit vor allem den Frauen einen Großteil der sozialen Dienstleistungen überläßt. Hohe Transferzahlungen, die durch Produktivitätssteigerung in der Industrie finanziert werden, die Ausgrenzung großer Teile der Bevölkerung aus dem Arbeitsmarkt und das Festhalten der Frauen im Haushalt sind die Merkmale dieses Modells.

In Schweden führen Steuersystem, die Bindung von Transferzahlungen an berufliche Arbeit (Rentenversicherung) und die personalintensive soziale Infrastruktur zu hohen Anreizen und zugleich zu vielfältigen Möglichkeiten insbesondere für Frauen, beruflich zu arbeiten. Der Staat wiederum muß, um seine hohen Infrastrukturkosten finanzieren zu können, an einer breiten Steuer-

---

8 Der Tarifabschluß bei der Volkswagen AG im Jahre 1994, bei dem zum ersten Mal direkt die Sicherung von Beschäftigung durch Verkürzung von Arbeitszeiten vereinbart wurde, stellt einen Bruch dieser Strategie dar. Ob damit eine grundsätzliche Wende eingeleitet worden ist, läßt sich allerdings noch nicht sagen.

basis, d. h. an einer möglichst hohen Erwerbsquote interessiert sein. Inflation, Staatsverschuldung und stagnierende Reallöhne sind die Kosten dieses Modells, außerdem eine starke Segregation der öffentlichen (überwiegend weiblichen) und der privatwirtschaftlichen (überwiegend männlichen) Arbeitssphären, ein entsprechendes Machtgefälle zwischen den Geschlechtern (Langan/ Ostner 1991, 135) sowie weitreichende soziale Kontrollen und Normierungen auch des privaten Lebens.

In den USA schließlich verdankt sich ein Großteil der privaten Dienstleistungsbeschäftigung der Inkorporierung sozialer Dienstleistungen in die privaten Unternehmen ensprechend einer politischen Kultur, die dem Markt die Aufgabe zuweist, Beschäftigung und Chancengleichheit zu sichern (affirmative action, equal opportunity act; Esping-Andersen 1990, 226). Sehr viel negativer sind die Effekte der privatwirtschaftlich organisierten Sozial- und Freizeitdienste, wo sich eine Tendenz zur Polarisierung der Qualifikations- und Einkommensstruktur insbesondere zu Lasten ethnischer Minderheiten abzeichnet.

Die Modelle erscheinen als sich selbst verstärkend: wo es keine ausgebauten sozialstaatlichen Einrichtungen gibt, können insbesondere Frauen mit Kindern nur unter großen Schwierigkeiten einer Erwerbstätigkeit nachgehen, und es gibt weniger Arbeitsplätze für sie; ausgebaute soziale Infrastruktur schafft Arbeitsplätze und bietet Entlastung von häuslichen Verpflichtungen, sie zwingt aber wegen der zu ihrer Finanzierung notwendigen hohen Besteuerung auch zur Erwerbstätigkeit (vgl. Kapitel 4). Die Polarisierung der Einkommen und fehlende soziale Absicherung bei Arbeitslosigkeit macht es für Familien notwendig, daß beide Elternteile arbeiten, dies schafft ein relatives billiges Arbeitskräfteangebot und Arbeitsplätze.

Die drei verschiedenen Modelle der Dienstleistungsgesellschaft unterscheiden sich darin, a) in welcher Organisationsform Dienstleistungen bereitgestellt werden und b) wie diese finanziert werden; daraus ergeben sich c) unterschiedliche Nebenfolgen bzw. Konflikte, die für das jeweilige Modell als typisch gelten können. Wir können das Ergebnis der drei Modelle in folgendem Schema zusammenfassen:

Wie werden Dienstleistungen erbracht?

Organisationsform	Finanzierung	Nebenfolgen/Konflikte
Markt	private Einkommen	soziale Polarisierung
Staat	Steuern	Bürokratie/Standardisierung nivellierende Besteuerung soziale Kontrolle
Informell (Arbeit im Haushalt/Grauzonenbeschäftigung)	un(ter)bezahlte (Frauen-)Arbeit	Ungleichheit der Geschlechter

In den beiden folgenden Kapiteln beschreiben wir ausführlicher die Qualitäten und Probleme des schwedischen und des amerikanischen Weges in die Dienstleistungsgesellschaft. In Schweden ist eine bestimmte Konzeption von Dienstleistungsgesellschaft formuliert und politisch umgesetzt worden – wir konzentrieren uns daher bei der Beschreibung auf die politischen Bedingungen dieser Durchsetzung und auf die Konsequenzen, besonders auf die Integration der Frauen in den Arbeitsmarkt. Beim amerikanischen Modell der marktförmig vorangetriebenen Entwicklung zu einer Dienstleistungsgesellschaft legen wir dagegen den Schwerpunkt auf die Darstellung der entscheidenden ökonomischen Voraussetzungen und Konsequenzen: die Auseinanderentwicklung der Löhne in den verschiedenen Beschäftigungsbereichen, die zu einer Polarisierung der Einkommensverteilung tendiert.

Kapitel 4
Die Gesellschaft des öffentlichen Dienstes:
Das Volksheim Schweden

Der schwedische Weg in die Dienstleistungsgesellschaft ist gekennzeichnet durch eine Expansion der gesamten Erwerbstätigkeit, die insbesondere zur Integration der Frauen in den Arbeitsmarkt geführt hat. Frauen (im Alter von 16 bis 64 Jahren) sind
(1990) in Schweden zu 82,2 % erwerbstätig, die verheirateten
Frauen zu 86,8 %, Frauen mit Kindern unter 17 Jahren zu 90,4 %
(Statistical Yearbook of Sweden 1992, 162). Im Jahre 1990 arbeiteten 84 % der erwerbstätigen Frauen in öffentlichen oder privaten
Dienstleistungen (Gonäs 1992, 7).

In Schweden ist eine Dienstleistungsgesellschaft verwirklicht,
die diesen Namen verdient: viele Dienste, die traditionell innerhalb der Familie erledigt werden, sind aus den privaten Haushalten
in öffentliche Einrichtungen verlagert und somit vergesellschaftet
worden. Die Gesellschaft übernimmt »die Verantwortung für normale alltägliche Leistungen..., an denen bei jedem in verschiedenen Lebensphasen Bedarf besteht« (Meidner/Hedborg 1985, 63).
Wichtigste Beispiele dafür sind: Mütter-, Säuglings- und Klein-
kinderfürsorge, Kindergärten, Schulwesen, Schulmahlzeiten und
Altersfürsorge. Jedes Gesellschaftsmitglied steht gleichsam unmittelbar zur Gesellschaft, die Familien sollen der Arbeit für die
Abhängigen und Hilfsbedürftigen weitgehend enthoben sein –
wenigstens der Arbeit, die zuvor den (Haus-)Frauen als unbezahlte Tätigkeit überlassen worden war. Die öffentlichen Einrichtungen ergänzen und ersetzen also teilweise die Familienarbeit.

Der Ausbau staatlicher sozialer Dienste ist gleichzeitig ein wesentlicher Beitrag zur Gleichstellung der Geschlechter auf dem
Arbeitsmarkt: Frauen können tagsüber, auch wenn sie Kinder zu
versorgen haben, die Wohnung zum Zweck der Erwerbstätigkeit
verlassen. Da die staatlichen Dienstleistungen zugleich für die
meisten Frauen der Arbeitsplatz sind, kann man ohne Ironie sagen,
daß sie zusammen mit ihren Tätigkeiten aus den privaten Haushalten in den öffentlichen Dienst gewandert sind – was allerdings nur

bei relativ niedrigen Löhnen im öffentlichen Dienst möglich war und ist (vgl. Hinrichs 1988, 576).

Schweden bietet damit ein Kontrastbild zur Bundesrepublik, in der die Frauenerwerbstätigkeit vergleichsweise niedrig ist und wo die familienergänzenden bzw. -unterstützenden Sozialeinrichtungen weit weniger ausgebaut sind. Hinsichtlich ihrer ökonomischen Entwicklung gehören beide Staaten zu den leistungsstärksten und reichsten Ländern der Erde – und dennoch sind sie hinsichtlich ihrer Arbeitsmärkte und ihres Designs bei der Institutionalisierung sozialer Dienste so unterschiedlich. Woran liegt das? Wir wollen in groben Zügen die Entwicklung des »schwedischen Modells« beschreiben, um die besondere Struktur dieser Dienstleistungsgesellschaft verstehen zu können.

1. Konzeption der schwedischen Wohlfahrtsgesellschaft

Der Ausbau der staatlichen sozialen Dienste und die weitgehende Integration der Frauen in den Arbeitsmarkt ist Ergebnis einer gezielten Politik der schwedischen »Arbeiterbewegung«, die sich aus den Gewerkschaften und der Sozialdemokratischen Arbeitnehmer-Partei ,zusammensetzt (wobei die Gewerkschaftsmitglieder kollektiv auch Parteimitglieder sind). Schweden kann als Wohlfahrtsstaat oder als Wohlfahrtsgesellschaft beschrieben werden. Geht man vom Selbstverständnis der schwedischen »Arbeiterbewegung« aus, ist der Begriff Wohlfahrtsgesellschaft sicher angemessener, weil gerade die Verschränkung von Staat und Gesellschaft bzw. die Veränderung der Gesellschaft durch staatliche Regulation den Kern des »Modells« ausmachen, das von einer zunächst strikten Arbeitsteilung zwischen Produktion und außerbetrieblichem Lebensbereich ausgeht. In der sozialdemokratischen Theorie stehen sich die Lebensbedürfnisse der Bevölkerung und die Funktionsnotwendigkeiten der Produktion gegenüber, die nach unterschiedlichen Prinzipien organisiert werden: die Produktion als Sphäre von Privateigentum und Markt, die Lebensweise als Sphäre von kollektiver Entscheidung und Politik.

Grundkonzeption des »schwedischen Weges«[1] ist es, die kapita-

---

1 Für viele hilfreiche Hinweise zu diesem Kapitel sind wir Karl Hinrichs und Detlef Jahn sehr dankbar.

listische Organisation der Produktion nicht nur unangetastet zu lassen, sondern deren Effektivität durch Kooperation von Unternehmern, Gewerkschaften und Staat sogar zu fördern, während die Verwendung der Ergebnisse der Produktion gesellschaftlich, und das heißt staatlich, geregelt werden soll, um eine gerechte Verteilung und möglichst *gleiche* Lebensbedingungen für das gesamte Volk zu erreichen. Der »historische Kompromiß« (Korpi 1982) lautet: »Das Volk« greift nicht in die Handlungsfreiheit der Unternehmer ein, und die Unternehmer stellen sich nicht gegen eine weitgehende politische Regulierung der Verteilung der Ergebnisse. Anders formuliert: Produktion bleibt privat, Reproduktion und Konsum werden vergesellschaftet.

Diese Formulierung ist keine nachträgliche Interpretation, sondern sie ist explizit festgeschrieben in einem Abkommen, das im Jahre 1938 zwischen Arbeitergewerkschaften und Unternehmen ausgehandelt wurde (»Abkommen von Saltsjöbaden«).[2] Die Arbeiterbewegung verzichtete förmlich auf das Ziel einer Vergesellschaftung der Produktionsmittel. Gewerkschaften und Unternehmern wurde die Tarifhoheit übertragen, und zwischen beiden wurden vertraglich Regeln für Arbeitskonflikte festgelegt. Die Gewerkschaften erkannten die Entscheidungsrechte der Eigentümer in den Unternehmen an, und die Unternehmer verpflichteten sich im Gegenzug, die Gewerkschaften als alleinigen Verhandlungspartner zu akzeptieren und einer staatlichen Umverteilung über sozialstaatliche Einrichtungen und Transfers keinen politischen Widerstand entgegenzusetzen. Damit waren die Einflußsphären aufgeteilt und die Regeln für den Konfliktfall festgelegt. Konsens und Kooperation anstelle von ideologischer Auseinandersetzung und Machtkampf sollten die Entwicklung bestimmen. Die »solidarische Lohnpolitik« verhinderte eine allzu große Lohndifferenzierung nach Branchen oder Regionen und sicherte so einerseits den Unternehmen, die in exportorientierten modernen Sektoren operierten, »Übergewinne«, andererseits den Arbeitskräften in strukturschwachen Branchen oder Regionen vergleichsweise hohe Löhne. Die Folgen der daraus resultierenden Betriebsschließungen wurden durch Qualifikations- und Umschulungsmaßnahmen der aktiven Arbeitsmarktpolitik aufgefangen (vgl. Scharpf 1987). Auf

2 In Schweden gibt es außer den Arbeitergewerkschaften (LO) die Gewerkschaften für Angestellte (TCO) und Akademiker (SACO/SR).

die spezifischen Voraussetzungen einer derartigen Politik gehen wir später ein.

2. Historische Entwicklung

Der »historische Kompromiß« wurde geschlossen, als das Land auf dem Weg in eine industrielle Gesellschaft war. Die Industrialisierung begann in Schweden spät (etwa 1890), entwickelte sich dann aber sehr rasch und war insbesondere die Grundlage der starken Urbanisierung im Süden des Landes. Anders als in der Bundesrepublik, wo z. B. Sozialversicherung und Gesundheitsfürsorge vor allem von halbstaatlichen oder kirchlichen Trägern organisiert wurden, hat in Schweden im Bereich der Sozialpolitik der Staat schon im 19. Jahrhundert eine dominante Rolle übernommen (vgl. Henningsen 1986, 85 ff.), die nach dem historischen Kompromiß von 1938 durch die Erweiterung des Leistungsspektrums weiter ausgebaut wurde.

Was als »Modell Schweden« bezeichnet wird, ist seit den 40er Jahren entstanden und nach 1950 systematisch entwickelt worden. In den 60er Jahren entwickelten die Theoretiker der Arbeiterbewegung eine Offensive zur Umgestaltung der schwedischen Gesellschaft, die mehr Gleichheit und bessere Lebensbedingungen für alle zum Ziel hatte (vgl. Meidner/Hedborg 1985). Die Entwicklung begann mit der Beeinflussung der Einkommensstruktur (»solidarische Lohnpolitik«) und führte über die aktive Arbeitsmarktpolitik zum Ausbau der sozialstaatlichen Einrichtungen, deren Wurzeln allerdings schon in den 30er Jahren gelegt worden waren.

Die sozialdemokratische Partei war von 1932 bis 1976 ununterbrochen an der Regierung beteiligt, hat jedoch nur in zwei Wahlperioden (1940, als 55 % der Wähler manuelle Arbeiter waren, und 1968) die absolute Mehrheit erreicht. In jedem Staat mit einer industrialisierten Ökonomie bildet sich, sobald freie Wahlen möglich sind, mindestens eine Partei mit der Basis in der Industriearbeiterschaft, die mehr oder weniger radikal auf die marxistische Theorie bezogen ist. Auf der Gegenseite bilden sich konservative, liberale und bäuerliche Parteien, die zumindest die antisozialistische Stoßrichtung gemeinsam haben. In Schweden werden diese beiden Seiten des Parteienspektrums als »sozialistischer« bzw.

»bürgerlicher« Block bezeichnet (vgl. Jahn 1992 b). Schweden hatte bis zum Ende der 80er Jahre eines der stabilsten Parteiensysteme der Welt, das sich um die Links/Rechts-Achse strukturierte. Religiöse, ständische oder regionale Brechungen, wie sie z. B. für Deutschland so typisch waren und sind, spielten in Schweden keine Rolle. Die klassen- bzw. schichtenspezifische Bindung der Wähler an »ihre« Partei war für lange Zeit extrem hoch.

Vor dem Zweiten Weltkrieg und wieder während der 50er Jahre gingen die industrielle Arbeiterschaft und die Bauern eine politische Koalition ein, da beide ein Interesse an den umverteilenden Wirkungen einer sozialdemokratisch geführten Zentralregierung hatten. Diese rot-grüne Koalition war möglich, weil die Industrialisierung auch das Land ergriff (Holz und Papierproduktion) und »die Sozialdemokraten zu Einkommensgarantien für die Bauern, die auf höhere Nahrungsmittelpreise hinausliefen« (Hinrichs 1988, 571), bereit waren. Da außerdem von der Arbeiterbewegung das Privateigentum an Produktionsmitteln nicht in Zweifel gezogen wurde, war die Koalition mit der konservativen Partei der Bauern möglich – eine der CDU vergleichbare konservative »Volkspartei« gab und gibt es in Schweden nicht.

Als sich die Bauernpartei in Zentrumspartei umbenannte und sich seit Ende der 60er Jahre stärker ökologisch orientierte, konnte sich die Sozialdemokratie zum Erhalt ihrer Regierungsfähigkeit auf die Kommunistische Partei stützen. Dabei handelte es sich also um eine rein »industrialistische Koalition«. Der sozialistische Block hatte bis 1988 regelmäßig eine Mehrheit bei den Wahlen von knapp über oder unter 50 %. Mit einer relativ knappen Mehrheit im Parlament begann also die »Arbeiterbewegung« die Umgestaltung der schwedischen Gesellschaft zu einem »Volksheim« – ein Begriff, der zum offiziellen Sprachgebrauch von Gewerkschaften und Sozialdemokratie gehört.

Die Programmatik war zunächst durch »industrialistische« Themen bestimmt: Regelung der Rechte von Kapital und Arbeit, Sicherung des wirtschaftlichen Wachstums und Verteilung des gesellschaftlichen Reichtums (vgl. Therborn 1991, 104). Dabei ging es um die Herstellung einer größeren *vertikalen* Einkommensgleichheit durch die »solidarische Lohnpolitik« und eine nivellierende Besteuerung der Einkommen. »Solidarische Lohnpolitik« bedeutet, daß die Lohnführerschaft der zentralen Arbeitergewerkschaft (mit einem Organisationsgrad von über 90 %) von allen anderen Gruppen und Branchen akzeptiert wurde, daß also die Lohndifferenzierung zwischen prosperierenden und schwächeren Branchen, zwischen verschiedenen Regionen und zwischen verschiedenen Qualifikationsgruppen im Laufe der Zeit nicht vergrößert wurden.

3. Volksheim: vertikale und horizontale Umverteilung

Die hohe Besteuerung verminderte die Nettoeinkünfte, und der Ausbau einer sozialen Infrastruktur gab einen Teil des Wohlstandsgewinns in sozialisierter Form an alle gesellschaftlichen Gruppen zurück – quasi ein »Soziallohn«, der in einem Sozialstaat mit universalistischer Orientierung, der kein Subsidiaritätsprinzip kennt, allen Bürgern die gleiche Lebensqualität sichern sollte.[3] Diese wohlfahrtsstaatliche Orientierung unterscheidet sich von einem »Sozialstaat« (etwa deutscher Prägung) dadurch, daß es nicht lediglich darum geht, durch »Ausgleichs- oder Fürsorgemaßnahmen« den Benachteiligten ein materielles Minimalniveau für ihre Lebensführung zu sichern, sondern darum, für die *ganze* Bevölkerung *gute* Lebensbedingungen zu schaffen. Dies geschieht über den Ausbau einer umfassenden Infrastruktur mit kollektiv nutzbaren Einrichtungen und durch die redistributive Gestaltung eines monetären Transfersystems. Die monetäre Umverteilung spielt aber keine primäre Rolle, weil das Konsumverhalten staatlich »zum Guten« gesteuert werden soll. Diesem Ziel entspräche eine Steigerung individueller Wahlfreiheiten beim Geldausgeben durch monetäre Transfers gerade nicht. Der Verbrauch wird sozusagen vergesellschaftet. Wahlfreiheiten bezüglich der sozialen Sicherung, der Gesundheitsversorgung und der Altersvorsorge existierten im schwedischen System gar nicht – und bezüglich des individuellen Konsums nur begrenzt, denn die hohe Besteuerung der Einkommen und der Konsumgüter (die Mehrwertsteuer beträgt 25 %) lassen nur vergleichsweise geringe Spielräume, was sich u. a. in einer sehr niedrigen Sparquote der privaten Haushalte spiegelt. Verbesserungen der Lebensqualität sollen gerade nicht

---

3 Ein »universalistischer« Sozialstaat ist im Gegensatz zum »residualen« inklusiv, d. h. er diskriminiert bei der Berechtigung für die von ihm gebotenen Leistungen nicht zwischen »Bedürftigen« und »Nichtbedürftigen« (vgl. Titmuss 1974).

durch individuelle Anstrengung und differierende Konsumstrategien realisiert werden, sondern durch kollektive Entscheidung: »Wer Verbesserungen wünscht, muß im demokratischen Prozeß dafür argumentieren... Die Brieftasche reicht nicht als Argument.« (Meidner/Hedborg 1985, 59)

Damit ist die Benutzung von kollektiven Einrichtungen bzw. die Inanspruchnahme von sozialen Leistungen auch jeglicher Stigmatisierung entkleidet. In residualen Sozialstaaten wird die Wahrnehmung von sozialen Rechten (z. B. Sozialhilfe) immer als »angewiesen sein auf« oder »abhängig von«, also als Defizit qualifiziert, weil Unabhängigkeit als Normalfall unterstellt wird. Staatliche Hilfe ist »Hilfe zur Selbsthilfe«, ersetzt subsidiär ein Funktionsdefizit. In der Konzeption der schwedischen Wohlfahrtsgesellschaft ist dagegen die staatlich geförderte Lebensführung der Normalfall. Die Kehrseite des universalistischen Prinzips ist jedoch eine unvermeidliche Tendenz zur Standardisierung der Lebensweise in den an durchschnittlichen Normen orientierten Einrichtungen.

Ein weiterer Bestandteil der Gleichheitskonzeption ist das Ziel der *horizontalen* Gleichheit, nach dem – unabhängig vom gewählten Lebensstil (also: allein, mit oder ohne Kinder) – alle Bewohner des Volksheims die gleichen materiellen Bedingungen vorfinden sollen. Das heißt, daß die Kosten für Kinder und andere Hilfsbedürftige durch einen staatlichen Lastenausgleich den Haushalten erstattet werden und daß die Besteuerung vollkommen individuell geregelt wird: keine Bevorzugung oder Benachteiligung von Ehepaaren gegenüber Alleinstehenden mit oder ohne Kindern. Dieses Prinzip bedeutet konkret: wenn ein Millionär seine kranken Enkelkinder besucht, kann er die Erstattung der Reisekosten ebenso beantragen wie die Witwe eines Arbeiters. Aber eine Bürokratisierung der Lebensführung ist dabei unvermeidlich, denn die öffentliche Verwaltung ist sozusagen eine freundliche Verwandte, die bei der Bewältigung des Alltags allgegenwärtig zur Seite steht. Und wo immer »Probleme« auftreten, sind die staatlichen Sozialarbeiter zur Stelle.[4]

Während durch die Vergesellschaftung des Konsums Individualisierungsbestrebungen eher behindert werden, weil die Normalität staatlich normiert ist, werden durch das Individualprinzip der

---

4 Vgl. die freundlich-distanzierte Darstellung im Kapitel über Schweden bei Enzensberger (1987).

Besteuerung, durch die horizontalen Ausgleichsmaßnahmen und durch den umfassenden Ausbau von Betreuungseinrichtungen für möglichst alle Wechselfälle des Lebens die Wahlmöglichkeiten hinsichtlich des Familienstatus erweitert: Es macht kaum einen Unterschied für die eigene Versorgung, ob man unverheiratet und kinderlos geblieben ist oder nicht, weder für einen Mann noch für eine Frau.

4. Integration der Frauen in den Arbeitsmarkt

Der Ausbau des Wohlfahrtsstaates in Schweden war nur durch die Integration der Frauen in den Arbeitsmarkt möglich, und die Integration der Frauen in den Arbeitsmarkt war nur durch den Ausbau von öffentlichen sozialen Dienstleistungen möglich, die den Hausfrauen Teile der Hausarbeit abnahmen. Die Verberuflichung der Familienarbeit ist daher ein herausragendes Kennzeichnen der schwedischen Dienstleistungsgesellschaft.

Die Zahl der Arbeitskräfte ist in Schweden zwischen 1970 und 1980 insgesamt um 378 000 gestiegen; die Zahl der erwerbstätigen Frauen hat sich in dieser Zeit jedoch um 387 000 erhöht. Also hat die zunehmende Erwerbstätigkeit der Frauen nicht nur den gesamten Arbeitskräftezuwachs ausgemacht, vielmehr wurden außerdem 9000 Männerarbeitsplätze durch Frauenarbeitsplätze ersetzt (vgl. Tabellen IV.1 und IV.2). Dieser radikale Wandel innerhalb eines Jahrzehnts ist einerseits durch Arbeitsplatzverluste in traditionellen Männerbranchen (z. B. Schiffsbau und Bergbau) und andererseits durch den extremen Ausbau des öffentlichen Dienstes zu erklären. Nahezu der gesamte Zuwachs von Arbeitsplätzen im öffentlichen Dienst (insgesamt +478 000, von denen 80 % mit Frauen besetzt wurden) fand im Gesundheits- und Bildungswesen sowie in den sozialen Diensten statt (Meidner/Hedborg 1985, 168). Von den Frauen sind über 80 % erwerbstätig. In Teilzeit (unter 35 Stunden pro Woche) arbeiteten 1970 38 % der Frauen (Männer: 2 %), 1980 waren es 46 % (Männer: 6 %) und 1990 40 % (Männer: 7 %).

Noch 1960 hatte sich die Frauenerwerbsquote kaum von derjenigen in der Bundesrepublik Deutschland unterschieden. Innerhalb relativ kurzer Zeit, in der Hauptsache bis 1980, ist die Rolle der »Nur-Hausfrau« in Schweden weitgehend beseitigt worden. Frauen stellen seitdem fast die Hälfte der Erwerbstätigen (vgl.

Tabelle IV.1: Beschäftigung von Frauen und Männern nach Wirtschaftszweigen in Schweden 1970

Wirtschaftszweig	Gesamt	Frauen	% von Gesamt	% von allen Frauen	Männer	% von Gesamt	% von allen Männern
Land- und Forstwirtschaft	311	72	23	6	239	77	9
Industrie	1106	276	25	23	830	75	31
Bauwirtschaft	362	19	5	2	343	95	13
Handel	503	264	52	22	239	48	9
Öffentlicher Dienst	760	539	71	46	221	29	8
Verkehr und übrige private Dienstleistungen	812	10	1	1	802	99	30
Summe	3854	1180	31	100	2674	69	100

Quelle: Meidner/Hedborg 1985, 168

Tabelle IV.2: Beschäftigung von Frauen und Männern nach Wirtschaftszweigen in Schweden 1980

Wirtschaftszweig	Gesamt	Frauen	% von Gesamt	% von allen Frauen	Männer	% von Gesamt	% von allen Männern
Land- und Forstwirtschaft	237	59	25	4	178	75	11
Bauwirtschaft	287	26	9	2	261	91	16
Handel	526	258	49	17	268	51	16
Öffentlicher Dienst	1238	922	74	61	316	26	19
Verkehr und übrige private Dienstleistungen	877	258	29	17	619	71	38
Summe	3165	1523	48	100	1642	52	100

Quelle: Meidner/Hedborg 1985, 168

Tabelle IV.3: Beschäftigung von Frauen und Männern nach Wirtschaftszweigen in Schweden 1991

Wirtschaftszweig	Gesamt	Frauen	% von Gesamt	% von allen Frauen	Männer	% von Gesamt	% von allen Männern
Land- und Forstwirtschaft	1311	384	27	2	1046	73	5
Bergbau und Verarbeitendes Gewerbe	9386	2539	27	12	6874	73	30
Baugewerbe	3123	264	8	1	2859	92	12
Handel	5265	2548	48	12	2718	52	12
Restaurants und Hotels	975	612	63	3	363	37	2
Transport und Verkehr	3184	1008	32	5	2176	68	9
Banken und Versicherungen	3972	1778	45	8	2194	55	10
Öffentlicher Sektor	14367	10971	76	51	3395	24	15
Sonstige Dienstleistungen	2552	1201	47	6	1352	53	6
Summe	44255	21305	48	100	22977	52	100

Quelle: Schmid 1992, eigene Berechnungen

Tabelle IV.3), und sie leisten 40 % des gesamten Arbeitsvolumens der schwedischen Erwerbstätigkeit.[5]

Die Segregation der Geschlechter auf dem Arbeitsmarkt ist extrem (vgl. Tabellen IV.2, IV.3). Mehr als die Hälfte aller erwerbstätigen Frauen arbeiten im öffentlichen Sektor, wo sie 76 % aller Beschäftigten stellen. Weitere 12 % arbeiten im Handel, so daß allein in diesen beiden Bereichen fast zwei Drittel aller erwerbstätigen Frauen zu finden sind. »Mit einer gewissen Ironie könnte man also den Schluß ziehen, daß die erfolgreiche sozialdemokratische Politik den schwedischen Frauen lediglich dazu verholfen hat, das Ghetto der grünen Witwen mit der geschlossenen Gesellschaft der Frauenberufe zu vertauschen.« (Scharpf 1987, 136f.)

Frauen sind bei den Gesundheits- und Bildungstätigkeiten sowie in den sozialen Diensten deutlich überrepräsentiert.[6] Bei den unqualifizierten Dienstleistungstätigkeiten beträgt die Überrepräsentation 68 %, Esping-Andersen spricht daher von der Herausbildung eines (weiblichen) »Service-Proletariats«. Obwohl die Frauen durchschnittlich etwas besser qualifiziert sind, »arbeiten sie auf weniger qualifizierten Arbeitsplätzen als Männer«. (Gonäs 1992, 8)

Die Expansion der Frauenerwerbstätigkeit[7] ist wesentlicher Bestandteil des »Volksheim«-Projekts, und zwar aus zweierlei Perspektiven: einerseits um nicht nur die vertikale Ungleichheit zwischen den verschiedenen Schichten zu verringern, sondern auch um die Gleichheit der Geschlechter auf dem Arbeitsmarkt zu vergrößern; andererseits um durch die Entprivatisierung und Professionalisierung der Kindererziehung die Chancengleichheit im Sozialisationsprozeß zu vergrößern (durch gleiche räumliche Bedingungen, frühkindliche Förderung, musische Erziehung usw.). Frauen mit Familie haben seit der Abschaffung des Ehegattensplittings bei der Einkommensteuer (1969/70) aber kaum noch die Wahl zwischen Erwerbstätigkeit und Hausfrauendasein, denn ohne

---

5 Zahl für 1990, berechnet nach: Statistical Yearbook of Sweden 1992, 165.
6 Die Unter- bzw. Überrepräsentation wird in der prozentualen Abweichung von dem Anteil der Frauen an einem Beschäftigungsbereich gemessen, den sie bei einer Gleichverteilung über alle Beschäftigungsbereiche haben müßten.
7 Eine ähnliche Entwicklung vollzog sich auch in den skandinavischen Staaten Dänemark und Norwegen. Vgl. insbesondere zu Norwegen: Leira 1989; zum anders gelagerten Fall Finnland, wo die Rolle der Hausfrau nie sehr verbreitet war: Pfau-Effinger 1993.

erwerbstätige Ehefrau sinkt das Familieneinkommen eines Durchschnittsverdieners bei einem vierköpfigen Haushalt unter die Grenze der Sozialhilfe-Berechtigung (vgl. Söderström 1988, 133 f.).

Die sozialdemokratische Debatte um die Frauenerwerbstätigkeit bildete den theoretischen Hintergrund für diese Integrations- und Gleichstellungspolitik (vgl. zum folgenden: Gonäs 1992, 9 ff.; Ohlander 1990). Die (männlich dominierte) Gewerkschaftspolitik ging zunächst wie selbstverständlich von einem Familienmodell aus, nach dem der Mann erwerbstätig und die Frau für die Hausarbeit zuständig ist. In den 30er Jahren, als die Geburtenraten stark gefallen waren, stand die Frage im Mittelpunkt, ob verheiratete Frauen erwerbstätig sein sollten oder nicht. Schon damals wies Alva Myrdal darauf hin, daß das Problem anders zu definieren sei, nämlich als Recht der erwerbstätigen Frauen, eine Familie mit Kindern haben zu können. Obwohl die materielle Unterstützung für Mütter generell verbessert wurde, wurde aber die ganztägige Betreuung noch bis zu den 60er Jahren nur für Kinder von alleinstehenden Müttern vorgesehen.

In den 60er Jahren mutierte die »Frauenpolitik« zur »Familienpolik«. Neben der generellen Akzeptanz der Forderung, daß Frauen und Männer gleichermaßen Verantwortung für Kinder und Hausarbeit übernehmen sollten, brachte die Arbeitskraftknappheit der 60er Jahre eine entscheidende Wende: Frauenerwerbstätigkeit wurde als Alternative zur Beschäftigung von »Gastarbeitern« bzw. zu verstärkter Immigration angesehen. Die Gewerkschaften fürchteten die Niedriglohnkonkurrenz von Einwanderern und wollten statt dessen die verheirateten Frauen mobilisieren. Daher mußten die haushaltsergänzenden Einrichtungen für die Kinderbetreuung ausgebaut werden – was Frauen von häuslichen Verpflichtungen befreite, damit sie ihre Arbeitskraft auf dem Arbeitsmarkt zur Verfügung stellen konnten. Per Gesetz wurden Regelungen eingeführt, die der Erwerbstätigkeit von Frauen und der Mutterrolle den Charakter einer Alternative nehmen sollten: ab zwei Monate vor der Geburt eines Kindes kann sich die werdende Mutter von der Erwerbstätigkeit freistellen lassen und bezieht dann 12 Monate lang 90 % ihres bisherigen Lohnes. Männer können im Zusammenhang mit der Geburt eines Kindes eine Freistellung von 10 Tagen beantragen, und 86 % der werdenden Väter tun dies tatsächlich. Nach den 12 Monaten kann eine weitere Freistellung für 3 Monate mit einem festen täglichen Einkommensbetrag und für weitere 3 Monate ohne finanziellen Ausgleich genommen werden. Die Verdienstausfälle während der Freistellung von Erwerbsarbeit werden durch eine Elternversicherung kompensiert.[8]

Die Rechte auf »Elternurlaub« wurden kontinuierlich erweitert, zuletzt 1978 (unter einer bürgerlichen Regierung!), als per Gesetz festgelegt wurde, daß ein Elternteil sich für die ersten 18 Monate nach der Geburt eines Kindes ganz beurlauben lassen kann und danach wieder das Recht auf den vorherigen Arbeitsplatz hat. Bis das Kind 8 Jahre alt geworden ist, kann ein Elternteil seine Arbeitszeit auf 75 % reduzieren.

Anfang der 70er Jahre trat an die Stelle des familienorientierten Steuersystems die Individualbesteuerung. Damit wurden die Nettolöhne für Verheiratete reduziert, was die Entscheidung für oder gegen eine Erwerbstätigkeit der Frauen nicht mehr ganz freiwillig machte. Erwerbsarbeit wurde insbesondere für die verheirateten Frauen finanziell attraktiver, weil diese nicht mehr mit einem höheren Steuersatz für die Bevorzugung des (männlichen) Familienoberhaupts büßen mußten. Die stark progressive Besteuerung legt es außerdem nahe, in Teilzeit zu arbeiten. »Zusammenfassend läßt sich sagen, daß Berufsarbeit im Vergleich zu Hausarbeit für Schwedinnen lohnender wurde. Anders augedrückt: Es wurde teuer, nicht berufstätig zu sein. (...) Zusammen mit der Einzelbesteuerung von Ehepartnern und steigender Spitzenbesteuerung für Vollzeitarbeitende wurde es für die meisten Haushalte lohnender, die Berufstätigkeit der Frau auszudehnen und nicht die des Mannes. Gleichzeitig senkte der schnelle Ausbau subventionierter kommunaler Kindergärten die Produktivität der Hausarbeit; es war billiger, Waren und Dienstleistungen zu kaufen, als sie zu Hause selbst zu produzieren.« (Sundström 1990, 50) Die von der sozialistischen Frauenpolitik propagierte höhere ökonomische Rationalität der vergesellschafteten Reproduktionsarbeit wurde also realisiert und hatte offensichtlich den Effekt, daß Frauen freigesetzt wurden für andere Tätigkeiten.[9]

8 Über Einzelheiten der Regelungen und Beschreibungen der Praxis des Elternurlaubs geben die Beiträge in Pettersson 1990 Auskunft; die dortigen Angaben sind auf dem Stand von 1989.
9 In seinem Buch »Die Frau und der Sozialismus« hatte bereits am Ende des 19. Jahrhunderts Bebel die ökonomische Irrationalität des Kleinfamilienhaushalts benannt: »Die Beseitigung der Privatküche wird für unzählige Frauen eine Erlösung sein. Die Privatküche ist eine ebenso rückständige und überwundene Einrichtung

Die Maßnahmen, die dazu dienen sollten, Erwerbsarbeit und Elternschaft gleichermaßen möglich zu machen, hatten Erfolg: in Schweden werden wieder mehr Kinder geboren, obwohl faktisch alle Frauen – insbesondere die jüngeren – erwerbstätig sind. Der Geburtenüberschuß, der 1983 fast auf Null gefallen war, hat 1990 wieder das Niveau der ersten Hälfte der 70er Jahre erreicht. Die Nettoreproduktionsrate, die 1982 einen Tiefpunkt erreicht hatte, ist seitdem wieder kontinuierlich angestiegen (bis 1990 um 32 %) und liegt heute etwa auf dem Niveau, das auch das agrarische Irland hat (vgl. Hoem 1993). Die Zahl der Schwangerschaftsabbrüche ist wieder zurückgegangen. 1990 wurden mehr als 14 Kinder pro 1000 Einwohner geboren, während es 1982 nur knapp über 11 waren.[10]

Kinder zu haben bedeutete für immer weniger Frauen, die Erwerbsarbeit aufgeben zu müssen: 51 % der Kinder im Vorschulalter (von 3 Monaten bis 6 Jahren) besuchten im Jahr 1990 öffentliche Kindergärten bzw. wurden von öffentlich bezahlten Tagesmüttern betreut (Gonäs 1992, 18). 24 % wurden von einem Elternteil (zu 93 % von der Mutter) während eines »Elternurlaubs« zu Hause betreut; lediglich 6 % der Mütter waren Hausfrauen.[11]

In Schweden – so scheint es – ist es gelungen, die beiden Rollen der Frau zu vereinbaren: Mutterschaft und Erwerbstätigkeit. Aber es sind beides weibliche Rollen geblieben. Die ökonomische Emanzipation der Schwedinnen hat die Arbeitsteilung zwischen den Geschlechtern kaum berührt. Zudem ist sie erkauft worden mit einer Verengung individueller Differenzierungschancen und einer Durchstaatlichung des Alltagslebens, die die Attraktivität des Volksheims Schweden allmählich auszuhöhlen droht (vgl. Kapitel 7.3).

wie die Werkstätte des Kleinmeisters, beide bedeuten die größte Unwirtschaftlichkeit, eine große Verschwendung an Zeit, Kraft, Heiz- und Beleuchtungsmaterial, Nahrungsstoffen usw.« (Bebel 1985, 510).

10 Alle Angaben aus dem Statistical Yearbook of Sweden 1992, 41.

11 Die restlichen 19 % verteilen sich auf studierende bzw. arbeitslose Eltern oder auf privat organisierte Unterstützungsleistungen.

Kapitel 5

Die Dienstbotengesellschaft:
Das amerikanische Beschäftigungswunder

Im selben Zeitraum, als in der Bundesrepublik die Arbeitslosigkeit stieg und viele Arbeitsplätze verlorengingen, hat das »amerikanische Beschäftigungswunder« in den 8oer Jahren für zusätzliche Arbeitsplätze und niedrigere Arbeitslosenzahlen gesorgt, und zwar trotz eines starken Bevölkerungswachstums.

Zwischen 1973 und 1983 ist die Beschäftigtenzahl in den USA um 15,5 Millionen (+17%) angestiegen, während sie in der Bundesrepublik um 1,5 Millionen (−5%) abgenommen hat. Die konjunkturelle Entwicklung unterschied sich hingegen in den beiden Ländern kaum: das Bruttoinlandsprodukt in den USA wuchs um 1,9%, in der Bundesrepublik um 1,5% (vgl. Bundesanstalt für Arbeit 1986, 210ff.). Zwar gab es in den USA Bewegungen zwischen Sektoren und Branchen, aber per Saldo war das Arbeitsplatzwachstum fast ausschließlich auf die Zunahme von Dienstleistungen zurückzuführen. Gliedert man die Beschäftigten entsprechend der in Kapitel 3 begründeten Aufteilung der Wirtschaftstätigkeit in güterorientierte und konsumorientierte, dann zeigt sich, daß das Wachstum der Arbeitsplätze in den USA zwischen 1979 und 1987 (+1,8%) zu 59,3% auf die Entwicklung in den konsumorientierten Dienstleistungen zurückzuführen ist; 1987 hatten sie einen Anteil an der Gesamtbeschäftigung von 47,4% erreicht (Appelbaum/Schettkat 1990, 14). In der Bundesrepublik wuchs in diesem Zeitraum die Zahl der Arbeitsplätze zwar auch um 0,3%, der Anteil der konsumorientierten Dienstleistungen am Wachstum war mit 65,3% sogar noch höher, aber der Anteil dieses Beschäftigungsbereichs (nach der Abgrenzung von Appelbaum/Schettkat 1990) erreichte am Ende dieser Periode erst einen Anteil von insgesamt 30,9%.

Obwohl in den USA der Anteil der konsumorientierten Dienstleistungen an der Gesamtbevölkerung schon 1973 viel höher war, ist die Beschäftigung in diesem Bereich in der Folgezeit also noch stark gewachsen. Die Konsumdienste bilden den Kern des »amerikanischen Beschäftigungswunders«. Ihr größerer Anteil und –

wenn man den gesamten Zeitraum der letzten 20 Jahre betrachtet – ihr schnelleres Wachstum sind also das erklärungsbedürftige »Wunder«. Allerdings wird die Entwicklung nicht nur als »Wunder«, sondern auch als Bedrohung eingeschätzt – je nachdem, wie die sozialen Folgen beurteilt werden.

1. Polarisierung der Beschäftigungsstrukturen

Bei den Erklärungen stimmen die Analysen weitgehend überein: Das Wachstum in den konsumorientierten Dienstleistungen in den USA ist begründet durch niedrigere Löhne, wenig Regulierung der Arbeitsbestimmungen, geringere Gemeinkosten (z. B. für Lohnfortzahlung im Krankheitsfall oder Urlaub), eine niedrigere Produktivität und durch eine stärkere Nachfrage (vgl. Ochel/Schreyer 1988a; Albach 1989; Appelbaum/Schettkat 1990). Die Nachfrage ist deshalb stärker, weil die Realeinkommen in den USA stärker und ungleicher gewachsen sind als in der Bundesrepublik; da wachsenden hohen Einkommen billige Dienstleistungen gegenüberstehen, werden diese auch stärker in Anspruch genommen – für das Nachfragewachstum bei Dienstleistungen ist ja nicht nur das absolute Wachstum der Einkommen, sondern auch (wegen der Nachfrageelastizität) die Ungleichheit der privaten Einkommen ein entscheidender Faktor. Wenn (sehr) billige Arbeitskräfte zur Verfügung stehen, braucht die Produktivität nicht erhöht zu werden, um marktfähige Dienstleistungen anzubieten, die Kapitalintensität kann niedrig bleiben. Ein billiges und personalintensives Angebot von Konsumdiensten ist aber nur möglich, wenn die Vorschriften für die Qualität des Angebots, für den Betrieb, für Arbeits- und Öffnungszeiten und für die Entlohnung weitgehend flexibel sind. All dies ist in den USA der Fall. Ein großer Teil der neu geschaffenen Arbeitsplätze besteht also aus sogenannten »bad jobs«, d. h. solchen, die sehr niedrig bezahlt sind, ungewöhnliche Arbeitszeiten haben, niedrige Qualifikation erfordern und kurzfristig kündbar sind.

Im Gesamtbereich »Dienstleistungen«, also ohne Differenzierung zwischen produktions- und konsumorientierten Diensten, ist die Qualität der neuen Arbeitsplätze hinsichtlich Arbeitsbedingungen, Entlohnung und Qualifikation sehr *heterogen*. Denn im Bereich der produktionsorientierten Dienstleistungen, wie z. B.

Finanzdienstleistungen, Rechts- und Unternehmensberatung oder EDV, nimmt die Zahl der sehr gut bezahlten Arbeitsplätze stark zu, während im Bereich der konsumorientierten Dienstleistungen ganz im Gegenteil viele schlecht bezahlte und unsichere Jobs, z. B. in der Schnellgastronomie und in der Freizeitindustrie, entstehen.

Das »amerikanische Beschäftigungswunder« ist also mit einer Umstrukturierung von Einkommen und Arbeitsbedingungen verbunden, die teilweise charakteristisch ist für den Tertiarisierungsprozeß allgemein, die aber zum anderen Teil in ihren Folgen verstärkt wird durch die politisch-ökonomischen Rahmenbedingungen der Deregulierung, die die amerikanische Wirtschaftspolitik in der Zeit der Reagan-Präsidentschaft kennzeichnete.

In einer Studie von Stanback et al. (1981) ist die Lohnstruktur von verschiedenen Wirtschaftsbereichen ermittelt und der Effekt des Tertiarisierungsprozesses dargestellt worden. Danach ist der Dienstleistungssektor in sich sehr viel heterogener als der Industriesektor, wo sich die Verteilung auf die mittleren Verdienstgruppen konzentriert (vgl. Tabelle V.1).

Tab. V.1: Prozentuale Verteilung der Beschäftigung nach Verdienstgruppen (Quintilen) in den USA (1975)

	hoch	2	3	4	5
Verarbeitende Industrie	26,2	20,0	35,7	16,4	1,7
Baugewerbe	18,0	2,0	60,9	18,8	0,4
Distributive Dienste	44,2	16,7	29,2	9,4	0,4
Einzelhandel	1,2	22,0	16,7	16,4	43,7
Produktionsdienste	30,8	22,2	1,3	44,3	1,5
Konsumdienste	0,2	3,9	13,2	13,4	69,3
Nonprofit Services					
– Gesundheitsbereich	17,3	2,2	24,2	56,2	0,1
– Bildungswesen		54,6	2,1	17,4	26,0
Öffentlicher Dienst	47,1	27,4	15,2	10,1	
Gesamtbeschäftigung	18,9	19,6	23,0	20,0	18,5

Quintile: hoch = $ 12000 und mehr; 2. = 9500-11999; 3. = 7000-9499; 4. = 4500-6999; 5. = unter 4500.

Quelle: Stanback et al. 1981, S. 71, Tab. 4.2.

Auch die »Profile« der Dienstleistungsbereiche sind sehr unterschiedlich, d. h. bei jedem Dienstleistungsbereich ergibt sich eine andere Konzentration oder Streuung über die Quintile der Einkommensverteilung. Die niedrigsten Verdienstgruppen sind besonders stark vertreten im Einzelhandelsbereich (inkl. Restaurantbetriebe), in den Konsumentendiensten und im Gesundheitswesen (vgl. Tabelle V.1).

Die stärkste Variation bei den Verdienstgruppen, also das am wenigsten einheitliche Profil, zeigten die Produktionsdienste: fast ein Drittel der Beschäftigten gehört zu den Spitzenverdienern, beinahe die Hälfte zu den beiden untersten Einkommensquintilen. Großhandel, Verkehr und öffentliche Verwaltung haben dagegen nur geringe Anteile an schlecht bezahlten Arbeitsplätzen. Für die Dienstleistungen insgesamt stellen Stanback et al. schon anhand der Daten von 1975 eine »starke Konzentration in überdurchschnittlich und unterdurchschnittlich bezahlten Tätigkeiten« fest (1981, 71).

Der relativ niedrige Einkommensschwerpunkt im Gesundheitsbereich (vgl. Tabelle V.1) kann auch das Paradoxon erklären, daß in den USA der Anteil an den öffentlichen Ausgaben für »Soziale Dienste« (Summe der Bereiche Bildung, Gesundheit, Soziales) insgesamt niedriger ist als in der Bundesrepublik, der Beschäftigtenanteil jedoch höher – was nicht durch unterschiedliche Anteile an Teilzeitarbeit erklärbar ist (vgl. Riede et al. 1988). Die »Sozialleistungsquote« betrug in den USA im Jahr 1981 20,8 %, in der Bundesrepublik im selben Jahr 31,5 %. 1982 waren aber in den USA 11,5 % aller Erwerbstätigen, in der Bundesrepublik dagegen lediglich 8,8 % in den sozialen Diensten tätig. Riede et al. gelangen in ihrer sorgfältigen empirischen Analyse dieser Befunde zu der These, daß unterschiedliche Lohnstrukturen das Paradox aufklären könnten.

Beim Arbeitsplatzwachstum überwiegen die Bereiche mit Niedriglöhnen; drei Viertel der in den 70er Jahren neugeschaffenen Jobs sollen »bad jobs« gewesen sein; die Zahl der Köche und Küchenhilfen sei dreimal so stark gestiegen wie die Zahl der Computerkräfte (Bundesanstalt für Arbeit 1986, 221 und 343). Nach Hoffmann (1988, 264) hat bei mehr als einem Drittel der zwischen 1978 und 1985 entstandenen Arbeitsplätze der Jahreslohn eines einzelnen Arbeitnehmers unterhalb der amtlich festgesetzten Armutsgrenze für einen Vierpersonen-Haushalt gelegen. Von den zwi-

schen 1979 und 1987 entstandenen Arbeitsplätzen gehören 37 %
solchen Dienstleistungsbereichen an, bei denen der mittlere Verdienst etwa ein Drittel unter dem der industriellen Wirtschaftszweige liegt (Appelbaum/Schettkat 1990, 29).

Gundlach/Schmidt behaupten dagegen, daß »sogenannte ›bad jobs‹... die Liste der Berufe mit abnehmender Beschäftigtenzahl« anführen (1985, 14) – was allerdings nichts über die Tendenzen bei der Entlohnung aussagt.[1] Gundlach/Schmidt sehen sich dennoch zu einem etwas allgemeineren Rundschlag veranlaßt: »Die nörgelnde Kritik an den angeblich schlecht bezahlten und auch in anderer Hinsicht unattraktiven Arbeitsplätzen [ist] nicht recht verständlich. Wer einen Arbeitsplatz in einer Imbißbude hat, ist allemal besser dran als derjenige, der über keinen Arbeitsplatz verfügt. Nicht jeder, der Arbeit sucht, hat das Zeug für eine anspruchsvolle Tätigkeit. Es zeichnet das amerikanische Beschäftigungswunder aus, daß es auch Millionen weniger qualifizierten Arbeitskräften zu einem Arbeitsplatz verholfen hat – anders als hierzulande, wo viele hunderttausend sogenannte Problemarbeitslose vergeblich vor den Arbeitsämtern Schlange stehen« (1985, 14). Im Jahr 1994 ist dies die offizielle Position des Bundeswirtschaftsministers geworden.

2. Polarisierung der Einkommensstruktur

Die Entdeckung der Zusammenhänge zwischen Tertiarisierung und Vergrößerung der Einkommensungleichheit hat in den USA zu einer heftigen Debatte geführt. Die These, daß mit dem Tertiarisierungsprozeß eine Reduzierung der Löhne und eine Polarisierung der Einkommensstruktur verbunden sei, ist vor allem von Harrison/Bluestone (1988) vertreten worden. Nach dem Ende des Zweiten Weltkriegs bis Ende der 60er Jahre sind nach den Daten, die Harrison/Bluestone aufbereitet haben, die durchschnittlichen

---

1 Esping-Andersen kommt bei seiner Untersuchung zur Entwicklung der Arbeitsplatzstruktur in den USA auch zu dem Ergebnis, daß in den 60er und 70er Jahren ein »occupational upgrading« stattgefunden habe. Dies widerspreche allerdings nicht der These von der zunehmenden Polarisierung der Verdienste. »Unsere widersprüchlichen Resultate führen zu der Vermutung, daß die traditionell stabile Verbindung zwischen Arbeitsplätzen und Verdiensten aufgelöst ist.« (Esping-Andersen 1991, 156, Fußnote 16)

Reallöhne und Einkommen kontinuierlich gestiegen; gleichzeitig entwickelten sich die individuellen Löhne und die Familieneinkommen in Richtung einer größeren Gleichverteilung. Die Wirtschaft habe immer mehr Arbeitsplätze angeboten, die es den Familien ermöglichten, der Armut zu entkommen und Teil einer wachsenden Mittelklasse zu werden. Aber kurz nach dem Ende des Vietnamkrieges begannen die Löhne zu fallen, die Familieneinkommen sanken, und die Ungleichheit von Löhnen und Einkommen nahm wieder zu. Seither ist die Ungleichheit ständig gewachsen. Besonders dramatisch war die Zunahme von schlecht bezahlter Beschäftigung, sogar unter Vollzeitbeschäftigten. Die durchschnittlichen Realeinkommen haben seither abgenommen.

Das Wachstum der Beschäftigung in den USA seit den 70er Jahren ist nach ihrer Analyse tatsächlich vor allem der Zunahme von schlecht bezahlten Arbeitsplätzen zu verdanken. Der höchste durchschnittliche Stundenlohn ist 1973 bezahlt worden, 1986 lag er beinahe 14% darunter. Dies ist das Resultat einer Entwicklung, in der die schlechtest bezahlten Arbeitsplätze sehr stark und die sehr gut bezahlten nur wenig zugenommen haben – die mittleren haben relativ abgenommen. Auch nach den Ergebnissen von Appelbaum/Schettkat (1990, 28 ff.) hat die Lohnspreizung in den USA zwischen 1979 und 1987 weiter zugenommen. Die Ungleichheit sei heute viel größer als noch 1973.

Ursache für diese Entwicklung sind nach Meinung der Autoren Unternehmensstrategien, die die komparativen Kostennachteile zu beseitigen versuchen. Das Hauptziel der Unternehmen seit 1970 war es, die Lohnkosten zu senken durch Rationalisierung (Senkung der Zahl der Beschäftigten), durch Lohnkürzungen, durch Streichen von Zulagen, Ausdehnung von Teilzeitarbeit und Auslagerung von Tätigkeiten in Vertragsfirmen, die in der Regel nicht von Gewerkschaften kontrolliert wurden. Rechnet man den durchschnittlichen Lohn für sämtliche geleisteten Arbeitsstunden aus (Harrison/Bluestone 1988, 115), dann zeigt sich: im Bereich der Investitionsgüter sank der Stundenlohn um 17,5% zwischen 1973 und 1986, im Bereich der Konsumgüterindustrie um 9,7%. Etwa vier Fünftel der Reduktion seien durch den Abbau von Arbeitsplätzen zu erklären, der Rest durch Lohnkürzungen. »Abbau von Arbeitsplätzen« heißt hier, daß die großen, von den Gewerkschaften kontrollierten Firmen Arbeitsplätze abbauen und ein Teil davon in kleineren Betrieben mit niedrigeren Löhnen wieder geschaffen wird. Zwar sind in anderen Wirtschaftszweigen die Löhne gestiegen (z. B. in höherwertigen Dienstleistungen), aber der durchschnittliche Stundenlohn ist durch die Umstrukturierung gesenkt worden.[2]

Eine Abnahme der mittleren Einkommensgruppen hat auch Sassen (1988) bei einem Vergleich nach Verdienstklassen zwischen 1970 und 1980 festgestellt (vgl. Tabelle V.3). Bei einer Aufteilung in 6 Klassen zeigt sich, daß der Anteil der beiden mittleren Klassen von 35,8 % auf 24,5 % gefallen ist, während die beiden unteren Klassen um 6,5 Prozentpunkte und die beiden oberen um 4,9 Prozentpunkte zugenommen haben. Das stärkste Wachstum zeigt dabei die niedrigste Verdienstgruppe (+4,1 Prozentpunkte).

Tabelle V.3: Verteilung der Beschäftigten nach Verdienstklassen* in den USA 1970 und 1980 (ohne Militär, über 14 Jahre alt)

	1970	1980
1,60 und mehr	11,3	12,9
1,59 bis 1,30	20,9	24,2
1,29 bis 1,0	18,9	12,8
0,99 bis 0,70	16,9	11,7
0,69 bis 0,40	22,8	25,2
0,39 und niedriger	9,2	13,3

* Klassenbildung in % des Durchschnittslohns
Quelle: Sassen 1988, 144

Nun ließe sich argumentieren, daß die Individualeinkommen bei zunehmender Frauenerwerbsarbeit kein gültiger Indikator für die Kaufkraft der Haushalte und damit für den Lebensstandard seien. Die Zahl der Arbeitsplätze ist in den USA allein von 1973 bis 1983 um 15,5 Mio. gestiegen. Damit sind vor allem Frauen ins Beschäftigungssystem integriert worden. Die Zahl der Haushalte mit mehr als einem Einkommen müßte also gewachsen sein. Aber obwohl die Zahl der Erwerbstätigen insgesamt und insbesondere die Zahl der erwerbstätigen verheirateten Frauen zugenommen hat und

---

2 Ähnliche Tendenzen sind in einer Studie der OECD auch für die europäische Wirtschaft festgestellt worden (vgl. OECD Employment Outlook, September 1985).

obwohl das Volumen des staatlichen Transfers ausgeweitet wurde, ist bei den Familieneinkommen eine ähnliche Polarisierung wie bei den Individualeinkommen festzustellen. Seit 1973 stagniert der Median bei den Familieneinkommen, und die Streuung der Ungleichheit hat zugenommen.

Ein Maß für die Gleichheit von Einkommen ist der GINI-Koeffizient, der zwischen 0 und 1 liegen kann. Bei 0 würde jede Familie das gleiche Einkommen haben, bei 1 hätte eine Familie alles, alle übrigen nichts. Am Ende des Zweiten Weltkriegs stand der GINI-Koeffizient für die USA bei 0,376, 1968 war er auf 0,348 gefallen, aber 1984 war er auf dem höchsten Stand seit dem Ende des Zweiten Weltkriegs und stieg bis 1986 auf 0,390. In realem Einkommen ausgedrückt heißt das, daß das durchschnittliche Familieneinkommen im untersten Quintil von 1968 (9779 $) um 17,9 % (= 1746 $) auf 8033 $ gefallen ist, während es im selben Zeitraum im obersten Quintil um 7,9 % von 70722 auf 76310 $ stieg (Harrison/Bluestone 1988, 131). Daraus ergibt sich, daß zusätzliche Erwerbstätigkeit in einer Familie zusammen mit den Einkommenszuwächsen aus Transferzahlungen im besten Fall dazu beigetragen hat, das mittlere Familieneinkommen zu erhalten. Das jährliche Realeinkommen des »typischen« Familienhaushalts der 50er Jahre (ein männlicher Verdiener im Alter zwischen 35 und 44, eine nicht erwerbstätige Gattin und zwei Kinder) ist zwischen 1973 und 1984 um 7,9 % gefallen, und ihr Anteil an den mittleren Einkommen fiel um 8 %, also um 3 % mehr als die Abnahme insgesamt.

In seiner Studie »Dollars and Dreams« hat Frank Levy (1987) die Kohorteneffekte untersucht und gezeigt, daß 1950 ein 25jähriger erwarten konnte, im Alter von 35 Jahren über ein doppelt so hohes Einkommen verfügen zu können. Das galt auch noch in den 60er Jahren, aber in den 70er Jahren betrug der Zuwachs bis zu diesem Alter durchschnittlich nur noch 16 %!

Aus den zitierten Studien werden Anzeichen für eine Einkommenspolarisierung erkennbar, die zu dem Schlagwort »vanishing middle class« geführt haben. Solche Arbeitsplätze, auf denen ein (männlicher) Verdiener so viel Geld verdient, daß er eine Familie damit ernähren und einen durchschnittlichen Lebensstandard halten kann, werden in der Dienstleistungsgesellschaft nach US-amerikanischem Muster seltener. Denn die Einkommensstruktur tertiärer Branchen zeichnet sich dadurch aus, daß es einerseits sehr hohe Einkommen, andrerseits relativ viele sehr niedrige und vergleichsweise wenige »mittlere« Einkommen, die in der industriellen Lohnstruktur am stärksten vertreten waren, gibt. Je weiter die Tertiarisierung fortschreitet, desto stärker prägt die polare Einkommensverteilung den gesamten Arbeitsmarkt und desto seltener werden Lohneinkommen, die als »Familienlohn« reichen.

Vollzeit-Erwerbstätigkeit beinhaltet in den USA heute nicht mehr mit Sicherheit ein ausreichendes Einkommen. Die Zahl der Menschen, die unterhalb der offiziellen Armutsgrenze leben, spiegelt diese Veränderungen: sie hat abgenommen in den 60ern, stagnierte in den 70ern und nahm seither rapide zu. Unterhalb der offiziellen Armutsgrenze lebten 1979 26,1 Millionen Menschen, 1987 waren es 32 Millionen, eine Zunahme von 23 % (vgl. Appelbaum/Schettkat 1990, 31). Bei 25 % der Familien, die in Armut leben, ist ein Mitglied vollzeiterwerbstätig, bei weiteren 35 % eines teilzeiterwerbstätig.

Der Strukturwandel der Arbeitsplätze und die Expansion von Dienstleistungen bieten, wie in den Kapiteln 3 und 9 gezeigt wird, zwar mehr Frauen die Möglichkeit zu einer Erwerbstätigkeit. Das amerikanische Beispiel zeigt aber auch, daß dieser Strukturwandel nicht nur erfreuliche Optionen für die ökonomische Emanzipation der Frauen eröffnet. Die sinkenden Einkommen können auch den Zwang mit sich bringen, daß zusätzlich zum erwerbstätigen Mann weitere Familienmitglieder zum Haushaltseinkommen beitragen müssen, soll der Lebensstandard gehalten bzw. das Absinken in Armut verhindert werden.

Im Vergleich zur vorindustriellen Gesellschaft hatte sich die Einkommensungleichheit im Prozeß der Industrialisierung erheblich verringert. Im Gegensatz zur Marxschen Prognose, wonach die Entwicklung der kapitalistischen Industriegesellschaft von immer schärferen materiellen Gegensätzen begleitet sein werde, wirkt sie aus heutiger Sicht als eine Phase der Homogenisierung. Der Weg in die »Dienstleistungsgesellschaft« – wenn er dem amerikanischen Muster folgt – scheint dagegen durch eine Spreizung der Einkommensstruktur charakterisiert zu sein. Diese Ungleichheit ist nicht nur Folge, sondern auch Triebkraft der Entwicklung, denn die Ungleichheit der Einkommen ist eine der Voraussetzungen für den wachsenden Konsum von Dienstleistungen. Die von Baumol diagnostizierte »Kostenkrankheit«, die zu einer Stagnation der Dienstleistungsbeschäftigung führen soll, tritt ja nur unter der

Bedingung auf, daß sich die Einkommen in den verschiedenen Beschäftigungsbereichen gleich entwickeln. Das amerikanische Beschäftigungswunder in den Konsumdiensten war möglich, weil diese Bedingung aufgehoben wurde. Deregulierungen innerhalb eines vergleichsweise gering verregelten Systems sozialstaatlicher, arbeits- und tarifrechtlicher Sicherungen, direkte und indirekte Lohnsenkungen zusammen mit dem Zustrom billiger und williger Arbeitskräfte aus Ländern der dritten Welt haben ein preiswertes Angebot an konsumorientierten Dienstleistungen entstehen lassen. Demgegenüber haben Zuwächse bei den oberen Einkommensgruppen, zusätzlich gefördert durch Steuersenkungen, eine kaufkräftige Nachfrage gestärkt, die durch die Zeitzwänge und Freizeitinteressen berufstätiger Ehefrauen und gutverdienender Singles in die haushaltsorientierten Dienste und in die Fun-Dienste[3] gelenkt wurde. Die Deregulierung, die Polarisierung der Einkommen und auch die Heterogenisierung der amerikanischen Gesellschaft sind der Humus, auf dem das amerikanische Beschäftigungswunder aufblühen konnte. Allerdings: »Ein großes Problem sind nach wie vor die zu hohen Mindestlöhne«, doch: »die Strategie, mit lohnpolitischer Zurückhaltung Arbeitsplätze zu sichern und zusätzliche zu schaffen, ist in den Vereinigten Staaten in bemerkenswerter Weise geglückt«. (Gundlach/Schmidt 1985, 23 und 21) Bemerkenswert in der Tat.

Nach der Darstellung des schwedischen und des amerikanischen Typs von Dienstleistungsgesellschaft wenden wir uns, bevor wir die Perspektiven der deutschen Entwicklung diskutieren, den räumlichen Konsequenzen des Tertiarisierungsprozesses zu.

---

3 Die absoluten und relativen Unterschiede im Umfang der Freizeitdienste zwischen den USA und der BRD lassen sich wenigstens zum Teil durch die Größenunterschiede beider Länder erklären: die Urlaubsreisen der Deutschen stellen ökonomisch einen Import von Dienstleistungen dar (sie werden im Ausland erbracht und dort bezahlt), der in den USA nicht stattzufinden braucht, weil der volkswirtschaftliche Raum auch Urlaubsregionen für Sommer- und Winterferien umfaßt. Die entsprechenden »bad jobs« für die deutsche Urlaubsgesellschaft entstehen in Spanien, Italien, der Dritten Welt usw., jedenfalls außerhalb der amtlichen deutschen Statistik.

Kapitel 6

Die Zukunft des Stadtsystems – Die räumliche Struktur der Dienstleistungsgesellschaft

Sozialer Wandel hat immer auch Wandel der räumlichen Strukturen und besonders der Städte zur Folge. Die großen Städte sind die Brennpunkte des sozialen Wandels, seine Motoren und seine Opfer. Bildet die Dienstleistungsgesellschaft eine andere räumliche Struktur aus als die Industriegesellschaft? Wir diskutieren im folgenden, welche Tendenzen des räumlichen Wandels im Zusammenhang mit der Tertiarisierung von Produktion und der Expansion verbraucherorientierter Dienstleistungen auszumachen sind.

1. Tertiarisierung und Raumstruktur

Allgemeine Trends, wie sie auf der Ebene einer nationalen Volkswirtschaft sichtbar werden, erscheinen lokal vielfach gebrochen und gefiltert. Friedrichs/Kiehl (1985) haben Fourastiés Modell einer Entwicklung zur Dienstleistungsgesellschaft auf Großstädte übertragen. Wie er operationalisieren sie diesen Wandel, indem sie die Verschiebung der Anteile des sekundären Sektors und des tertiären Sektors an der Gesamtbeschäftigung messen. Sie weisen nach, daß der so gemessene Strukturwandel auf städtischer Ebene unregelmäßig, wellenförmig, teilweise auch in gegenläufiger Richtung verläuft. Auf der lokalen Ebene ist der Prozeß der Tertiarisierung also weniger eindeutig gerichtet und phasenweise sogar reversibel. Abbildung VI.1 zeigt, daß Paris, Hamburg, Wien, Budapest und Warschau längere Phasen einer Reindustrialisierung durchlaufen haben, in denen entgegen dem Fourastiéschen Modell der Anteil der Industriebeschäftigten an allen Beschäftigten wieder gestiegen ist.

Der Wandel räumlicher Strukturen ist also kein automatischer Reflex des sozialen Wandels, sondern eine Mischung aus »überlokaler Determination und lokaler Filterwirkung« (Oswald 1966). Teilweise sind es gerade die höchst vermittelten Folgewirkungen des sozialen Wandels und weniger seine unmittelbaren Erschei-

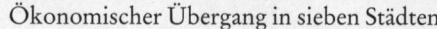

Ökonomischer Übergang in sieben Städten

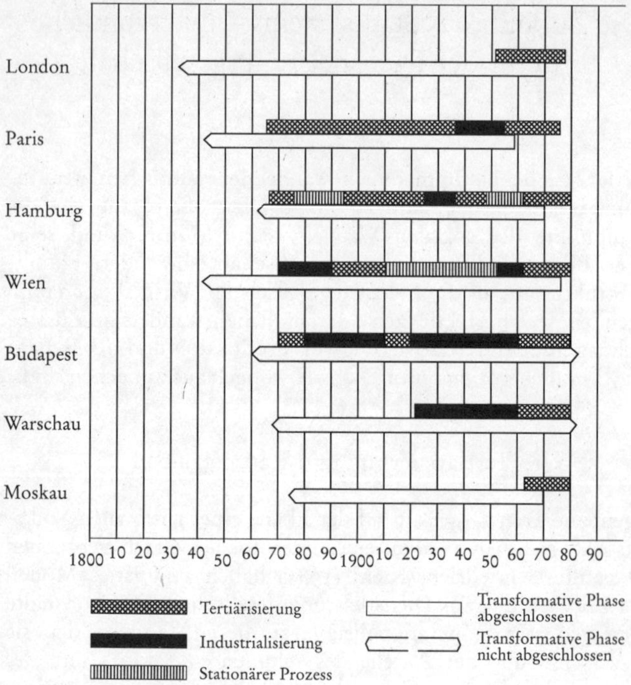

London

Paris

Hamburg

Wien

Budapest

Warschau

Moskau

1800 10 20 30 40 50 60 70 80 90 1900 10 20 30 40 50 60 70 80 90

▨ Tertiärisierung — Transformative Phase abgeschlossen

■ Industrialisierung ◁▷ Transformative Phase nicht abgeschlossen

▥ Stationärer Prozess

aus: Friedrichs/Kiehl 1985, S. 112, Abb. 11

nungsformen, die den Wandel der Raumstrukturen und des urbanen Lebens prägen.

Noch eine zweite Differenzierung ist geboten: die nach dem jeweiligen ökonomischen und historischen Kontext. Jaeger und Dürrenberger (1991) haben in einem Vergleich zwischen Großbritannien, Italien, Westdeutschland und anderen zentraleuropäischen Staaten nachgewiesen, daß sich sehr unterschiedliche Raumstrukturen herausbilden je nach Struktur und Entwicklungsniveau der Industrie, nationaler bzw. internationaler Verflechtung der Dienstleistungen und je nach historisch überkommenem Stadtsystem. Das Schicksal Londons z. B. scheint im Unterschied zu dem westdeutscher Städte weitgehend abgekoppelt von den Prozessen der nationalen Deindustrialisierung zu verlaufen. Seine Entwicklung wird mehr vom Weltmarkt bestimmt als vom nationalen Markt, und als »global city« (vgl. Sassen 1991) bewahrt es eine zentrale Funktion für die Weltökonomie. So hat sich die Dominanz von London – wie die von Paris – verstärkt, während die Stadtsysteme der zentraleuropäischen Staaten, wie z. B. Italien oder Deutschland, weniger hierarchisiert und diffuser strukturiert bleiben.

Die industrielle Raumstruktur konnte mit den klassischen »Standorttheorien« der Produktionsbetriebe erklärt werden. Danach waren die Verfügbarkeit von natürlichen Ressourcen, von Arbeitskräften, die Transportverbindungen und die Nähe zu Absatzmärkten entscheidend für das industrielle Wachstum. Den Dienstleistungen kam im Rahmen dieser Theorien keine eigenständige raumstrukturierende Bedeutung zu. Diejenigen Funktionen, die wir heute als »produktionsorientierte Dienstleistungen« bezeichnen, wurden weitgehend innerhalb der großen Betriebe organisiert, die Beziehungen zwischen Betrieben vor allem als Austausch von Materialien, Vorprodukten etc. betrachtet. Die konsumorientierten Dienstleistungen spielten schon deshalb keine Rolle in der Standorttheorie, weil sie als abhängige Funktionen der Produktion angesehen wurden. Ihre Standorte richten sich nach der Zahl der Einwohner und nach der örtlichen Kaufkraft. Letztere variiert in Abhängigkeit von den »produktiven« Teilen der regionalen Wirtschaft. Konsumdienste tragen demnach auch nichts zum Wachstum einer Stadt oder einer Region bei – im Gegenteil, in der Perspektive der Export-Basis-Theorie z. B. ist ein hoher Anteil »unproduktiver Dienstleistungen« ein Problem für die ökonomischen Wachstumsaussichten einer Region.

Mit dem Wandel der Ökonomie von einer »industriellen« zu einer »postindustriellen«, der Tertiarisierung der Produktion und der Ausweitung der Konsumdienste müssen Dienstleistungen jedoch ein größeres Gewicht bei der Erklärung räumlichen und sozialen Wandels gewinnen. Die Entwicklung der Dienstleistungen ist nicht nur quantitativ entscheidend für die ökonomische Basis der Stadtentwicklung, sondern auch qualitativ: Die Binnendifferenzierungen innerhalb des Dienstleistungsbereichs hinsichtlich Qualifikationsanforderungen, Organisationsformen, Einkommen/ Gewinnen und Standorterfordernissen werden die Stadtentwicklung in Zukunft bestimmen. Angesichts der Größe und der Heterogenität des Dienstleistungssektors werden demgegenüber die

Differenzierungen zwischen sekundärem und tertiärem Sektor an Relevanz für die Raumstruktur wie für die Sozialstruktur verlieren.

Wenn heute in der Regionalökonomie von der regionalstrukturierenden Wirkung von Dienstleistungen die Rede ist (vgl. z. B. Köppel 1983; Bade 1987), dann sind in erster Linie die produktions- bzw. unternehmensorientierten Dienstleistungen gemeint. Diese spielen in der regionalökonomischen Diskussion heute eine herausragende Rolle, nicht nur weil sie regional höchst unterschiedlich verteilt sind, sondern auch weil ihr Anteil an der Beschäftigung in einer Region als zuverlässiger Indikator für Wachstumsaussichten insgesamt gilt.

– Die Wettbewerbsfähigkeit der Industrie hängt immer weniger von der Nähe zu den materiellen Ressourcen ab, weil der materielle Input für die Produktion kontinuierlich an Bedeutung verliert. Die Diffusion industrieller Produktionstechniken und die Veränderungen in der internationalen Arbeitsteilung zwingen die entwickelten Industrien zu einer Verlagerung auf »intelligente Produkte«, weil jene Produkte, die einen hohen Wertanteil von Material und unqualifizierter Arbeit vergegenständlichen, inzwischen in den Ländern der Zweiten und Dritten Welt kostengünstiger hergestellt werden können. Die Bedeutung von Produkt- und Verfahrensinnovationen ist bei kürzeren Lebenszyklen von Produkten dramatisch gestiegen, und Produktionstechnik und -anlagen sind selbst zu den wichtigsten Exportartikeln geworden. Die Leistungsfähigkeit der »produktionsorientierten Dienste«, also von Forschung und Entwicklung, Erschließung von Märkten, Organisation von Kooperation und Konkurrenz, ist zum entscheidenden Kriterium ökonomischen Erfolgs geworden. Deshalb ist der Besatz mit produktionsorientierten Dienstleistungen für Aufstieg und Niedergang von Regionen von so großer Bedeutung.

– Der ökonomische Konzentrationsprozeß verändert die »Kontrollstruktur« der Ökonomie: Immer mehr Betriebe werden von immer weniger Unternehmensleitungen organisiert, finanziert und kontrolliert. Dadurch lockert sich der räumliche Zusammenhang von unmittelbarer Produktion und dispositiven Funktionen. Die Tertiarisierung der Produktion lockert diesen Zusammenhang zusätzlich, weil sich sowohl innerhalb der industriellen Unternehmen selbst wie innerhalb des dritten Sektors Komplexe von produktionsorientierten Dienstleistungen herausbilden. Diese nämlich sind ihrerseits auf eine eigenständige räumliche Verflechtung angewiesen, welche den Fluß von Informationen und eine zunehmend differenziertere Arbeitsteilung erleichtert und den Austausch von Material und Produktvorleistungen überlagert. Obwohl sich die produktionsorientierten Dienste räumlich nicht gänzlich von den Orten der industriellen Produktion lösen (können), bildet sich doch eine eigenständige Raumstruktur dieser Dienstleistungsverflechtung heraus, die sich von der traditionellen, industriellen Raumstruktur abheben kann. Eine Ursache dafür ist die extreme Spezialisierung im Bereich der produktionsorientierten Dienstleistungen. Sie bringt kleine Arbeitssegmente hervor, die ihrerseits auf räumlich vermitteltem Austausch angewiesen sind, der allerdings weit mehr umfaßt als berufliche Face-to-face-Kontakte zwischen den Beschäftigten (Brake 1990, 38). Die Expansion der produktionsorientierten Dienstleistungen – so die Annahme – trägt zu einer weiteren Hierarchisierung von Räumen bei.

– Anders wird die Bedeutung der Konsumdienste gesehen. Sie können eine stabilisierende und disparitätenmildernde Funktion erfüllen. Die Konsumdienste sind nicht, wie in den älteren regionalökonomischen Theorien unterstellt, eine rein abhängige Variable. Sie können einen Sockel von konsumabhängiger Beschäftigung bilden, der eine eigenständige Basis in der örtlichen Kaufkraft hat und als solche eine Grenze, zumindest eine Bremse des Schrumpfens der Beschäftigung, das von Prozessen der Deindustrialisierung verursacht wird, darstellt. Dieses Argument wird in dem Maße stärker, als der Umfang der vom regionalen Arbeitsmarkt unabhängigen Kaufkraft, also der Umfang von Transfer-, Renten-, Pensions- und Vermögenseinkommen, steigt. Auch die Einkommen im öffentlichen Sektor, die aufgrund regionaler Transfers von Steuermitteln (etwa regionale Wirksamkeit von Universitäten) zustande kommen, stärken diesen Sockel. Dieses Faktum kann in dem Sinne »konservativ« genannt werden, als damit eine Beschäftigungsbasis gesichert wird, die unabhängig vom raschen Wandel marktwirtschaftlicher Aktivitäten ist. Theoretisch können die konsumorientierten Dienstleistungen also sogar wachsen, auch wenn die ökonomische Entwicklung einer Region bzw. Stadt insgesamt negativ verläuft.

– Die Konsumdienste sind überwiegend auf die Präsenz ihrer Kunden angewiesen. Die »Nähe zu den Absatzmärkten« ist ihre Existenzvoraussetzung. Insofern dies der Fall ist, müßten sich ihre Standorte an den Wohnorten der Bevölkerung orientieren – und z. B. im Zuge der Suburbanisierung mit der Bevölkerung in die Vororte und in die umliegenden Gemeinden von großen Städten wandern. Da die Bevölkerungskonzentration insgesamt im Laufe der letzten 30 Jahre abgenommen hat, wäre daher bei den konsumorientierten Dienstleistungen ebenfalls ein Dekonzentrationsprozeß zu erwarten. Räumliche Dispersion ist aber mit Entdichtung verbunden, d. h., daß die Einzugsbereiche der Dienstleistungsbetriebe sich bei gleichbleibender Kundenzahl räumlich vergrößern. Zieht man zugleich das Kardinalproblem der Dienstleistungsökonomie, ihre vergleichsweise größeren Schwierigkeiten bei der Produktivitätssteigerung bzw. Rationalisierung, in Betracht, dann ist zu erwarten, daß sich die traditionellen Zusammenhänge zwischen den Wohnstandorten der Bevölkerung und den Standorten der Dienstleistungsbetriebe lockern.

– Für die räumliche Verteilung der konsumorientierten Dienstleistungen ist ferner entscheidend, in welcher Form sie organisiert werden. Wenn sie vor allem in Form öffentlicher Dienstleistungen wachsen, kann sich eine andere räumliche Verteilung herausbilden, als wenn sie sich marktförmig entwickeln. Die marktförmige Organisation gehorcht den Gesetzen von Angebot und Nachfrage, und die räumliche Verteilung des Angebots ergibt sich dann logischerweise aus der räumlichen Verteilung der zahlungsfähigen Nachfrage. Angebot und Nachfrage können aber, auch bei marktfähiger Organisation, staatlich beeinflußt werden: das Angebot dadurch, daß die Bedingungen für die Bereitstellung des Angebots mehr oder weniger staatlich reguliert werden (Öffnungs- und Arbeitszeiten, Mindestlöhne, ausbildungsgebundene Berechtigungen, Qualifikationen, Abgaben an Staat und Sozialversicherung usw.); die Nachfrage dadurch, daß die Marktfähigkeit durch staatliche Transferzahlungen beeinflußt wird (wie bei Gesundheitsdienstleistungen durch den Versicherungszwang oder bei der Wohnungsversorgung durch das Wohngeld schon heute). Amerikanische Verhältnisse zeichnen sich durch eine hohe Privatisierung beider Seiten des Verhältnisses aus. Sie führen (mit der durch Einkommensunterschiede gesteuerten Segregation) groß- und kleinräumlich zu erheblichen Disparitäten in der Versorgung und daher auch in der Verteilung von Arbeitsplätzen und Kundenströmen.

2. Die räumliche Entwicklung in der (alten) Bundesrepublik: Disurbanisierung, Suburbanisierung, Hierarchisierung und Polarisierung

Die räumlichen Tendenzen des hier beschriebenen Prozesses der Tertiarisierung werden im folgenden lediglich für die alte Bundesrepublik (in den Grenzen vor 1990) beschrieben. Der Strukturwandel in den neuen Bundesländern vollzieht sich unter so außergewöhnlichen Bedingungen, daß weder der Verlauf noch die Ergebnisse mit einem »normalen« Tertiarisierungsprozeß gleichzusetzen sind. Ob sich auch in den neuen Bundesländern ähnliche Strukturen herausbilden – was zu vermuten ist –, läßt sich erst mit einem gewissen zeitlichen Abstand untersuchen.

Die in der alten Bundesrepublik beobachtbaren Entwicklungen lassen sich mit vier Stichworten charakterisieren (vgl. Bade 1987, Bade 1990, Bade/Middelmann/Schüler 1990, Häußermann/Siebel 1987):
– Disurbanisierung (Abbau des Stadt-Land-Gefälles),
– Hierarchisierung (des Stadtsystems),
– Suburbanisierung (der Agglomerationen),
– Polarisierung (der Stadtstruktur).
Dienstleistungen insgesamt folgen jedoch keineswegs diesen Mustern. Dienstleistungen sind, wir haben schon sehr oft darauf hingewiesen, ein äußerst heterogenes Sammelsurium. Eine Differenzierung innerhalb dieser Residualkategorie ist auch und gerade dann notwendig, wenn man nach den räumlichen Konsequenzen fragt. Je nach Adressat der angebotenen Dienstleistungen, nach Organisationsform, nach Art der Erbringung und nach besonderen Standortvoraussetzungen unterscheiden sich die Trends in der räumlichen Allokation. Die Städte sind schon heute keineswegs mehr die Gewinner dieses Strukturwandels, und zwischen den Städten gibt es erhebliche Unterschiede. Die genannten Entwicklungen der Disurbanisierung, Hierarchisierung, Suburbanisierung und Polarisierung sind in erster Linie durch die Tertiarisierung der Produktion bedingt, also durch die Standorttendenzen der produktionsorientierten Dienstleistungen. Die konsumorientierten Dienstleistungen und insbesondere die öffentlich organisierten sind räumlich noch sehr viel gleichgewichtiger verteilt.

Die Verteilung von Arbeitsplätzen in der (alten) Bundesrepublik ist seit langem durch eine Tendenz der großräumigen und kleinräumigen Dekonzentration geprägt. Der Strukturwandel der Ökonomie und die Suburbanisierung der Bevölkerung fördern einen Prozeß der Dezentralisierung zumindest in dem Sinne, daß das alte Schema nicht mehr gilt, wonach die peripheren Regionen kontinuierlich Bevölkerung und Arbeitsplätze verlieren, die Agglomerationen dagegen gewinnen. Wachstum und Schrumpfen verteilen sich heute eher dezentral. Dabei sinkt das Gewicht der Agglomerationen gegenüber den Nicht-Agglomerationen, und innerhalb der Agglomerationen sinkt das Gewicht der Kerne gegenüber dem Umland. Eine ähnliche Umkehr der klassischen Stadt-Land-Wanderung ist für beinahe alle OECD-Länder festgestellt worden (Jaeger/Dürrenberger 1991, 116). Dieser Wandel hängt eng mit der Tertiarisierung zusammen: Fertigungsarbeitsplätze in den Agglomerationen – insbesondere in den großen Städten – werden abgebaut, neue Arbeitsplätze entstehen am Rande oder in den kleineren Städten außerhalb von Agglomerationen.

Neben dem Abbau des klassischen Stadt-Land-Gefälles, des Abstandes zwischen Agglomerationen und peripheren Räumen (Disurbanisierung) und der Dekonzentration innerhalb der Agglomerationen (Suburbanisierung) lassen sich zwei Tendenzen beobachten, die auf eine Verschärfung räumlicher Ungleichgewichte hinauslaufen: Die Hierarchisierung des Stadtsystems im Zuge der Verschiebung der wirtschaftlichen Dynamik zugunsten »südlicher« Regionen (Süd-Nord-Gefälle – überlagert seit 1990 von einem West-Ost-Gefälle; vgl. Gornig/Häußermann 1994) und die innere Polarisierung der sozialräumlichen Struktur der Städte im Zuge der Entwicklung einer zunehmend ungleichen Einkommensverteilung, segmentierter Arbeits- und Wohnungsmärkte sowie von Rationalisierungsstrategien im Bereich der Konsumdienste.

Disurbanisierung

Dienstleistungen waren und sind traditionell in den Städten stärker vertreten als in den dünner besiedelten peripheren Gebieten, ihre Konzentration in den Agglomerationen hat aber nicht zugenommen. Sowohl bei funktionaler wie bei sektoraler Betrachtung der Entwicklung zeigt sich, daß die Wachstumsraten außerhalb der Agglomerationen in der Zeit von 1976 bis 1987 höher waren als in den Agglomerationen (vgl. Bade/Middelmann/Schüler 1990). Wie immer man die Beschäftigung betrachtet, ob als Gesamtmenge, als

»güterorientieren Bereich«, als unternehmens- oder konsumorientierte Dienstleistungen – fast immer zeigt sich dieses Muster: Der Anteil der Agglomerationen sinkt, der der übrigen Räume steigt. So hat z. B. zwischen 1976 und 1986 die Zahl der (sozialversicherten) Beschäftigten im Bundesgebiet um 4 % zugenommen; im selben Zeitraum wuchs ihre Zahl außerhalb der Agglomerationen um 8 %, innerhalb nur um 2 %, weshalb das relative Gewicht der Agglomerationen für den westdeutschen Arbeitsmarkt zurückging, von 60,6 % auf 59,1 % aller Beschäftigten (vgl. Bade 1990, 14). Diese Entwicklung in Richtung auf eine gleichgewichtigere Verteilung der Beschäftigten im Bundesgebiet wird noch deutlicher, wenn man außerhalb der Agglomerationsräume zwischen gering verdichteten und »peripheren Gebieten« unterscheidet. In diesen Regionen, die durch eine ungünstige Randlage gekennzeichnet sind, hat die Beschäftigung am stärksten, nämlich um 10 %, zugenommen. Allerdings fallen diese Veränderungen in absoluten Zahlen anders aus, weil die Ausgangsbasen unterschiedlich sind: Der Anteil der peripheren Räume an allen Beschäftigten betrug 1987 11 %, der der gering verdichteten 29 %, der der Agglomerationen 59 % (Bade 1990, 14, Abb. 6).

Suburbanisierung

Ähnliches vollzieht sich innerhalb der Agglomerationsräume, teilweise ist die Entwicklung sogar gegenläufig: Die Gesamtbeschäftigung in den Agglomerationen hat zwischen 1976 und 1986 um 1,5 % zugenommen. Dieser Zuwachs ist ausschließlich dem Umland zugute gekommen (+9,9 %). In den Kernstädten ging die Zahl der Arbeitsplätze um 3,4 % zurück. Bezogen auf den Gesamtwert der produzierten Güter stagnierte das Umland, während die Kernstädte massive Verluste zu tragen hatten. Die verbrauchsorientierten Dienstleistungen schließlich haben im Umland viermal so schnell zugenommen wie in den Kernen. Gleichgerichtete Tendenzen hat Bade auch hinsichtlich der produktionsorientierten Dienstleistungen festgestellt: »Wieder haben die Verdichtungszentren die geringsten und das Verdichtungsumland bzw. die peripheren Regionen die höchsten Zuwachsraten.« (Bade 1990, 15)

Diese nationalen Tendenzen in Richtung auf eine etwas homogenere Raumstruktur werden aber durch gegenläufige Entwicklungen überlagert. Bislang haben wir analog dem klassischen Stadt-Land-Unterschied die Auswirkungen auf das Gefälle zwischen Zentren – Umland – gering verdichteten Räumen – peripheren Regionen betrachtet. Richtet man aber den Blick auf das Verhältnis der urbanisierten Regionen untereinander und auf kleinräumige Entwicklungen unterhalb der Kern-Umland-Gliederung, also innerhalb der einzelnen Städte, wandelt sich das Bild. Dabei spielen die Dienstleistungsstandorte eine wichtige, aber je nach Dienstleistungstyp unterschiedlich raumdefinierende Rolle.

Daniels (1986) spricht mit Bezug auf die Entwicklung in Großbritannien von »concentrated decentralization«. Die produktionsorientierten Dienstleistungen konzentrieren sich im Südosten Englands, vor allem in der Londoner Region, tendieren aber innerhalb dieser Region zur Suburbanisierung. Das gleiche Süd-Nord-Gefälle ist für die Bundesrepublik beschrieben worden (Friedrichs et al. 1986, Häußermann/Siebel 1987). Dabei von Hierarchisierung des Stadtsystems zu sprechen ist insbesondere mit Bezug auf die produktionsorientierten Dienstleistungen gerechtfertigt.

Erstens, weil diese der Unternehmensführung zugeordnet sind. Ihre Konzentration in bestimmten, vorwiegend südlichen Stadtregionen wie Frankfurt am Main, Stuttgart und München, aber auch in Düsseldorf und Hamburg ist Indiz für die wachsende Bedeutung dieser Städte als strategische Führungszentren der Wirtschaft (vgl. dazu Krätke 1991).

Zweitens gelten die (höherwertigen) produktionsorientierten Dienstleistungen als Motor der Innovation und damit als Voraussetzung für die Konkurrenzfähigkeit eines Unternehmens, was auch beinhaltet, daß ihnen erhebliche indirekte Beschäftigungswirkungen zukommen: »Empirisch läßt sich der vermutete Einfluß höherwertiger Produktionsdienste insofern bestätigen, als ein klarer Zusammenhang zwischen der Beschäftigungsentwicklung des verarbeitenden Gewerbes und dem Anteil der Beschäftigten besteht, die in diesem Wirtschaftsbereich solche höherwertigen Dienstleistungen ausübten. Danach hängt der Erfolg der süddeutschen Zentren nicht zuletzt auch damit zusammen, daß ihr verarbeitendes Gewerbe in einem weitaus größeren Ausmaß als in anderen Regionen Forschung und Entwicklung oder Unternehmensplanung betreibt. Ihre eindeutig größere Präferenz für solche ihre Wettbewerbsfähigkeit beeinflussenden Aktivitäten ist dabei kein Ergebnis einer besonderen Branchenstruktur.« (Bade 1990, 17)

Drittens ist der Zusammenhang von produktionsorientierten Dienstleistungen und Konkurrenzfähigkeit der regionalen Wirtschaft auch folgenreich für die Finanzsituation der Gebietskörperschaften. Junkernheinrich (1990, 28 f.) schätzt, daß der Saldo aus steigenden Einnahmen, insbesondere aus Steuern, aufgrund einer Tertiarisierung der regionalen Wirtschaft und aufgrund steigender Nachfrage insbesondere nach freiwilligen kommunalen Dienstleistungen (Kulturbereich) wegen des Wandels der Bevölkerungsstruktur die Finanzsituation der Städte entspannen werde (vgl. Junkernheinrich 1990, 33). Dadurch werde das Süd-Nord-Gefälle zwischen alten Industriestädten und modernen Dienstleistungszentren durch ein Gefälle in der Finanzkraft ergänzt und verschärft – was in noch höherem Maße für das West-Ost-Gefälle gilt.

Schließlich viertens überhöhen die produktionsorientierten Dienstleistungen die Hierarchisierung des Stadtsystems direkt, da sie mehr als andere Funktionen sich räumlich hoch selektiv verhalten. Beat Hotz-Hart und Markus Würth (1987, 69) resümieren für die Schweiz: »Die nationale Zentrenhierarchie ist in den 1960er und 1970er Jahren allgemein und besonders bezüglich hochwertiger Dienstleistungen steiler und damit ausgeprägter geworden. In den Agglomerationen werden mehr denn je Entscheidungsmacht, hochwertige Dienste, eine ausgeprägte Innovations- und Investionsintensität und eine Atmosphäre von hoher Dynamik kombiniert. Qualitativ kommt es zu einer räumlich-funktionalen Konzentration von dispositiven Tätigkeiten. Die integrierte Dienstleistungszentren-Hierarchie ist steiler als die Hierarchie aufgrund der Einwohnerzahl wie auch der Zahl der Arbeitsplätze.« (S. 69) Bade/Middelmann/Schüler (1990, 11) haben »extreme regionale Abweichungen« insbesondere bei den höherwertigen produktionsorientierten Dienstleistungen festgestellt, deren Beschäftigungszuwachs zu fast drei Viertel in südlichen Regionen und dort in den Randgebieten der Agglomerationen stattgefunden hat.

Aber die produktionsorientierten Dienstleistungen überhöhen nur eine generelle Entwicklung, an der alle Branchen teilhaben. Das hervorstechendste Ergebnis ist die eindeutige »regionale Parallelität sektoraler Entwicklungstendenzen«. (Bade/Middelmann/ Schüler 1990, 32) In den »nördlichen«, strukturschwachen Regionen sind auch die modernen produktionsorientierten Dienstleistungen schwächer ausgeprägt, während im »Süden« auch solche Wirtschaftszweige sich überdurchschnittlich entwickeln, die zur altindustriellen Produktion gezählt werden. Die Gesamtcharakteristik der Region dominiert über die Branchen.

Vergleicht man die nördlichen und südlichen Agglomerationen, die interregional die stärksten Entwicklungsunterschiede aufweisen, dann zeigt sich, daß sich die Beschäftigungstendenzen nur bei den produktionsorientierten Dienstleistungen sehr unterscheiden: während sie in der Periode von 1976 bis 1987 in den nördlichen Agglomerationen lediglich um 4,3 % zugenommen haben, ist ihr Umfang in den südlichen um 15,5 % gewachsen, wobei deren Ausgangsposition – gemessen als Anteil an der Gesamtbeschäftigung – schon 1976 höher war. Noch weiter klaffen die Entwicklungsindikatoren bei den höherwertigen Produktionsdiensten auseinander: die Differenz bei den Wachstumsraten beträgt 22,8 Prozentpunkte. Die nördlichen Agglomerationen sind 1986 noch nicht einmal auf dem Niveau angelangt, das 1976 Ausgangspunkt für die Entwicklung in den südlichen Agglomerationen war. Eindeutig ist der Zusammenhang, daß dort, wo diese Beschäftigungen gewachsen sind, auch die Entwicklung der Gesamtbeschäftigung günstig verlief – und umgekehrt (vgl. Bade 1987; Bade 1990; Bade/ Middelmann/Schüler 1990; Reissert/Schmid/Jahn 1989).

Ausgleich durch konsumorientierte Dienste

Der Regionaltyp dominiert *alle* wirtschaftlichen Aktivitäten einer Region. Innerhalb der Dienstleistungen ist diese Parallelität allerdings weniger ausgeprägt. Das weist auf unterschiedliche raumprägende Wirkungen von produktionsorientierten und von konsumorientierten Dienstleistungen hin. Während die produktionsorientierten Dienstleistungen die Hierarchisierung des Stadtsystems überhöhen, wird diese durch die konsumorientierten Dienstleistungen gemildert. Die regionalen Unterschiede sind bei den verbrauchsorientierten Dienstleistungen sehr viel schwächer ausgeprägt. Durchgängig sind die Stadtkerne die Verlierer. Aber bei den konsumorientierten Dienstleistungen beträgt der Abstand »zwischen den Gewinnern (periphere Gebiete, Umland) und den Verlierern (Kerne)... lediglich 16 Prozentpunkte, bei den unternehmensbezogenen Dienstleistungen beträgt er mit 29 Prozentpunkten fast das Doppelte«. (Bade/Middelmann/Schüler 1989, 68)

Das gilt insbesondere für die stark expandierenden, öffentlich organisierten Bereiche Gesundheit und Erziehung (Bade 1990, 42 f.). Vom gesamten Beschäftigungszuwachs in den konsumorientierten Dienstleistungen zwischen 1976 und 1986 in Höhe von 570000 Beschäftigten entfielen allein 550000 auf Gesundheit und Erziehung. Und was noch bedeutsamer ist: Gesundheit und Erziehung haben mit 46 % in diesem Zeitraum eine höhere Zuwachsrate als die höherwertigen produktionsorientierten Dienstleistungen (Bade/Middelmann/Schüler 1989, 82).

Reissert/Schmid/Jahn (1989, 41 ff.) unterscheiden die Dienstleistungen für den privaten Konsum (Endnachfrage) zusätzlich in »konsumbezogene« und »soziale«, was einer groben Klassifizierung nach der Art des Angebots entspricht. In ihrer Terminologie sind »konsumbezogene« Dienstleistungen danach solche, die überwiegend von privaten Anbietern für die private Nachfrage angeboten werden (Gaststätten und Beherbergung, Unterhaltung, Medien und Kunst, Körperpflege u. ä.), während »soziale« überwiegend von öffentlichen oder gemeinnützigen Trägern für eine Klientel angeboten werden, deren »Kaufkraft« nicht ausschließlich vom privaten Einkommen abhängt, sondern durch vielfältige Transfers bestimmt ist.

Sie kommen, was die produktionsnahen Dienste angeht, zu demselben Ergebnis wie Bade u. a.: die Anteile und die Dynamik dieser Dienste vor allem erklären die regionalen Variationen der ökonomischen Entwicklung von Ballungsgebieten. Die sozialen Dienste entwickeln sich nach ihrer Analyse zwar ebenfalls nicht völlig gleich, aber erstens sind die Unterschiede geringer, und zweitens können sie nicht in Zusammenhang mit der gesamtökonomischen Entwicklung einer Region gebracht werden. Die privatwirtschaftlich angebotenen und privat konsumierten Dienste dagegen weisen in ihrer Entwicklung ähnliche regionale Unterschiede auf wie die produktionsorientierten Dienste, d. h. daß sie dort am stärksten wachsen, wo jene ebenfalls am stärksten wachsen. Reissert/Schmid/Jahn (1989) weisen deshalb nachdrücklich auf die Stabilisierungsfunktion der öffentlich angebotenen Dienstleistungen hin. »Die öffentlichen Dienstleistungen haben dank ihres relativ gleichmäßigen regionalen Wachstums kaum zu den regionalen Disparitäten in der Entwicklung des Gesamtsektors beigetragen.« (S. 58) Die sozialen, öffentlich organisierten Dienste gewährleisten einen stabilen Sockel von Beschäftigung in allen Regionen. Hätte die Ausdehnung der staatlichen Dienstleistungen nicht in so bedeutendem Maße zur Beschäftigungsentwicklung beigetragen (dieser Teilbereich weist insgesamt das höchste relative und absolute Wachstum auf), dann wären die regionalen Differenzen heute also erheblich größer, als sie es ohnehin schon sind.

Polarisierung

Die Rede von den Chancen der Tertiarisierung – so scheint es – ist zumindest für die Kernstädte wenig begründet. Die Zentren sind durchweg die Verlierer, insbesondere die Kerne der alten Industrieregionen. Sie sind für den Großteil der Verluste aller Agglomerationskerne verantwortlich. Gewinner sind zunächst das Umland der großen Städte, aber auch die Regionen außerhalb der Agglomerationen. Der Prozeß der »Verstädterung ohne Stadt«, wie ihn Niethammer (1979) für das Ruhrgebiet des 19. Jahrhunderts beschrieben hat, also die Ausbreitung urbanisierter Siedlungsstrukturen ohne den räumlichen und sozialen Gegensatz von Stadt und Land und ohne das gewohnte steile Gefälle zwischen der urbanen Zitadelle und seinen Randzonen schreitet überall voran, im »Süden« aufgrund der größeren Wachstumsdynamik sogar schneller als im »Norden«. Die vorindustriell entstandenen Städte schrumpfen zu Überbleibseln einer vergangenen Ära im aufquellenden Siedlungsbrei der Agglomerationen. In einer Mischung aus politischen bzw. ökonomischen Überlebensinteressen und kulturellem Traditionsbewußtsein kämpfen die Kernstädte dagegen an. Und auch sie können sich bei diesem Abwehrkampf auf Tendenzen der Dienstleistungsentwicklung stützen. Dies sind einmal solche der Ausdifferenzierung innerhalb der produktionsorientierten Dienstleistungen und der Konsumdienste, zum anderen sich ändernde urbane Lebensweisen, deren Träger wiederum vor allem bei den Dienstleistungsbeschäftigten zu finden sind.

Brake hat auf der Basis von Fallstudien über New York (Brake 1993) und über Frankfurt am Main (Brake 1991) auf eine extreme Konzentration »strategischer«, »weltmarktorientierter« Beratungsdienste auf kleine Abschnitte der Innenstadt hingewiesen. Der generelle Trend einer Suburbanisierung der produktionsorientierten Dienstleistungen überdecke danach eine Ausdifferenzierung innerhalb der produktionsorientierten Dienstleistungen, in deren Verlauf sich kleinere Segmente hochspezialisierter Beratungsdienste absondern, die auf ein bestimmtes »urbanes Milieu« angewiesen sind. Brake beschreibt eine Art Biotop, in dem die Notwendigkeit enger beruflicher Kontakte zwischen weltweit operierenden Spezialfirmen für »Finanz-/Rechts-/Unternehmens-/Werbe- und Marktberatung« (Brake 1991, 96) und die hochsensiblen Reproduktionsinteressen ihrer Beschäftigten mit funktionaler Notwendigkeit ein dichtes und räumlich fixiertes Geflecht bilden. Diese Entwicklung sei die Spitze einer Ausdifferenzierung der Großstadtstruktur in einzelne funktionale Räume: neben der »Global City« die »EG-City« und die klassische Versorgungsfunktion zentraler Orte.

Diese Tendenz zu einer inselhaften »Global City« innerhalb der Stadt dürfte nur an sehr wenigen Standorten auf der Welt in nennenswertem Ausmaß beobachtbar sein. Sie trifft auch nur auf einen sehr kleinen Ausschnitt der höherwertigen produktionsorientierten Dienstleistungen zu. So hat Lange (1989) am Beispiel Düsseldorf für die Rechtsanwälte die gegenteilige Tendenz beobachtet: Bis 1932 waren sie hochkonzentriert an einem traditionellen innerstädtischen Standort. Diese Konzentration war nicht funktional – etwa durch die Nähe zu Gerichten –, sondern allein durch Tradition begründet. 1981 hat sich diese Konzentration dagegen weitgehend aufgelöst. Die Standorte der Rechtsanwälte und Notare sind nun beinahe gleichmäßig über das Stadtgebiet verteilt.

Aber die von Brake in den Mittelpunkt gestellte funktionale Ausdifferenzierung der Stadtstruktur entsprechend den Standorterfordernissen von weltweit, EG-weit und regional operierenden Dienstleistungsfunktionen benennt nur die direkten räumlichen Konsequenzen sich ausdifferenzierender Dienstleistungen. Prägender sind anscheinend indirekte Wirkungen über den Wandel der Sozialstruktur der Städte. Seit Mitte der 70er Jahre läßt sich eine Reurbanisierung der Kernstädte in der Bundesrepublik Deutschland beobachten. Sie erfaßt die Kernstadt nicht als Ganze, sondern hochselektiv, und sie wird getragen von einer wachsenden Gruppe »neuer Urbaniten«: jüngere, einkommensstarke, qualifierte, unverheiratete, vor allem aber kinderlose Berufstätige, Frauen wie Männer, drängen in bestimmte innerstädtische Gebiete, verdrängen die dort ansässige Bevölkerung und passen die Bausubstanz, das private Dienstleistungsangebot (»Boutiquisierung«) und die öffentliche Infrastruktur (Verkehrsberuhigung) allmählich ihren Lebensstilen an. Es handelt sich hierbei um »neue Haushaltstypen«: Singles, unverheiratet Zusammenlebende, kinderlose Paare und Studenten in Wohngemeinschaften. Dieser Typ des Innenstadtbewohners ist an sich aber nicht neu – neu ist, daß er heute sehr viel zahlreicher auftritt als noch in den 60er Jahren. In Städten wie Hamburg, Düsseldorf, Frankfurt, Stuttgart, München und Berlin sind – statistisch gesehen – mehr als die Hälfte aller Haushalte Einpersonen-Haushalte. Die Ein- und Zweipersonen-Haushalte, also die nichtfamilialen Haushalte, stellen über drei Viertel aller Haushalte in den Städten.

Diese »Reurbanisierung« ist vorwiegend mit der Zunahme qualifizierter Dienstleistungsarbeitsplätze, steigenden Einkommen, Ausweitung des Bildungssystems und insbesondere mit der Integration der Frauen ins Berufsleben zu erklären (Häußermann/Siebel 1987). Im Zuge dieser Veredelung (»Gentrifizierung«) bilden sich Inseln eines luxuriösen Stadtlebens neben heruntergekommenen Vierteln, an denen die Aufwertungsinvestionen (noch) vorbeifließen und in denen die einkommensschwächeren Zuwanderer wie die aus den »besseren« Gebieten Verdrängten Unterkunft finden müssen.

Nicht alle Städter folgen neuen Lebensstilen, und wer in neuen Haushaltstypen lebt, tut das nicht unbedingt sein Leben lang. Der in den 50er und 60er Jahren dominierende Haushaltstyp der Zwei-Generationen-Kleinfamilie wird vor allem in bestimmten Lebensphasen (zwischen 30 und 45 Jahren) weiterhin dominieren. Neben der kleinräumigen Differenzierung nach Lebensstilen und nach funktionalen Standorterfordernissen polarisiert sich damit die Stadt großräumig. Im Umland wohnen die traditionellen Familienhaushalte mit Kindern; sie wohnen im Eigenheim mit Garten und versorgen sich mit Dienstleistungen mittels Eigenarbeit und einem umfangreichen Arsenal von Haushaltsmaschinen: eine Kombination also aus Howards Gartenstadt und Selbstbedienungsgesellschaft à la Gershuny. In den Innenstädten dagegen finden sich Inseln des Wohlstands, in denen Frauen wie Männer ihr gestreßtes, berufszentriertes Leben organisieren und sich dabei für ihre alltägliche Versorgung mit Gütern und Dienstleistungen gänzlich auf den Markt und die öffentliche Infrastruktur verlassen: die Stadt als

eine allzeit funktionierende Maschine zur Versorgung mit lebens-
stilgerechten Gütern und Genüssen.

Wie weit die Segregation in den Innenstädten getrieben wird,
ob bis zur konflikthaften Polarisierung der Stadt oder zu einem
Nebeneinander sich gegenseitig mit nachsichtigem Desinteresse
tolerierender Lebenswelten, das wird entscheidend davon abhängen, ob die BRD auf dem bundesdeutschen Pfad bleibt oder dem
US-amerikanischen bzw. dem schwedischen folgt. Zwar können
auch Lebensstildifferenzen tiefe Gräben ziehen: »Tatsächlich steht
einem nichts ferner und ist nichts weniger tolerierbar als Menschen, die sozial fernstehen, mit denen man aber in räumlichen
Kontakt kommt« (Bourdieu 1991, 32). Doch betrifft das eher
Differenzierungen innerhalb einer breiten, wohlsituierten Mittel-
schicht. Die klassischen schichtungsbestimmenden Merkmale (Einkommen, Beruf, Bildung) behalten bei aller Individualisierung und
Kulturalisierung ihre prägende Kraft für die Sozialstruktur der
Gesellschaft und damit auch für die soziale Struktur der Stadt –
auch wenn es deutliche Ausdifferenzierungen von Milieus gibt, die
eng mit symbolischer Prägung bestimmter Stadträume verbunden
sind. Das klare und weitgehend einheitliche Bild, das die Marxsche
Dichotomie von Kapital und Arbeit oder das Dreistufenmodell
von Unter-, Mittel- und Oberschicht gezeichnet hatten, ergibt sich
jedoch nicht mehr.

Bei grober Stilisierung führt der schwedische Weg in eine homo-
gene Mittelschichtstadt, der US-amerikanische in die bipolare
»Divided« oder »Dual City« mit ihrem harten Nebeneinander von
Unten und Oben.[1] Der Weg, den die Bundesrepublik Deutschland
bisher gegangen ist, weist dagegen in Richtung auf eine dreigeteilte
Stadt: Die Stadt der international wettbewerbsfähigen Unternehmen und ihrer hochqualifizierten Beschäftigten, die Stadt der
oberzentralen Funktionen und der integrierten deutschen Mittel-
schicht und schließlich die Stadt der aus dem Arbeitsmarkt und
damit zunehmend auch aus anderen sozialen Zusammenhängen
Ausgegrenzten, der Arbeitslosen, der Armen, der Asylbewerber

---

1 Welche Konsequenzen diese Entwicklung für die soziale Situation in den amerikanischen Großstädten hat, zeigen die Beispiele New York (Mollenkopf/Castells
  1991; Häußermann/Siebel 1993) und London (Fainstein/Gordon/Harloe 1992);
  Nelson/Lorence (1985) haben in einer empirischen Untersuchung gezeigt, daß die
  Einkommensungleichheit in den amerikanischen Städten mit dem Grad der Tertiarisierung zunimmt.

und in Zukunft vermehrt der sich illegal in der Bundesrepublik aufhaltenden Ausländer. Es gibt viele Barrieren, Netze und Filter, die dieses Bild noch nicht haben Wirklichkeit werden lassen: das System des föderalen Finanzausgleichs, die sozialstaatlichen Sicherungen, die informellen Unterstützungssysteme der Verwandtschaft und Nachbarschaft, der öffentlich geförderte Wohnungsbau, die Mechanismen des Wohnungsmarktes etc. Aber die dreigeteilte Stadt zeichnet sich doch ab, z. B. im Gefälle der Rheinschiene von Bonn bis Düsseldorf zur Hellwegzone von Duisburg über Essen/Bochum bis Dortmund und schließlich zum Hinterhof des Ruhrgebiets, der Emscher-Region vom Norden Duisburgs über Gelsenkirchen und Wanne-Eickel bis zur Dortmunder Nordstadt – angesichts radikaler Deindustrialisierung und lediglich inselhafter Regeneration werden sich solche Muster in den ostdeutschen Regionen möglicherweise noch schärfer ausprägen.

Je tiefer diese sozialen Klüfte werden und je länger sie wirksam sein können, desto stärker werden sie auch die räumliche Struktur der deutschen Städte prägen. Hat sich aber ein Nebeneinander von Inseln der Armut und des Wohllebens herausgebildet, so kann dieses selbst wiederum eine fatale Dynamik der Ausgrenzung und des Selbstschutzes auslösen, die die Klüfte weiter vertieft. Die sicherheitstechnisch hochgerüsteten Quartiere in Manhattan sind eine moderne Form der Zitadelle, in die sich der weiße Wohlstand und die globalen Entscheidungszentren zurückgezogen haben vor der unbeherrschbaren Bedrohung aus der Bronx und Brooklyn (vgl. Häußermann/Siebel 1993).

3. Die Raumwirksamkeit konsumorientierter Dienstleistungen

Disurbanisierung, Suburbanisierung und Hierarchisierung sind in erster Linie mit den produktionsorientierten Dienstleistungen verknüpft. Deren Standortstruktur prägt und überhöht diese Prozesse, in deren Verlauf sich das klassische Stadt-Land-Gefälle von Zentrum – Umland – Peripherie abschwächt und durch neue Ungleichgewichte, diesmal zwischen den urbanisierten Regionen in Gestalt des Süd-Nord-Gefälles, überlagert wird. Die Veränderungen innerhalb der urbanisierten Regionen und insbesondere in ihren Kernen (Polarisierung) sind dagegen eher indirekt mit Dienstleistungsentwicklungen in Verbindung zu bringen. Neben den direkten Wirkungen der funktionalen Standorterfordernisse bestimmter hochspezialisierter Dienstleistungen sind es vor allem die sozialstrukturellen Auswirkungen und die Veränderungen in den Lebensstilen, die wiederum mit dem Wandel der Berufsstrukturen verknüpft sind, welche die Zukunft der Städte prägen.

Zum Wandel der Berufsstrukturen tragen die konsumorientierten Dienstleistungen erheblich bei. Die Ausweitung des Gesundheits- und insbesondere des Bildungswesens hat vor allem die höher qualifizierten Berufe anwachsen lassen. Wir haben oben erwähnt, daß Gesundheit und Bildung einen höheren Beschäftigungszuwachs als die höherwertigen produktionsorientierten Dienstleistungen hatten. Die indirekten Auswirkungen dieser Dienstleistungen auf die Stadtstruktur durch »Gentrifizierung« und den Wandel der städtischen Lebensstile dürften also beträchtlich sein. Im übrigen aber – so wurde argumentiert und empirisch belegt – haben die konsumorientierten Dienstleistungen die beschriebenen Prozesse im Unterschied zu den produktionsorientierten Dienstleistungen eher gemildert. Wir wollen in diesem Abschnitt diskutieren, ob dies auch in Zukunft so bleiben muß.

Die regionalen Entwicklungsunterschiede sind vor allem durch die unterschiedliche Entwicklung von produktionsnahen bzw. produktionsorientierten Dienstleistungen zu erklären. Am stärksten variieren mit ihnen die privatwirtschaftlich organisierten konsumbezogenen Dienste, während die geringsten regionalen Differenzen die Entwicklung von öffentlichen Dienstleistungen aufweist: Gesundheitswesen, Bildung und Erziehung, soziale Dienste, öffentliche Verwaltung. Der Trend zur Ökonomisierung und zur Privatisierung der öffentlichen Dienste ist angesichts der Krise öffentlicher Haushalte stark geworden. Hätte dies raumstrukturelle Wirkungen?

Nimmt man das Uno-actu-Prinzip als charakteristisches Merkmal von konsumorientierten Dienstleistungen, dann müßte sich – wenn der Anspruch einer sozial nicht diskrimierenden Angebotsstruktur aufrechterhalten wird – trotz marktfähiger Organisation eine der Nachfrage (also der Bevölkerungsverteilung) entsprechende räumliche Verteilung der damit entstehenden Arbeitsplätze ergeben. Die Bevorzugung der Marktform im Gegensatz zum öffentlichen Angebot wird aber gerade mit der günstigeren Kostenstruktur begründet, d. h. beim Übergang von der öffentlichen auf die private Organisationsform müssen Rationalisierungs- bzw. Produktivitätsgewinne mitgedacht sein, wenn das Argument überhaupt einen Sinn haben soll. Fragen wir also nach den Möglichkeiten, konsumorientierte Dienstleistungen zu rationalisieren, unabhängig davon, ob sie gegenwärtig öffentlich oder privat organisiert sind.

Weil die geringe Produktivität der Dienstleistungsarbeit in der Notwendigkeit der räumlichen und zeitlichen Präsenz von Produzent und Konsument begründet liegt, setzen Rationalisierungsstrategien an diesem Punkt an. Denn die Aufhebung der Notwendigkeit dieser räumlichen und zeitlichen Gleichzeitigkeit von Produktion und Konsumtion ist die zentrale Voraussetzung für Produktivitätssteigerungen. Wenn dies gelingt, ergeben sich Konsequenzen, die den traditionellen Status der Dienstleistungen in der regionalökonomischen Theorie und in der Regionalplanung als »Wohnfolgeeinrichtungen« erschüttern.

Rationalisierungsstrategien im Dienstleistungsbereich (vgl. Berger/Offe 1984, 252 ff.) unterscheiden sich nicht grundsätzlich von denen, die aus der Produktion bekannt sind, denn die ökonomische Logik ist die gleiche: es geht um die Senkung der Arbeitskosten und um die Realisierung von Skaleneffekten.

Die Arbeitskosten können gesenkt werden durch Externalisierung, durch Intensivierung der Arbeit und durch Mechanisierung. Mechanisierung ist die Methode, die im Zentrum der Substitutionstheorie steht: durch die Einführung von Geräten wird der Wirkungsgrad von Dienstleistungsarbeit gesteigert oder wird sie ganz ersetzt. Gershuny hat diesen Prozeß der »Verstofflichung« als erster ausführlich beschrieben (vgl. Kapitel 2).

Die Intensivierung der Arbeit setzt organisatorische Veränderungen voraus, die entweder beim Anbieter oder beim Konsumenten ansetzen können: Zentralisierung verändert die räumliche Struktur des Angebots mit der Absicht bzw. Wirkung, daß Leerzeiten seltener und Spezialisierung möglich wird. Die »Schwankungen der Nachfrage (sollen) auf kalkulierbare Mittelwerte« eingeebnet werden (Berger/Offe 1984, 253). Wenn das Konsumentenverhalten zeitlich gesteuert werden kann, was z. B. durch eine Variation der Benutzungskosten angestrebt wird (wie bei Tennishallen, beim ÖPNV), würde eine Verstetigung der Nachfrage die Leerzeiten verringern und eine Intensivierung der Arbeit möglich machen. Zentralisierung und Verstetigung schaffen dann außerdem Voraussetzungen für die Standardisierung der Dienstleistungen, stellen also Strategien dar, mit denen die sozialen Voraussetzungen für eine Mechanisierung geschaffen werden.

Eine dritte Rationalisierungstechnik ist die Externalisierung von Dienstleistungen. Unproduktive und kostenintensive Tätigkeiten werden schlicht aus dem Leistungsprogramm ausgegliedert und an andere Organisationen abgegeben. Dies können spezialisierte Dienstleistungsunternehmen sein, die dann ihrerseits die genannten Strategien der Intensivierung und Mechanisierung wirkungsvoller einsetzen können, oder die Konsumenten selbst. Ein großer Teil der angeblich wachsenden »Eigenarbeit« ist auf solche Externalisierungen im Bereich der Warenproduktion (z. B. IKEA-Modell; vgl. Jessen et al. 1988), im Handel (Selbstbedienung), aber auch im personenorientierten Dienstleistungsbereich zurückzuführen: die »Selbsthilfe« bei Kindereinrichtungen (Kinderläden) oder bei der Altersversorgung (Finanzierung der »Eigenarbeit« durch die Pflegeversicherung) ist, sofern sie zunimmt, ein Beispiel für Externalisierungsstrategien des Sozialsystems.

Rationalisierungsstrategien zeichnen sich also bei den konsumorientierten Dienstleistungen (und nur von diesen ist hier die Rede!) insgesamt durch das Bemühen aus, Produktion und Konsum zeitlich und räumlich zu entkoppeln. Dies erst schafft den Raum für zeitökonomische Reorganisation und den Einsatz von technischen Hilfsmitteln, deren Perfektion es schließlich erlaubt, die dienstleistenden Arbeitskräfte gänzlich auszuschalten und die Produktion den Konsumenten zuzuschieben. Am Ende interagieren nur noch Maschinen und Konsumenten (z. B. bei Geldautomaten der Banken oder bei der Einführung von Scannern in Kombination mit Kreditkarten beim Einzelhandel).

Die Strategien der Intensivierung durch Zentralisierung und Verstetigung, der Verstofflichung und Mechanisierung sowie der Externalisierung greifen ineinander und stützen sich gegeneinander. Ohne die Verstofflichung von Teilen der traditionellen Hausarbeit in industriell produzierten Waschmaschinen und Fertigmenüs gäbe es weniger Selbstbedienung in Schnellrestaurants und mehr Angestellte in Waschsalons. Ohne das Automobil und die allgemeine Verbreitung des Führerscheins gäbe es weniger Mobilität der Kunden und damit weniger Zentralisation und Konzentration im Bereich des Einzelhandels auf die Fußgängerzonen der Innenstädte und die Supermärkte am Stadtrand. Die gegenwärtig in Mode kommenden riesigen Indoor-Kaufzentren der Shopping-Malls sind ein weiterer Schritt in der Logik dieser Zentralisierung auf wenige Punkte innerhalb urbanisierter Regionen. Sie sind soweit erfolgreich, als die Einzugsbereiche durch die höhere Mobilität der Kunden ausgedehnt, die Auslastung durch Diversifizierung der Zielgruppen und Steuerung der Zeitbudgets der Nachfrager verstetigt und die kostenintensiven Bedienungsvorgänge durch Selbstbedienung externalisiert werden können. In dem Maße, in dem diese Strategien greifen, werden auch die konsumorientierten Dienstleistungsangebote zur Hierarchisierung und Polarisierung von urbanisierten Räumen. Die Rationalisierung einer personenorientierten Dienstleistung, für die das Uno-actu-Prinzip eigentlich klassische Geltung beanspruchen müßte, kann am Beispiel von Kinder-Care, einer privatwirtschaftlichen Organisation der Kinderbetreuung in den USA, erläutert werden (vgl. Lewin 1989). Dabei wird auch deutlich, wie sehr organisatorische Rationalisierungen in personenbezogenen Dienstleistungen von korrespondierenden Änderungen in Werthaltungen und Lebensweisen der Kunden abhängen.

Das erste Kinder-Care Learning Center wurde 1969 gegründet. 20 Jahre später beschäftigte der Konzern 17000 Angestellte in 40 US-Staaten und machte jährlich einen Gewinn von 6,25 Mill. Dollar. Die Basis für den expandierenden Markt »Kinderbetreuung« ist der Wandel im Verhalten der Frauen in den USA: bis 1980 blieben die meisten Mütter zu Hause, bis die Kinder aus der Schule kamen. Wer erwerbstätig war, ließ seine Kinder von einer Verwandten oder Nachbarin beaufsichtigen. Dieses informelle Netz konnte die ansteigende Nachfrage nicht aufnehmen, zumal da es durch die zunehmende Erwerbstätigkeit selbst ausgedünnt wurde. Auch in den USA haben die meisten Leute den Gedanken eines profitorientierten »day-care«-Unternehmens zunächst abgelehnt. Dies kommt in dem Spitznamen »Kentucky-Fried Children« zum Ausdruck, mit dem die privatwirtschaftlich betriebenen Kindergärten belegt wurden. Doch der Erfolg war groß.

Die Daten des amerikanischen Statistischen Bundesamtes für 1984/85 zeigen, daß der Anteil erwerbstätiger Mütter mit Kindern unter 5 sich seit 1977 von 13 auf 25 % nahezu verdoppelt hat. Die Daten zeigen auch, daß Mütter mit höherem Schulabschluß ihre Kinder doppelt so oft in einen Kindergarten geben als Mütter ohne High-School-Abschluß. Weil amerikanische Mütter kein gesetzliches Recht auf längeren Mutterschaftsurlaub als bis 6 Wochen nach der Geburt haben, nimmt der Bedarf nach »day care« in dem Maße zu wie die Erwerbstätigkeit der Frauen. In manchen Einrichtungen stehen Frauen schon auf der Warteliste, die noch nicht einmal schwanger sind.

Professionalisierung und Standardisierung sind die Grundlagen des Erfolgs. Die meisten Einzeleinrichtungen haben eine Kapazität für 100 bis 150 Kinder. Curricula und Lernmaterialien, die Sicherheitsbestimmungen und die Ernährungspläne werden zentral vorgegeben und bereitgestellt. Jeden Monat bekommen die Angestellten ein Paket mit neuesten Lernmaterialien von der Unternehmenszentrale mit Vorschlägen für jede Altersgruppe. Die Erzieher können auf dieser Basis das Programm variieren, aber bestimmte Geschichten werden an einem Tag in allen Staaten allen Kindern erzählt, und sie benutzen dieselben Bastelmaterialien. Den Eltern wird der Plan täglich am Schwarzen Brett bekanntgemacht. Die Eltern von Babys können angeben, wann das Kind essen, schlafen oder spielen soll. Wann es das dann getan hat, erfahren die Eltern am Abend in einem täglichen Report – im übrigen sind die Mitbestimmungsmöglichkeiten der Eltern begrenzt. Kinder-Care-Zentren sind auf den spezifischen Bedarf von erwerbstätigen Müttern zugeschnitten. Sie sind von 1/2 7 am Morgen bis 1/2 7 am Abend geöffnet. Die meisten Kinder bleiben zwischen 10 und 11 1/2 Stunden pro Tag.

Die Kosten sind in den verschiedenen Staaten unterschiedlich, da die jeweiligen Vorschriften über die Relation von Kindern zu Erzieherinnen unterschiedlich sind. Kinder-Care richtet sich jeweils nach der Minimumgrenze. Die zu zahlenden Beiträge sind in jedem Fall höher, als für die Beaufsichtigung in einer Wohnung in der Nachbarschaft bezahlt werden muß, für einkommensschwache Familien daher auch nicht erschwinglich. Das Unternehmen gibt selbst an, daß es sich an dem breiten Markt der Mittelklassefamilien orientiere, die zwei Einkommen haben – von einem Jahreseinkommen von ca. 25 000 $ an aufwärts. Die Nachfrage sei enorm. Manche Firmen, die viele Frauen beschäftigen, schließen Verträge mit Kinder-Care ab und bezahlen einen Teil der Kosten.

Der Fall illustriert, daß der Kommerzialisierung konsumbezogener Dienstleistungen kaum Grenzen gesetzt sind, weder von der Seite des Angebots her noch von der Seite der Nachfrage. Das gilt selbst für einen emotional und programmatisch so hoch aufgeladenen Bereich wie den der Sozialisation von Kleinkindern. Bislang ist dies in der Bundesrepublik Deutschland noch die ausschließliche Domäne von karitativen Organisationen, Kommunen oder selbstorganisierten »Kinderläden«. Die Kommunen sind in Deutschland traditionell die Träger der meisten sozialen Dienste, soweit sie öffentlich organisiert sind. Baumol hat sein berühmtes Gesetz von der Kostenkrankheit gerade am Beispiel der städtischen Sozialdienste entwickelt. Sie ist deshalb für ihn – neben den Folgen des Größenwachstums der Städte – die zentrale Ursache der Finanzkrise der Kommunen. Je weiter die Krise der städtischen Finanzen voranschreitet, desto stärker – so ist zu vermuten – wird der Druck auf die Kommunen werden, sich der oben beschriebenen Strategien der Rationalisierung zu bedienen, wenn die Kosten nicht auf andere staatliche Ebenen – wie etwa bei der Übernahme der städtischen Theater im Fall Hannover durch das Land Niedersachsen – abgewälzt werden können. Dann wird experimentiert mit: Externalisierung durch Verlagerung von Kosten/Arbeiten auf die Klientel, Konzentration und Zentralisation der Dienstleistungsangebote durch Zusammenlegung von Dienststellen und Verkürzung der Öffnungszeiten, Verstetigung der Nachfrage über die Preisgestaltung (wie im Falle des Frankfurter ÖPNV praktiziert, was im Kern darauf hinausläuft, die Zeitstrukturen der Bewohner den Kapazitäten der öffentlichen Infrastruktur einzupassen); schließlich Privatisierung von Dienstleistungen und damit eine sehr viel radikalere Realisierung dieser Rationalisierungsstrategien, denn nur so lassen sich die erhofften Kostensenkungen durch Privatisierung verwirklichen. Soweit diese Entwicklung sich durchsetzt, werden diese Dienstleistungen auch eine selektive Standortstruktur entwickeln wie die übrigen privat organisierten Dienstleistungen.

Kapitel 7
Quo vadis, Bundesrepublik?

In den vorangegangenen Kapiteln sind unterschiedliche Pfade in die Dienstleistungsgesellschaft mit ihren sozialen und politischen Voraussetzungen und Konsequenzen skizziert worden. Dabei haben wir argumentiert, daß die von Baumol behauptete Unvermeidbarkeit der Stagnation umgangen bzw. überwunden werden kann, wenn die politisch-institutionellen Rahmenbedingungen andere sind, als Baumol sie vorausgesetzt hat. Die Beispiele USA und Schweden zeigen, daß die konsumorientierten Dienstleistungen sehr wohl expandieren können – vor allem durch die Integration der Frauen in den Arbeitsmarkt. Sind dies Alternativen, die wählbare Entwicklungspfade auch für Deutschland darstellen? Und sind dies wünschenswerte Pfade? Sind das US-amerikanische oder das schwedische Modell Vorbilder?

Diese Frage kann in drei Teilfragen für jedes der beiden Modelle aufgelöst werden: Ist es erfolgreich? Ist es übertragbar? Ist es wünschenswert? Der Erfolg eines Pfades soll danach beurteilt werden, ob er genügend Unterstützung im eigenen Land findet, d. h. ob er – trotz aller unvermeidlichen Konflikte – eine stabile Entwicklung ermöglicht. Um die Übertragbarkeit zu beurteilen, soll nach den politischen und kulturellen Voraussetzungen des jeweiligen Pfades gefragt werden, die seine Entstehung im eigenen Land erklären. Danach kann diskutiert werden, ob diese Voraussetzungen auch in der Bundesrepublik gegeben wären. Erst wenn diese beiden politisch-praktischen Fragen positiv beanwortet sind, kann die letzte der drei Fragen, die normative, aufgeworfen werden: ist eines der beiden Modelle wünschenswert, d. h. sollte, wenn überhaupt möglich, einer der Pfade für eine deutsche Dienstleistungsgesellschaft gewählt werden? Dies werden wir im anschließenden Kapitel diskutieren.

1. Zum amerikanischen Modell?

In Kapitel 5 ist das »amerikanische Beschäftigungswunder« skizziert worden, das vor allem durch eine Expansion in Konsum-

diensten bewirkt worden ist. Als Voraussetzung und Folge dieses
enormen Wachstums haben wir eine Spreizung der Einkommens-
strukturen identifiziert, mit der die »Kostenkrankheit« vermieden
werden kann. Zusätzliche Bedingung für diesen Entwicklungspfad
ist, daß es keine sozialstaatlichen Sicherungssysteme für Arbeitslose gibt, die eine Chance für menschenwürdiges Überleben ohne
Erwerbseinkommen bieten, sowie eine äußerst schwache Regulation der Lohnarbeitsbedingungen. Der stumme Zwang zur Erwerbsarbeit in jeder Form sowie das wachsende Angebot an billigen Arbeitskräften durch (legale und illegale) Einwanderer bilden
den politisch-kulturellen Hintergrund für das Beschäftigungswunder.[1]

Negative Folgen dieser Entwicklung sind zunehmende Armut
und eine wachsende soziale Polarisierung, die sich insbesondere in
den großen Städten in einer beständigen Bedrohung des zivilen
Alltags zeigt. Die Herausbildung einer neuen »urban underclass«
findet inzwischen verstärkte Aufmerksamkeit (vgl. die Beiträge in:
Mingione 1993). Sie setzt sich vor allem aus ethnischen Minderheiten zusammen, denen der Zugang zu stabilen Arbeitsverhältnissen
mit einem Verdienst, der eine »normale« Lebensführung ermöglicht, zum großen Teil versperrt ist.

Die stärkere soziale Polarisierung ist ein Ergebnis der Deregulie-
rungs- und Steuerpolitik während der Präsidentschaften von
Reagan (vgl. Windhoff-Héritier 1988) und Bush. Die Abwahl von
Bush im Jahre 1992 war vor allem auf innenpolitische Probleme
zurückzuführen. Clinton konnte die Wahl auch deshalb gewinnen,
weil er versprach, einige sozialstaatliche Elemente einzuführen
und Arbeitsmarktpolitik zugunsten der benachteiligten Minderheiten zu betreiben – also gerade jene negativen Konsequenzen der
»Reaganomics« zu korrigieren, die unvermeidlich mit der beschäf-
tigungswirksamen Polarisierung verbunden waren. Der amerikanische Weg in die Dienstleistungsgesellschaft wurde also in den
USA selber politisch in Frage gestellt. Aber je größer die Arbeits-
marktkrise in Deutschland wird, desto heftiger plädieren manche
Ökonomen und Wirtschaftspolitiker dafür, das amerikanische Beschäftigungswunder zu kopieren.

Seit Beginn der 80er Jahre gibt es unter Arbeitsmarktexperten

---

1 Anders als in Deutschland können in den USA illegale Einwanderer formell legale
Beschäftigungen aufnehmen (vgl. Faist 1995).

eine Diskussion darüber, ob man vom »amerikanischen Beschäftigungswunder« lernen könne, ob also von dort Rezepte für eine Beschäftigungspolitik in Deutschland kopiert werden könnten. Im Mittelpunkt standen dabei die Konsumdienste. H.-J. Krupp (1987) hat den Rückstand der Bundesrepublik bei den »Humandiensten« (Bildung, Gesundheit, soziale Dienste) als ein Beschäftigungspotential bezeichnet, das ausgeschöpft werden könne und solle. »Eine reichere Gesellschaft kann auch einen humaneren Umgang mit den weniger vom Schicksal begünstigten und den alten Menschen erlauben. Die demographische Entwicklung wird mit der deutlichen Zunahme des Anteils alter Menschen die Situation eher verschärfen. Es gibt noch genügend Bereiche, in denen soziale Dienstleistungen entwickelt werden können.« Allerdings sei »keineswegs klar, wie dieses [Beschäftigungspotential] erschlossen werden kann«. (S. 73) Er plädiert zwar für die Ausweitung des öffentlichen Dienstes, aber »entscheidend wäre eine Diskussion der Frage, inwieweit solche neuen Dienste als marktbestimmte Dienste vorstellbar wären«. Die geringe Bereitschaft, »über die Arbeitsteilung zwischen öffentlichem und privatem Angebot neu nachzudenken«, führe »letztlich dazu, daß neue Dienste nicht in ausreichendem Maße entstehen, obwohl hierfür erheblicher Bedarf vorhanden ist«. (S. 75) Seine Überlegungen enden mit der Frage, wie das Angebot an Humandiensten ausgeweitet werden könne, ohne den Staatsanteil auszuweiten. Andere Ökonomen gaben darauf schon früher eine Antwort: »Jobless growth braucht nicht das Schicksal der reichen Industrienationen zu sein. Es geht auch anders, wie das amerikanische Beispiel beweist.« (Gundlach/Schmidt 1985, 4) Und die Remedur lautet: »Unzureichende Lohndifferenzen sind wohl der wichtigste Grund dafür, daß im Bereich einfacher Dienstleistungen Arbeitsplätze fehlen.« (S. 32)

Auch Horst Albach hat in einem Gutachten für das Bundeskanzleramt eine Strategie zur Reduktion der Arbeitslosigkeit vorgeschlagen, die vor allem auf der Expansion von konsumorientierten Dienstleistungen beruht. Seine Argumentation soll hier etwas ausführlicher vorgestellt werden, weil sie ein exemplarisches Plädoyer dafür darstellt, dem amerikanischen Weg zu folgen. Nach Albachs Diagnose böten die persönlichen Dienstleistungen Beschäftigungsreserven »in Millionenhöhe« (Albach 1989, 115), wenn von der Politik dafür die Rahmenbedingungen geschaffen würden. Dreh- und Angelpunkt sind für ihn die Lohnnebenkosten, die den

Kauf von Dienstleistungen für private Haushalte zu teuer machen und damit die Ausweitung von Beschäftigung bremsen. »Vereinfacht ausgedrückt kann die private Dienstleistungsnachfrage als ein Tauschprozeß charakterisiert werden, bei dem das Nettoentgelt einer Arbeitsstunde des Nachfragers gegen die Arbeitszeit des Anbieters eingetauscht wird. Ob dieser Kontrakt zustande kommt, hängt neben Unterschieden im Stundenverdienst zwischen Anbieter und Nachfrager und etwaigen sich aus der Spezialisierung ergebenden Produktivitätsdifferenzen zwischen Eigenleistung und Fremdbezug von der Höhe der Steuern und Sozialabgaben ab, die bei diesem Tauschprozeß anfallen« (S. 161). Im Jahre 1982 habe ein Arbeitgeber zu den »realen« Kosten von 100 DM für eine Arbeitsstunde Zusatzkosten in Höhe von 173,18 DM bezahlen müssen. »Unter der Annahme gleicher Stundensätze hätte 1982 ein Arbeitnehmer 2,73 Stunden arbeiten müssen, um eine Stunde Dienstleistungstätigkeiten einzutauschen. Für die im Dienstbereich Tätigen hätte dies (unter Vernachlässigung von Material- und Bürogemeinkosten) einem Lohn- und Gehaltsäquivalent von 22 Minuten entsprochen. (...) Am ausgeprägtesten ist der Zusammenhang zwischen der Höhe der Personalzusatzkosten und der Arbeitsplatzentwicklung bei Tätigkeiten, die kein spezielles Qualifikationsniveau voraussetzen und in Substitutionskonkurrenz zur Eigenleistung, Nachbarschaftshilfe und zur Schwarzarbeit stehen.« (S. 108 ff.)

Für die Haushaltsproduktion bzw. Eigenarbeit werden in verschiedenen Untersuchungen Werte zwischen 25 und 50 % des Bruttosozialprodukts angegeben (S. 118). Zur Abgrenzung dieses Leistungsbereichs wird das »Dritt-Personen-Kriterium« verwendet, wonach unbezahlte Tätigkeit von Haushaltsmitgliedern im eigenen Haushalt diejenige ist, die durch Leistungen des Marktes ersetzt werden könnte. »Würde es gelingen, auch nur 10 % dieser unbezahlten Haushaltsproduktion auf den Markt zu verlagern und damit die Haushaltsmitglieder von Putztätigkeiten, der Wäschereinigung, der Kochtätigkeit bzw. der Kinderbetreuung teilweise zu entlasten, könnten 1,0 bis 1,5 Mio. Vollzeitarbeitsplätze geschaffen werden.« (S. 119) Außerdem werden die Beschäftigungspotentiale für Pflegeleistungen ausgelotet. In Gegenrechnung zum Pflegesatz, der von den Krankenkassen auch an Privatleute ohne Nachweis bezahlt wird, errechnet Albach ein Volumen von 6,4 Mrd. DM, die etwa 160000 Vollarbeitsplätzen für Pflegepersonal bei einer Formalisierung dieser familiären Arbeit entsprächen (S. 123).

Um diese Potentiale zu erschließen, plädiert Albach anhand von US-amerikanischen Beispielen für umfassende Deregulierung und eine stärkere Lohnspreizung. Einfache Dienstleistungstätigkeiten seien in den USA im Vergleich zu Tätigkeiten, die höhere Qualifikationen verlangen, preiswerter geworden. Die Stundenlöhne für an- und ungelernte Arbeitskräfte haben sich demnach zwischen 1981 und 1987 lediglich um 22,6 % erhöht im Vergleich zu 39,1 % bei Technikern, Ärzten und Ingenieuren bzw. 36,4 % bei gehobenen Managementpositionen (S. 106). Obwohl in den USA 1985 nur 12,0 % der Lohn- und Gehaltssumme auf die Erwerbstätigen im Einzelhandel (inkl. Gaststättengewerbe) entfielen, waren 21,5 % der Erwerbstätigen in diesem Bereich tätig. Weil in den USA durch Steuersenkungen die private Kaufkraft erhöht worden und außerdem die Sparquote der privaten Haushalte deutlich niedriger als in der Bundesrepublik sei, sei der Anreiz zur Substitution von Dienstleistungen durch Eigenleistung geringer. Hinzugefügt werden muß, daß durch das niedrige Niveau von sozialstaatlichen Leistungen auch ein größerer Zwang zur Erwerbstätigkeit selbst bei geringen Einkommen besteht.

Insgesamt lautet also das Rezept: stärkere Differenzierung der Einkommen plus Abbau von Lohnnebenkosten (und damit implizit Abbau des Sozialstaats) führen zum Transfer von Teilen der Haushaltsproduktion in die formelle Ökonomie und damit zum Abbau von Arbeitslosigkeit. Das sind »Zukunftsentwicklungen, die der Gesetzgeber bremsen oder fördern kann je nachdem, welches Regelungskonzept er entwickelt«. (S. 19) Nach Albach könnten sich zahllose »haushaltsbezogene Kleinunternehmer« (S. 124) bilden, wenn es ihnen nur möglich gemacht werde, ihre Dienste billig genug anzubieten. Er favorisiert also die marktwirtschaftliche Organisation sozialer Dienste.

Ähnlich argumentiert Rürup bei seinen Betrachtungen zu »wirtschaftlichen und gesellschaftlichen Perspektiven der Bundesrepublik Deutschland«, ebenfalls ein Gutachten für das Bundeskanzleramt. Nichts in der Entwicklung der Beschäftigung deute darauf hin, daß es einen autonomen Trend zur Ausdehnung tertiärer Beschäftigung gebe. Die Analyse der Tertiarisierungstendenzen zeige, »daß ohne gezielte politische Eingriffe von einem beschäftigungspolitischen Selbstläufer ›Tertiarisierung‹ nicht viel erwartet werden darf«. (Rürup 1989, 15) Einen wachsenden Bedarf gebe es aber, weil durch den Wandel der Altersstruktur bei gleichzeitig rückläufigem Hilfepotential der traditionellen primären Netzwerke (Verwandtschaft) eine Dienstleistungslücke entstehe.

Die »Heilung von sozialen Schäden« sei in der Sozialpolitik bisher hauptsächlich über Geldzahlungen erfolgt. Zusätzlich zu den traditionellen Aufgaben der Sozialpolitik entwickle sich aber eine »neue Aufgabenstruktur, deren Bewältigung weniger monetäre Transfers als vielmehr – wenn nicht ausschließlich – persönliche soziale Dienstleistungen erfordert«. (S. 124f.) Dazu gehören Drogenprobleme ebenso wie Einkaufs-, Reinigungs- und Betreuungsleistungen für Alte und Pflegebedürftige, die Bewältigung von Diskriminierungen und die Integrationsprobleme von Minderheiten. Eine Umkehrung des Professionalisierungstrends »in Richtung ›Verhäuslichung‹ [sei] nach Lage der Dinge ausgeschlossen«. Zusätzlich zu den Wohlfahrtseinrichtungen solle man daher »nach einer stärker ökonomisch konditionierten – i. S. von privatwirtschaftlich organisierten – Auffüllung unserer sozialen Dienstleistungsdefizite suchen, konkret in der Schaffung von ›neuen‹ Märkten für diese defizitären Leistungen«. (S. 125) Im Unterschied zu Albach plädiert Rürup nicht für die Reduzierung der Lohnnebenkosten und eine Verbilligung des Arbeitsangebots, sondern für eine Stärkung der Kaufkraft der potentiellen Kunden »durch monetäre Transfers«. Ob diese durch Sozialgesetzgebung oder private Versicherungen erfolgen sollen, bleibt dabei offen.

Die Ausweitung der Beschäftigung in sozialen Dienstleistungen wird von Rürup eher aufgrund eines steigenden Bedarfs und nicht, wie von Albach, vorwiegend aufgrund der vorhandenen Möglichkeiten gefordert. Seine Privatisierungsvorschläge zielen eher auf das Experimentieren mit neuen (möglicherweise effizienteren) Formen des Angebots von sozialen Diensten als auf die Schaffung ökonomischer Bedingungen für die Vermarktung von Haushaltsfunktionen. Gemeinsam ist beiden Autoren aber, daß sie den Abbau des »Dienstleistungsdefizits« der Bundesrepublik für möglich und notwendig halten.

2. Zum schwedischen Modell?

Schweden galt lange Zeit als Modell für einen entwickelten Wohlfahrtsstaat, mit dem die konkrete Utopie sozialdemokratischer Zielsetzungen verwirklicht zu sein schien: die Synthese von kapitalistischer Wirtschaft und sozialstaatlicher Umverteilung. Die politische Geschichte dieses Modells soll im folgenden deshalb etwas ausführlicher nachvollzogen werden, weil darin seine spezifischen Voraussetzungen und die Ursachen seiner gegenwärtigen Krise deutlich werden.

Begünstigt durch die Neutralitätspolitik und durch ein langanhaltendes Wirtschaftswachstum nach dem Zweiten Weltkrieg erlebte das schwedische Wohlfahrtssystem in der Periode von 1945 bis 1975 sein »goldenes Zeitalter« (Hinrichs/Merkel 1987, 23; vgl. auch Scharpf 1987, 118 ff.). Ab Mitte der 70er Jahre begannen jedoch die bis heute anhaltenden Schwierigkeiten, die einerseits aus einer Auflösung des gesellschaftlichen Konsenses, andererseits aus einem Wandel der ökonomischen Rahmenbedingungen resultieren.

Die politische Arbeitsteilung zwischen der »Arbeiterbewegung« und den Unternehmern, die sich in einer Aufteilung und gegenseitigen Anerkennung der Einflußsphären Produktion/Konsum manifestiert hatte, wurde in der ersten Hälfte der 70er Jahre dadurch in Frage gestellt, daß der »sozialistische Block« mehrere Gesetzgebungsvorhaben zur Regelung von Mitbestimmung in den Unternehmen und zur Arbeitplatzsicherheit auf den Weg brachte. Außerdem forderten die Gewerkschaften die Einrichtung von »Arbeitnehmerfonds«, in denen ihnen allmählich die Aktienmehrheit an den größten industriellen Unternehmen der Nation zuwachsen sollte. Damit war eine Quasi-Sozialisierung der größten Produktionsvermögen angezielt, was der Vereinbarung von Saltsjöbaden ein formelles Ende setzte. Diese Aufkündigung des breiten Konsenses, der eine »sozialdemokratische Hegemonie« begründet hatte, führte prompt zum Verlust der parlamentarischen Mehrheit. Zum ersten Mal nach 40 Jahren war ab 1976 die sozialdemokratische Partei nicht mehr an der Regierung beteiligt. Zugleich war eine neue Dimension in die Politik gekommen: früher als anderswo waren Umweltprobleme zu einem zentralen Politikgegenstand geworden, und die Tatsache, daß sich die produktivistisch orientierte Arbeiterbewegung nicht zu einem eindeutigen Standpunkt in der Kernenergiefrage durchdringen konnte, trug zu ihren Wahlverlusten ebenfalls bei.

Zur gleichen Zeit also, als der sozialistische Block zu einer »industrialistischen« Offensive in der Links-/Rechts-Dimension ansetzte, begann sich diese eindeutige Konfliktachse zu drehen. »Postmaterielle« Probleme gewannen an Bedeutung, aber nicht nur dies trug zu einer Schwächung des bis dahin so geschlossenen Blocks der Arbeiterbewegung bei (vgl. Therborn 1991), sondern auch die zunehmende Heterogenität seiner Wählerbasis (vgl. Jahn 1992 b). Die Lohnführerschaft wurde der Arbeitergewerkschaft seitens der Angestelltengewerkschaften (vor allem des öffentlichen Dienstes), die aufgrund des Strukturwandels zahlenmäßig zunahmen und dadurch stärker wurden, streitig gemacht (vgl. Nedelmann 1984), womit zugleich die zentrale Kontrolle über die Lohnentwicklung, die eine Voraussetzung der »solidarischen Lohnpolitik« war, verlorenging. Die liberalen und die konservativen Parteien wurden durch die Forderung nach den »Arbeitnehmerfonds« in einer Gegnerschaft vereinigt, die die sozialistische Hegemonie empfindlich schwächte. Obwohl die sozialdemokratische Partei von 1982 bis 1991 erneut die Regierung bilden konnte, gab es in der Wahl im Jahr 1991 einen »starken Rechtsruck« (Jahn 1992 a), durch den die Stimmenanteile der Sozialdemokraten auf das Niveau von 1928 zurückfielen. Der sozialistische Block erreichte insgesamt nur noch 42,1 % der Stimmen. Zum erstenmal seit 1930 hatte Schweden wieder einen konservativen Ministerpräsidenten.[2]

In mehreren Krisensituationen während ihrer langen Regierungszeit bis 1976 war es dem zentralistischen Leitungssystem aus Regierung, Gewerkschaftsführern und Unternehmerverband gelungen, Haushaltsdefizite zu bekämpfen, und durch »aktive Arbeitsmarktpolitik« (vgl. Scharpf 1987) die Mobilitätsbereitschaft der Lohnabhängigen zugunsten struktureller Anpassungen zu sichern sowie die offene Arbeitslosigkeit niedrig zu halten. In den 80er Jahren haben die sozialdemokratisch geführten Regierungen außerdem viel getan, um die Loyalitätsbereitschaft der nichtgewerkschaftlichen Wähler nicht zu überstrapazieren.

2 Das kurze Interregnum der bürgerlichen »Sommerregierung« von 1936 bleibt bei dieser Feststellung außerhalb der Rechnung, und in der Zeit von 1976 bis 1982 regierte zwar eine bürgerliche Koalition, aber kein konservativer Ministerpräsident – diesen stellte die Zentrumspartei, ein langjähriger Koalitionspartner der Sozialdemokraten.

1981 trug die sozialdemokratische Opposition Steuersenkungen mit. Kurz nach Wiedereinzug in die Regierung wurde die Krone, um die Position der Exportindustrie zu stärken, so stark abgewertet, daß die Reallöhne sanken. Die Arbeitnehmerfonds wurden 1983 in einer erheblich entschärften Form gesetzlich verankert. In der zweiten Hälfte der 80er Jahre wurde die Devisenbewirtschaftung abgeschafft, womit der nationale Kapitalmarkt ohne Kontrollmöglichkeit dem internationalen Finanzmarkt angegliedert wurde. 1990 führte ein Gesetz, das Lohnstopp und Streikverbot vorsah, zum vorübergehenden Rücktritt der Regierung. Außerdem wurden Karenztage in der Krankenversicherung eingeführt, womit die allfälligen Vermutungen der Gegner eines universalistischen Sicherungssystems indirekt bestätigt wurden. Alle diese Maßnahmen konnten als Rücknahme des umfassenden Gleichheits- und Versorgungsanspruchs interpretiert werden, durch die das Funktionieren des privatwirtschaftlichen Akkumulationsprozesses gesichert werden sollte. Dadurch konnten sich die Meinungen bestätigt fühlen, die schon immer davon ausgingen, daß der Wohlfahrtsstaat »leistungsmindernd« wirke, und auf der anderen Seite mußten sich diejenigen bestätigt sehen, die schon immer die Ansicht vertraten, daß sich eine umfassende Gleichheitspolitik nicht mit der privatwirtschaftlichen Eigentümerstruktur vertrage. Der Konsens wurde also prekär.

Bedeuten die »Risse im Modell« (Hinrichs/Merkel 1987, 35) und der Wahlsieg der Konservativen von 1991 das Ende des »schwedischen Weges«? Die Unterbrechung der sozialdemokratischen Regierungskontinuität in den Jahren 1976 bis 1982 konnte so noch nicht interpretiert werden; am Ende der sechsjährigen Periode war die Staatsquote höher als zuvor, und die Korrekturen am Steuersystem sowie an den Sozialleistungen waren unerheblich geblieben (vgl. Therborn 1991). Auch wenn die sozialdemokratische Arbeitnehmerpartei im Jahr 1994 wieder die Mehrheit gewann, war der Einschnitt von 1991 möglicherweise tiefer als zuvor.[3] Dafür gibt es einige Hinweise.

Der Wahlkampf im Jahr 1991 verlief »undramatisch« (Brunn-

---

3 In den Wahlkampf 1994 gingen die Sozialdemokraten mit Schweiß- und Tränenparolen, kündigten harte Sanierungsmaßnahmen und sogar die Rücknahme von Sozialleistungen an. Die erneute Mehrheit für die Sozialdemokratie kann also kaum als »Weg zurück« interpretiert werden (vgl. Henningsen/Stråth 1995) – der Wandel hat tieferliegende Ursachen.

berg 1991), »es gab auch keine Themen, auf die sich der Wahlkampf konzentrierte«, der Wahlkampf hatte »geringes Profil« (Jahn 1992a, 87). Wenn es auch ohne polarisierende Kontroversen zu einem »Erdrutsch« gegen das tragende theoretische und politische Milieu des schwedischen Modellstaates kam, muß der politische und kulturelle Wandel unterhalb der aktuellen Problemlagen um so tiefgreifender gewesen sein. Die Beobachtung, daß die Wähler immer weniger parteiloyal, sondern mehr »sachorientiert« (Jahn 1992b, 34) entscheiden, konnte die Abwahl des sozialistischen Blocks ja gerade dann nicht erklären, wenn »Sachthemen« nicht besonders kontrovers waren.

Ohne hier schon ein Requiem auf den schwedischen Wohlfahrtsstaat anzustimmen, wollen wir im folgenden Gründe dafür benennen, daß eine Revision des »schwedischen Modells« angesichts veränderter ökonomischer Rahmenbedingungen und eines »postindustriellen« Wandels in Gang gekommen ist. Die kulturellen Voraussetzungen, die institutionellen Erfolgsbedingungen und die Loyalitätsbereitschaft der Wähler sind ins Wanken geraten.

Zu der Überlegung, das schwedische Modell in anderen Nationen zu kopieren, meinte Sombart schon 1963, daß der einzig wirksame Weg dazu sei, die Schweden selbst zu importieren und sie dafür zahlen zu lassen (vgl. Hinrichs 1988, 586). Sombart unterstellte also eine besondere Disposition der Bevölkerung, die es erträgt, individuelle Differenz zugunsten kollektiven Konsums zurückzustellen.

Dieser ausgeprägte Altruismus bzw. die kollektivistische Solidarität setzen eine hohe kulturelle Homogenität und eine außergewöhnliche historische Kontinuität dessen voraus, was als »Volk« oder »Nation« gilt. Peter Flora hat (1993) in diesem Zusammenhang von einer »demokratischen Stammesgesellschaft« gesprochen. Damit ist eine ethnische, sprachliche und religiöse Homogenität gemeint, wie sie nur wenige Nationen aufweisen. Wenn die Antwort auf die Frage »Warum gibt es in den Vereinigten Staaten keinen Sozialismus?« lautet: weil »das Volk« ethnisch und kulturell stark fragmentiert und deshalb der Verdacht gegenseitiger Übervorteilung allgegenwärtig ist, dann muß die Antwort auf die Frage »Warum ist in Schweden Sozialimus möglich?« zumindest teilweise lauten: weil »das Volk« so homogen ist.

Die Bevölkerungsgröße des Landes spielt im Zusammenhang mit der homogenen kulturellen Prägung eine Rolle, denn bei einem kleinen Volk sind kulturelle Differenzierungen weniger wahrscheinlich.[4] Schweden ist lange durch einen asketischen Protestantismus geprägt worden.[5] Da es keinen Feudalismus gab, ist auch der permanente Verdacht, man müsse sich gegen das, was »von oben« kommt, wehren, schwächer. Eine lange institutionelle Tradition von freien Bürgern hat offensichtlich das Gemeinschaftsgefühl gestärkt und individualistische »Fluchttendenzen« vermindert. Die gesellschaftliche Umbaustrategie der Sozialdemokraten konnte daher auf die Konzeption eines »starken Staates« setzen (vgl. Henningsen 1986).

Verschiedene Anzeichen deuten darauf hin, daß sich diese Homogenität auflöst. Der Anteil der in Schweden lebenden Ausländer ist zwischen 1960 und 1990 von 2,5 % auf 5,6 % gestiegen.[6] Da Schweden aber eine andere Einwanderungspolitik betreibt als z. B. die Bundesrepublik, ist für die Beurteilung des Wandels der ethnischen Homogenität nicht nur die aktuelle Zahl der (Noch-) Ausländer wichtig, sondern die Zahl der Immigranten insgesamt, also auch die der eingebürgerten. Zwischen 1965 und 1990 sind insgesamt mehr als 1,1 Mio. Menschen nach Schweden eingewandert. Im gleichen Zeitraum haben etwa 670 000 Menschen das Land verlassen, so daß sich ein Saldo der Zuwanderung von 435 000 ergibt. Die Summe der Ein- und Auswanderungen bildet sich aber nicht nur aus Bewegungen der ausländischen Bevölkerung (wie es bei einem lediglich arbeitsmarktorientierten Verhalten von »Gastarbeitern« der Fall wäre), vielmehr wandern mehr schwedische Volksangehörige aus als »Fremde«. Dies führt im Ergebnis zu einem steigenden Bevölkerungsanteil von Ausländern und solchen Staatsangehörigen, die im Ausland geboren sind. Im Jahre 1990 lebten in Schweden ca. 400 000 im Ausland geborene Staatsbürger und nochmal so viele Ausländer. Der Anteil der in Schweden lebenden Personen, die vermutlich keine enge Beziehung zur oben skizzierten schwedischen »Mentalität« haben, betrug 1990 immer-

---

4 Eine kleine Bevölkerungsgröße ist natürlich per se keine hinreichende Bedingung für kulturelle Homogenität, wie die Länder Belgien, Schweiz oder das frühere Jugoslawien zeigen.
5 In einer international vergleichenden Faktorenanalyse zur weiblichen Erwerbstätigkeit hat Manfred Schmidt festgestellt, daß es eine starke Korrelation zwischen vorherrschender Religion in einem Land und Höhe der Frauenerwerbstätigkeit gibt (vgl. Schmidt 1993).
6 Diese und alle folgenden Zahlenangaben zur Bevölkerung sind dem Statistical Yearbook of Sweden 1992 entnommen.

hin 9,2 % (zum Vergleich: der Anteil der Ausländer an der Bevölkerung der Bundesrepublik Deutschland betrug im Jahre 1990 8,4 %).[7] Beispielsweise lebten 1960 in Schweden insgesamt nur etwa eintausend Personen aus Afrika, Lateinamerika und Asien; 1990 waren es über 145 000. Die ethnische Homogenität des »schwedischen Volkes« ist also nicht mehr so extrem hoch wie noch im »goldenen Zeitalter« des Auf- und Ausbaus des schwedischen Wohlfahrtssystems. Zusätzlich dürften auch in Schweden die Säkularisierungstendenzen zugenommen und die Wirksamkeit religiöser Moral daher abgenommen haben.

Dieser Wandel hängt zusammen mit einer ökonomischen und politischen Öffnung des Landes gegenüber dem Rest der Welt. Schweden hat seine traditionelle Neutralitätspolitik aufgegeben und ist der Europäischen Union beigetreten. Die schwedische Industrie war schon immer stark exportorientiert, aber die Verflechtungsbeziehungen zum Weltmarkt haben sich gewandelt: der Export von Rohstoffen, Edelstahlen und Präzisionsmaschinen war vor allem in der Nachkriegszeit bis zum Ende der 60er Jahre relativ konkurrenzlos. Seither sieht sich die schwedische Industrie ähnlichen Problemen gegenüber wie alle hochentwickelten Industrienationen: »fordistische« Fertigung und arbeitsintensive Produkte (z. B. Schiffe) unterliegen einer stärkeren Preiskonkurrenz und müssen durch »intelligentere« Produkte abgelöst werden, wenn die Position in der internationalen Konkurrenz nicht gefährdet werden soll. Dieser Wandel hat politische und sozialstrukturelle Konsequenzen.

Die Bedeutung des »industriellen Massenarbeiters« nimmt auch im schwedischen Beschäftigungssystem ab, und es bildet sich – in den Worten von Esping-Andersen (1991) – eine »postindustrielle« (Abnahme manueller Produktionstätigkeiten) oder »postfordistische« (Wachstum der Anteile qualifizierter Arbeit) Struktur heraus. Der Anteil von unqualifizierten Arbeitern hat sowohl in der Produktion wie bei den Dienstleistungen seit den 60er Jahren abgenommen. Esping-Andersen (1991, 157) berechnet aus dem Verhältnis zwischen ungelernten und qualifizierten Arbeitskräften (inkl. Management) einen »Polarisierungsquotienten«, und dieser hat sich in der Produktion in Schweden von den 60er Jahren bis 1980 von 3,3 auf 1,9 verringert. Das bedeutet: einer qualifizierten

7 Berechnet nach: Statistisches Bundesamt, Fachserie 1, Reihe 2 Ausländer. Wiesbaden 1993, S. 19.

Arbeitskraft standen 1960 in der Industrie 3,3 unqualifizierte Arbeiter, 1980 nur noch 1,9 gegenüber. Die Zahl derjenigen, die das stärkste Interesse an einer egalitären Umverteilungspolitik haben müssen, nimmt also ab, und damit verringert sich auch die Dominanz einer »industrialistischen« Kultur, die die Basis der sozialdemokratischen Hegemonie war. Das Ziel der Gleichheitspolitik war von einem der Urväter der schwedischen Sozialdemokratie, Per Albin Hansson, mit dem Bild veranschaulicht worden: »Eine gute Gesellschaft ist eine Gesellschaft, die wie ein gutes Heim funktioniert« (Meidner/Hedborg 1985, 16). Das heißt zwar, daß niemand »draußen vor der Tür« stehen soll, aber das muß – im Bild bleibend – noch lange nicht heißen, daß alle Heimbewohner die gleichen Zimmer, die gleichen Möbel und Tapeten und die gleichen Lebensgewohnheiten haben wollen. Anders formuliert: gerade die Verminderung von Einkommensungleichheit und die weitgehende Durchsetzung von sozialer Sicherung mindert die politische Priorität einer Weiterentwicklung dieser Strukturen. Die egalitäre Politik des inklusiven Wohlfahrtsstaates stirbt sozusagen am eigenen Erfolg. Wenn ein von der Mehrheit als ausreichend angesehenes Mindestniveau materieller Sicherheit realisiert ist, treten »postmaterielle« Werte in den Vordergrund: Fragen der Umweltqualität, der demokratischen Partizipation und der individuellen Lebensstile. Myrdal sprach von einer Tendenz zu einem »bürgerlichen Lebensstil«[8], den Hinrichs/Merkel so kennzeichnen: »Kollektiv bereitgestellte Lebensgüter zählen weniger als die Erhöhung ihres disponiblen Einkommens.« (1987, 37) Wenn materielle Gleichheit bis zu einem gewissen Grad verwirklicht ist, dann »interessiert« diese schlicht nicht mehr, dann können andere Wünsche in den Vordergrund rücken, ohne als »egoistisch« gelten zu müssen: zum Beispiel Lebensstilfragen und Differenzierungen im Konsum.

Das »goldene Zeitalter« des schwedischen Wohlfahrtsstaates war durch eine hohe Zentralisierung der Entscheidungsstrukturen und durch eine politische Dominanz von Großverbänden gekennzeichnet: fast jeder lohnabhängig Beschäftigte gehörte einer Gewerkschaft und Arbeiter auch der sozialdemokratischen Arbeiter-

---

8 Mit »bürgerlichem Lebensstil« ist hier die Individualisierung, die Betonung der »feinen Unterschiede« gemeint, nicht der »Privatismus« der Familie. Hinrichs (1988, 584) setzt dies gleich, aber dies könnte ein grundsätzliches Mißverständnis der schwedischen Gesellschaftspolitik sein, denn Vergesellschaftung von Hausarbeit und Privatismus schließen sich keineswegs aus.

partei an, wenn sie dies nicht ausdrücklich zurückwiesen. Daneben war man im Konsum-, Bildungs- oder Mieterverband – der Alltag war und ist allseitig hoch organisiert. Individuelle Veränderungen an der Lebensweise waren praktisch und theoretisch nur sehr begrenzt möglich – Sonderwünsche konnten und sollten nur über langwierige Entscheidungsprozesse in Großorganisationen zur Geltung gebracht und dadurch in *Normalität für alle* transformiert werden, Pluralisierung und Individualisierung von Lebensstilen also ausgeschlossen sein.

Die Tendenz zur Pluralisierung und Individualisierung von Lebensstilen ist in allen reichen Gesellschaften stark ausgeprägt (vgl. Müller 1992). Es könnte eine der Paradoxien der schwedischen Dienstleistungsgesellschaft sein, daß durch die Vergesellschaftung von Sicherungs- und Fürsorgefunktionen die Tendenz zur Individualisierung sogar gefördert wird: das »Volksheim« sollte die Familie freisetzen von Not und Verpflichtung, um um so mehr »nur Familie« und immer weniger Arbeitskollektiv zu sein. Mit der Substitution von reproduktiven Funktionen der Familie durch sozialstaatliche Einrichtungen wurde implizit die Möglichkeit zu einer individualisierten Lebensführung gefördert. Aber der damit geweckte Appetit auf immer mehr Individualität sollte gerade nicht befriedigt werden. So entsteht ein Überdruß an kultureller Normierung, am Zwang zum kollektiven Leben. Die Solidarität mit den übrigen Mitgliedern der Gesellschaft und der Wunsch nach mehr Gleichheit schwinden, wenn diese – gleichsam nach einem Kippeffekt – von den Individuen nicht mehr als Fortschritt, sondern als nivellierende und begrenzende Norm erlebt werden. Der Befreiung von Not und Verpflichtung folgt der Wunsch nach Freiheit der Wahl. »Gestützt auf die Wahrnehmung von gegebener ›Sicherheit‹, wurde dem Zielwert ›Freiheit‹ größere Priorität beigemessen – sogar auf Kosten der ›Gleichheit‹.« (Hinrichs 1993, 346)

Auf diese Weise erschöpfen sich die Energien des schwedischen Modells. Die gesellschaftlichen Kräfte auf dem Weg in eine immer gleichere Gesellschaft erlahmen nicht nur deshalb, weil sich die »Arbeiterbewegung« stärker ausdifferenziert, sondern auch weil der Fortschritt mit seinem materiellen Erfolg sich in die kulturelle Repression einer einheitlichen Norm verwandelt. Das postmoderne Verdikt, die Visionen der »Moderne« seien von vornherein repressiv oder gar totalitär gewesen, werden durch eine derartige Interpretation nicht gestützt – theoretisch und praktisch wird nur in Zweifel gezogen, daß die verwirklichte moderne Gesellschaft das Ende des gesellschaftlichen Wandels bedeute. Vielmehr folgt eine reflexive Moderne, in der lebensweltliche Freiheiten gegen die rationalisierten Umwelten des Systems verteidigt oder wieder erobert werden müssen. Im Zuge der Vergesellschaftung wird Individualität durch systematische Institutionen zunächst ermöglicht, die weitere Vergesellschaftung gerät jedoch mehr und mehr in Widerspruch zu diesem Ziel.

Gerade die immer wieder hervorgehobenen Qualitäten der politischen Szenerie in Schweden, der »Konsens« und die »Kooperation«, die sozialdemokratische Hegemonie und das »dichte Milieu« (Nedelmann 1984) haben zum Ergebnis, daß die Gesellschaft in Schweden wie in Watte verpackt wirkt (vgl. Enzensberger 1987) und eine gewisse »Langeweile« auszustrahlen scheint. Verglichen mit der lärmenden Dynamik anderer westeuropäischer Gesellschaften oder der bunten Vielfalt sozial polarisierter, weil noch nicht durch das Homogenisierungsprojekt der Industrialisierung gegangener südeuropäischer oder lateinamerikanischer Gesellschaften wirkt die schwedische Gesellschaft tatsächlich etwas narkotisiert. Wenn nicht auch viele Schweden dies so empfänden, hätte wohl kaum eine Partei, die knapp vor der Wahl von 1991 gegründet wurde und als eines ihrer Ziele ein »besseres, lustigeres und billigeres Leben« (Jahn 1992a, 85) versprach, die »Neue Demokratie«, auf Anhieb 6,7% der Wählerstimmen erreicht.[9] Einer ihrer Vorsitzenden ist auch noch ausgerechnet Eigentümer eines Freizeitparks – also eine rundum postindustrielle Erscheinung. Diese Partei erreichte ihre höchsten Stimmenanteile bei den jüngeren Erwerbstätigen im privaten Sektor (vgl. Gilljam/Holmberg 1993, 209).

Sucht man in den Analysen der Reichstagswahl von 1991 danach, welche Gruppen die stärkste Loyalität zum sozialdemokratischen Weg aufrechterhalten haben bzw. welche Gruppen sich am ehesten den konservativen Parteien zugewandt haben, dann ergibt sich folgendes Bild:[10] Den treuesten Stamm sozialdemokratischer Wähler bilden die Arbeiter, gefolgt von den Frauen, die im öffentli-

9 Diese Qualifizierung der »Neuen Demokratie« ist allerdings einseitig und etwas verharmlosend, wenn man bedenkt, daß sie neben Antietatismus und Bürokratiekritik auch Fremdenfeindlichkeit progagierte (vgl. Jahn 1992a).

10 Wir sind Detlef Jahn, Universität Paderborn, für Sonderauswertungen der Wahluntersuchung von Gilljam/Holmberg und für zahlreiche weitere Hinweise zu besonderem Dank verpflichtet.

chen Dienst beschäftigt sind. Insgesamt wählten die Frauen mit deutlichem Abstand öfter als die Männer die Sozialdemokratische Arbeiterpartei (SAP) – angesichts der Rolle, die die sozialdemokratische Wohlfahrtsgesellschaft für die ökonomische Verselbständigung der Frauen spielt (vgl.Kapitel 4) nicht verwunderlich. Der größte Anteil von Zentrumswählern findet sich bei den höheren Angestellten in der Privatwirtschaft. Nimmt man die Wahlentscheidung für den sozialistischen oder für den bürgerlichen Block als Votum für oder gegen den gegenwärtigen Zustand der staatlich organisierten Dienstleistungsgesellschaft, dann zeigt sich die deutliche Tendenz, daß Befürwortung und Kritik danach divergieren, ob jemand im öffentlichen oder privatwirtschaftlichen Bereich beschäftigt ist. Der sozialistische Block fand deutlich geringere Unterstützung bei den Beschäftigten im privaten Sektor (35 % zu 45 % der öffentlich Bediensteten). »Allmählich entdeckten sie jedoch, daß es sich bei ihrer Berufstätigkeit nicht um eine Emanzipationsfrage handele, sondern um die Frage einer Anhäufung von billigen Arbeitskräften im öffentlichen Dienst; es konnte daher nicht ausbleiben, daß die Spannungen zwischen den weiblich dominierten Gewerkschaften im öffentlichen Dienst und den männlich dominierten Gewerkschaften im Industriesektor wuchsen.« (Henningsen/Stråth 1995, 23)

Von den männlichen Erstwählern (im Alter zwischen 18 und 21) wählten lediglich 23 % sozialistisch, von den weiblichen dagegen 31 %; während 60 % der männlichen Erstwähler konservativ wählten, taten dies nur 45 % der Erstwählerinnen.

Ökonomischer Wandel, sozialstrukturelle Differenzierung, hohes Niveau materieller Sicherung für alle, zunehmende internationale Verflechtung und ethnisch-kulturelle Diversifizierung bilden die Grundlage für Tendenzen, die zur Erosion der traditionellen Loyalitäten gegenüber dem sozialdemokratischen Weg führen. Ob dieser Weg regressiv sein wird, d. h. über den gegenwärtigen Umbau hinaus auch zum Rückbau des wohlfahrtsstaatlichen Systems führen wird, ist allerdings noch offen:[11] Ähnlich wie mit dem

---

11 Hinrichs meint, die neue Regierungskoalition habe den »Pfad des Unversalismus nicht verlassen«. (1993, 347) »Die bürgerlichen Parteien konnten die Sozialdemokraten dadurch in Bedrängnis bringen, daß sie deren Versagen herausstellten, wenn es um Maßnahmen gegen die wuchernde Bürokratie ging, die Stärkung der Rechte der Klienten des Wohlfahrtsstaates oder die Herstellung von mehr Wahlfreiheit im Bereich sozialer Dienstleistungen. Ihr Programm war weder von den

Ausbau dieses Systems postmaterielle Orientierungen virulent werden, könnten die Gleichheitswerte und die »materiellen« Orientierungen reanimiert werden, wenn die konservativen Regierungen es »zu weit treiben« – der erneute Wahlsieg der Sozialdemokraten von 1994 ist – mit den erwähnten Einschränkungen, vielleicht schon ein Indikator dafür.

Die Geschichte des schwedischen Modells macht einige spezifische Voraussetzungen deutlich: hohe ethnische und kulturelle Homogenität, eine bewußte Gegensteuerung gegenüber Weltmarkteinflüssen und Affinität zu einer kollektivistischen Lebensweise. Alle drei Voraussetzungen sind in den letzten beiden Jahrzehnten erodiert worden, und mit der Integration in die Europäische Union, die das Subsidiaritätsprinzip für sozialstaatliche Leistungen zum Grundsatz gemacht hat, wird der Druck in Richtung Umbau des schwedischen Dienstleistungsstaates noch stärker.

3. Sind die Modelle übertragbar?

Das amerikanische wie das schwedische Modell haben ihre spezifischen politischen, kulturellen und gesellschaftlichen Voraussetzungen. Eine schlichte Kopie in einem anderen Land mit anderen Traditionen und Strukturen ist unmöglich. Darum kann es also hier nicht gehen, vielmehr darum, zu fragen, ob überhaupt der Weg in eine der beiden Richtungen auch in der Bundesrepublik eingeschlagen werden kann, um mit der Ausweitung der Beschäftigung in konsumorientierten Diensten die hohe Arbeitslosigkeit abzubauen.

Skepsis gegenüber der Übertragbarkeit sowohl des amerikanischen wie auch des schwedischen Wegs in die Dienstleistungsgesellschaft auf die Bundesrepublik äußerte Scharpf, der schon vor einigen Jahren die Frage diskutiert hat: »Verschwindet die Massenarbeitslosigkeit in der Dienstleistungs- oder Informationsökonomie?« (Scharpf 1986) Gegen eine Differenzierung der Löhne und

Ideen Thatchers oder Reagans inspiriert. Die Ambitionen richteten sich auf die öffentliche Bereitstellung von ›Standard‹-Dienstleistungen und die Korrektur von ›Fehlentwicklungen‹, nicht auf die Demontage des Wohlfahrtsstaates oder die Infragestellung seiner universalistischen Prinzipien. (...) Deshalb versprachen die bürgerlichen Parteien lediglich, den dienstleistungsorientierten Wohlfahrtsstaat zu reformieren.« (Hinrichs 1993, 346) eine institutionelle Deregulierung nach amerikanischem Muster spricht nach seiner Ansicht die Macht der Gewerkschaften, »wenn sie nicht ihre moralische Integrität und ihre organisatorische Existenz aufs Spiel setzen wollen«. (S. 21) Eine Entkoppelung von Finanzierung und Konsum bei verbraucherorientierten Dienstleistungen, wie es in den sozialen Diensten in Schweden der Fall ist, würde eine höhere Belastung durch Steuern oder Beiträge zur Sozialversicherung voraussetzen – aber auch dagegen spreche erheblicher politischer Widerstand. Insgesamt kommt Scharpf hinsichtlich der Möglichkeit, die vom Strukturwandel im Bereich der Güterproduktion verursachte hohe Arbeitslosigkeit in Deutschland durch eine Expansion von verbraucherorientierten Dienstleistungen zu verringern, zu einem negativen Ergebnis. Diese vorwiegend innenpolitisch begründeten Argumente werden durch die wachsende internationale Verflechtung der europäischen Staaten verstärkt, denn eine herausragende Folge der Internationalisierung ökonomischer Beziehungen und der Bildung supranationaler Institutionen in Europa ist ein abnehmender Handlungsspielraum der Nationalstaaten hinsichtlich der Staatsfinanzen und der Sozialpolitik. Eine Perspektive in Richtung des schwedischen Modells ist aber nicht nur deshalb in Deutschland kaum mehr vorstellbar, sondern auch weil die institutionelle Tradition, die politische Kultur und die geringere kulturelle Homogenität in Deutschland diesen Weg als sehr unwahrscheinlich erscheinen lassen.

Wahrscheinlicher erscheint dagegen der amerikanische Weg – nicht nur weil er gewichtige Befürworter in Politik, Wissenschaft und privater Wirtschaft hat, sondern auch weil er zumindest kurzfristig ein weiteres Ansteigen der Staatsverschuldung vermeiden helfen könnte. Aber noch sind die zivilisatorischen Barrieren der europäischen sozialpolitischen Tradition zu wirksam und die Machtposition der Gewerkschaften zu stark, als daß dramatische Schritte in diese Richtung erwartet werden könnten.

Bleibt die dritte Frage: Ist überhaupt einer der beiden Pfade wünschenswert, also die normative Frage danach, welcher Weg – vorausgesetzt, es gäbe eine Wahlmöglichkeit – eingeschlagen werden soll. Diese Frage wollen wir erst wieder aufgreifen, nachdem geklärt ist, was eigentlich die gesellschaftlichen Ursachen für das Wachstum von Konsumdiensten sind, d. h. ob und warum ein vermehrtes Angebot überhaupt notwendig und inwiefern es wünschenswert ist. Die aktuelle deutsche Diskussion über Konsumdienste behandelt diese Frage überwiegend instrumentell: Abgesehen vom demographisch begründeten Argument der Dienstleistungslücke gelten sie als mehr oder minder geeignetes Mittel zum Zweck der Arbeitsbeschaffung und der Steigerung des meßbaren Bruttosozialprodukts. In dieser ökonomisch verkürzten Sichtweise spielen die soziologischen Fragen nach den gesellschaftlichen Konsequenzen einer Expansion beruflich erbrachter Dienstleistungen, seien sie staats- oder marktförmig organisiert, keine Rolle. Bei Fourastié bildeten beide Aspekte noch eine Einheit. Er begründete das Wachstum der Dienstleistungen und diskutierte dessen gesellschaftliche Wirkungen (vgl. Kapitel 2). Seither hat sich jedoch eine schlechte Arbeitsteilung zwischen Soziologie und Ökonomie durchgesetzt. Baumol und Gershuny beschäftigen sich vorwiegend mit den ökonomischen Fragen nach Wachstum, Stagnation oder Substitution formell organisierter Dienstleistungen, ohne nach deren gesellschaftlicher Bedeutung zu fragen. Bell und Gartner/Riessman diskutieren mögliche gesellschaftliche Konsequenzen einer Tertiarisierung, ohne ihre Ursachen zu analysieren. Zwischen dem Interesse der Ökonomen an den Beschäftigungs- und Wachstumspotentialen formell organisierter Dienstleistungen einerseits, den sozialwissenschaftlichen Folgeabschätzungen eines entsprechenden Wandels der Arbeitsmärkte und der Verbrauchsstrukturen andererseits fallen die soziologischen Fragen nach den gesellschaftlichen Ursachen – und damit die Fragen nach der Steuerbarkeit – dieser Entwicklungen mitten durch: Was sind denn die gesellschaftlichen Funktionen von Dienstleistungen, unabhängig davon, wie sie organisiert sind? Warum und wer braucht sie? Welches sind die sozialen Quellen, aus denen sich die Expansion von Dienstleistungen speist? Erst auf der Basis eines Verständnisses der gesellschaftlichen Ursachen und Funktionen von Dienstleistungen lassen sich ihre ökonomischen Potentiale und sozialen Konsequenzen angemessen diskutieren. Wir fragen deshalb im nächsten Kapitel nach den soziologischen Erklärungen von Dienstleistungen.

Kapitel 8

Der »Hunger nach Tertiärem«: Quellen von Dienstleistungen

Die Entwicklung zur Dienstleistungsgesellschaft ist in der ökonomischen Diskussion vor allem unter der Frage untersucht worden, ob und unter welchen Bedingungen die Beschäftigung in Dienstleistungen wächst oder nicht – die gesellschaftlichen Ursachen und Konsequenzen bleiben dabei weitgehend außer Betracht. Für die soziologische Diskussion dagegen ist die Frage, ob Dienstleistungen zunehmen oder nicht, zweitrangig gegenüber den Fragen, welche gesellschaftlichen Bedürfnisse damit befriedigt bzw. welche Funktionen damit erfüllt werden, und dann: wie diese erfüllt werden und welche Konsequenzen das für die Gesellschaft hat. Wir unterscheiden daher im folgenden zwischen der ökonomischen und der soziologischen Diskussion und werden versuchen, die soziologischen Ansätze zu systematisieren und weiter zu entwickeln.

1. Die ökonomische Diskussion: Dienstleistungen und Wachstum

Das Grundtheorem der ökonomischen Theorie zum sektoralen Wandel lautet: Die Expansion von Dienstleistungtätigkeiten wird auf jeder Entwicklungsstufe marktwirtschaftlicher Systeme möglich, in der die Zahl der für die Produktion materieller Güter benötigten Arbeitskräfte abnimmt. Die Beschäftigung der solchermaßen freigesetzten Arbeitskräfte mit Dienstleistungtätigkeiten wird möglich, weil sich die Nachfrage der Konsumenten, deren Kaufkraft sich nicht mehr in der Anschaffung von materiellen Produkten erschöpft, auf »Dienstleistungen« richtet. Damit ist die Hoffnung verbunden, daß sowohl die gesellschaftliche Wohlfahrt (Befriedigung »höherer« Bedürfnisse) wie die erwerbsförmige Beschäftigung wachsen. Das ökonomische Erkenntnisinteresse richtet sich also auf die Triebkräfte und die Grenzen der Expansion von Dienstleistungen als ökonomischem Gut, den Kern bildet eine

Konsumtheorie. Der Bedarf war in dieser Sicht schon immer vorhanden, weil er auf anthropologischen Konstanten (»rising expections«) beruht, als Nachfrage wird er erst wirksam, wenn andere, »notwendigere« Bedürfnisse gestillt sind.

Aus wachstumstheoretischer Sicht ist es egal, welchen Sinn eine Expansion von Dienstleistungen macht – Hauptsache, es gibt ein Bedürfnis, das sich in zahlungskräftige Nachfrage umwandeln kann und damit in der Lage ist, ökonomisches Wachstum und mehr Beschäftigung zu bewirken. Für die Wachstumstheorie ist dabei nur von Interesse, ob sich die Nachfrage auf konsumtive oder investive Güter richtet, denn eine Übernachfrage nach konsumtiven, d. h. unproduktiven Gütern müßte das gesamtökonomische Wachstum bremsen.

1. a) Sind Dienstleistungen produktiv?

In der Geschichte der ökonomischen Theorie gibt es daher eine lange Debatte darüber, welche Tätigkeit produktiv und welche unproduktiv sei. »It would probably be difficult to point out any two words, respecting the proper use of which political economists have been more divided, than they have been concerning the two words ›productive‹ and ›unproductive‹; whether considered as applied to ›labour‹, to ›consumption‹, or to ›expenditure‹.« (Mill 1975, 280) Dieser Eingangssatz von John Stuart Mills Essay über produktive und unproduktive Arbeit kann umstandslos auf die Unterscheidung zwischen Güter- und Dienstleistungsproduktion übertragen werden.

Das Thema Dienstleistungen taucht auch zum ersten Mal im 18. Jahrhundert im Zusammenhang der Frage nach den Quellen des Wohlstands der Nationen auf. Fransoir Quesnay hat 1759 die Antwort der Physiokraten formuliert: einzige Quelle des Wohlstandes ist der landwirtschaftlich genutzte Boden. Alle landwirtschaftlich Tätigen bilden daher die classe productive. Sieht man ab von den Grundbesitzern, seiner »classe des propriétaires«, so ist der gesamte Rest, also alles, was später die bürgerliche und industrielle Gesellschaft ausmacht, unproduktiv – die classe stérile.

Die politische Bedeutung dieser Klassifikation in einer sich entfaltenden und noch vom landbesitzenden Adel beherrschten bürgerlichen Gesellschaft ist offenkundig. (Verblüffend ist die Analogie zu Fourastiés Dreiteilung: auch hier steckt die Zukunft in einer Residualkategorie und ist durch mangelnde Produktivität gekennzeichnet.) Adam Smith weitete den Begriff »produktive Arbeit« aus, und diese Ausweitung beinhaltet mehr als nur einen theoretischen Fortschritt, sie ist von eminent politischer Bedeutung. Smith nennt all jene Tätigkeiten produktiv, die in einer »verkäuflichen Ware« münden: »Die Arbeit des ... Hausgesindes ... besteht in Diensten, welche gewöhnlich im Augenblick ihrer Leistung selbst zu Ende sind und sich in keiner verkäuflichen Ware, die den Wert des Arbeitslohns und Unterhalts wiedererstattete, fixieren oder realisieren. Die Arbeit der Handwerker, Manufakturisten und Kaufleute hingegen fixiert und realisiert sich ganz von selbst an einer solchen verkäuflichen Ware.« (Smith 1973, Band 2, IV. Buch, S. 539)

Damit hat Smith die Grundlage für viel Verwirrung geschaffen, denn er mischt zwei gänzlich verschiedene Kriterien: die »Natur« des Produkts und seinen Verwendungszusammenhang. Einerseits nennt er unproduktiv, was im Akt des Konsums untergeht, sich nicht in einem dauerhaften, lager- und transportfähigen, also in einem stofflichen Gut materialisiert. Daher verrichtet das Hausgesinde »unfruchtbare« Arbeit. Warum aber rechnet Smith den Kaufmann wie den Fabrikarbeiter zu den produktiv Tätigen? Vom stofflichen Charakter des Arbeitsergebnisses her ist das nicht zu rechtfertigen. Aber vom Verwendungszusammenhang! Die Arbeit des Kaufmanns ist in die Produktion und Bereitstellung von Gütern eingebunden, nicht in deren Konsum.

Beide Kriterien sind miteinander nicht kompatibel, sie schließen sich gegenseitig aus. Je nachdem, ob man nach der Verwendungsseite des Produkts einer Tätigkeit oder nach seiner »Natur« als stofflichem oder nichtstofflichem Produkt unterscheidet, ergeben sich unterschiedliche Klassifikationen. Für Marx und für Mill, die beide nach der Verwendungsseite differenzieren, entfällt damit die Frage nach dem stofflichen Charakter. Marx setzt an der Warenform an, also an der Form der gesellschaftlichen Organisation von Arbeit. Arbeit ist dann und nur dann produktiv, wenn sie »mehrwertheckende« und damit profiterzeugende Arbeit ist. Für Marx ist das gesellschaftliche Produktionsverhältnis entscheidend: Arbeit, gleich welchen stofflichen Charakters, ist produktiv, wenn sie unter den Bedingungen der kapitalistischen Warenproduktion geschieht. Informelle Arbeit im Haushalt ist unproduktiv. Für Mill ist die Unterscheidung zwischen Produktion und Konsum entscheidend. Arbeit, die unmittelbar und nur der Bedürfnisbefriedigung dient, ist unproduktiv. Schafft sie aber eine »permanente Quelle des Genusses«, so ist sie produktiv. »The wealth of a country consists of the sum total of the permanent sources of enjoyment, whether material or immaterial, contained in it: and labour or expenditure which tends to augment or to keep up these permanent sources, should, we conceive, be termed productive. Labour which is employed for the purpose of directly affording enjoyment, such as the labour of a performer on a musical instrument, we term unproductive labour.« (Mill 1975, 284)

Investitionsgüter sind produktiv, Konsumgüter unproduktiv. Der stoffliche Charakter des Produkts ist dabei gänzlich nachrangig. Die Konsequenz dieser theoretischen Festlegung macht Mill an einem Beispiel aus der darstellenden Kunst deutlich: »Die Kunst Madame Pastas und das Gebäude sowie die Dekorationen, die zur Wirkung ihres Auftritts beitragen, sind in gleicher Weise an dem Genuß des Publikums beteiligt, und zwar unmittelbar, ohne ein vermittelndes Medium. Das Gebäude und die Dekoration sind unproduktiver Verbrauch. Madame Pasta arbeitet und konsumiert unproduktiv. Denn das Gebäude wird unmittelbar zum Genuß des Publikums benutzt und abgenutzt, und Madame Pasta spielt ebenso unmittelbar zum Vergnügen des Zuschauers und ohne daß als Folge der Vorführung ein bleibendes Resultat erzielt würde, das Tauschwert besitzt. Folglich muß sowohl der allmähliche Verschleiß der Mauersteine und des Mörtels, der allabendliche Verbrauch der weniger haltbaren Requisiten des Theaters als auch die Arbeit der Madame Pasta bei ihrer Vorstellung und des Orchesters bei seinem Spiel mit dem Wort unproduktiv gekennzeichnet werden. Aber nichtsdestoweniger war der Architekt, der das Theater errichtet hat, ein produktiver Arbeiter. Produktive Arbeiter waren auch diejenigen, die die Requisiten hergestellt oder die Musikinstrumente gebaut haben. Das gleiche gilt auch – wenn wir dies hinzufügen dürfen – für die Personen, die die Musiker ausgebildet haben, sowie für alle diejenigen, die durch das, was sie Madame Pasta gelehrt haben mögen, zur Ausbildung ihres Talents beigetragen haben. Alle diese Menschen haben in gleicher Weise zum Genuß des Publikums beigetragen, und zwar mittelbar, d. h. durch die Schaffung einer permanenten Quelle des Genusses.« (Mill 1975, 285 f.) Mill, so könnte man sagen, ist ein Wachstumstheoretiker: Wie Adam Smith interessieren ihn die Quellen des Wohlstands der Nationen.

Für Marx dagegen als Theoretiker des Kapitalismus ist die gesellschaftliche Organisationsform der Arbeit entscheidend. Nehmen wir an, Madame Pasta – wir haben sie nie kennengelernt und hoffen, ihr posthum nicht zu nahe zu treten – habe ihr Talent nur ausgeübt, um abends nach dem Diner die Gäste ihres Gatten zu unterhalten, sie wäre in Marx' Kategorien unproduktiv. Aber wäre ihr Gatte ihr Impresario, der Madame Pasta öffentlich auftreten ließe und von ihrer Gage einiges zurückbehielte, um eine Künstleragentur aufzubauen oder ein Theater: Madame Pasta hätte, weil unter das Kapitalverhältnis subsumiert, produktive Arbeit verrichtet. »Arbeit desselben Inhalts kann ... produktiv und unproduktiv sein. Zum Beispiel Milton, who did the Paradise lost, war ein unproduktiver Arbeiter. Der Schriftsteller dagegen, der Fabrikarbeit für seinen Buchhändler liefert, ist ein produktiver Arbeiter. Milton produzierte das Paradise lost, wie ein Seidenwurm Seide produziert, als Betätigung seiner Natur. (...) Aber der Leipziger Literaturproletarier, der auf Kommando seines Buchhändlers Bücher, zum Beispiel Kompendien über politische Ökonomie produziert, ist annähernd ein produktiver Arbeiter, soweit seine Produktion unter das Kapital subsumiert ist und nur zu dessen Verwertung stattfindet. Eine Sängerin, die wie der Vogel singt, ist ein unproduktiver Arbeiter. Wenn sie ihren Gesang für Geld verkauft, ist sie insofern Lohnarbeiter oder Warenhändler. Aber dieselbe Sängerin, von einem Entrepreneur engagiert, der sie singen läßt, um Geld zu machen, ist ein produktiver Arbeiter, denn sie produziert direkt Kapital.« (Marx 1970, 70)

Bei allen durch die Unterschiede von Erkenntnisinteresse und Theorie bedingten Differenzen stimmen Marx und Mill aufgrund ihrer Konzentration auf den Verwendungszusammenhang in einem überein: Der stoffliche Charakter des Produkts oder eine wie immer geartete Natur der Tätigkeit spielen keine systematische Rolle bei der Unterscheidung von produktiv und unproduktiv. J. B. Say hat nun gerade diesen Aspekt der Argumentation von Adam Smith aufgegriffen. Dienstleistungen sind für Say genausogut Teil der Volkswirtschaft wie jedes andere handelbare Gut. Sie können produktiv sein oder unproduktiv, ob im Millschen oder im Marxschen Sinne. Was sie von anderen unterscheidet, ist allein die Tatsache, daß es sich bei Dienstleistungen um »immaterielle Produkte« (Say 1829, 110) handelt. In Says Argumentation spielt der Verwendungszusammenhang und damit die Frage nach Produktivität oder Unproduktivität keine Rolle. Madame Pasta produziert eine Dienstleistung, basta.

Aus dem bisher Gesagten ist eine sozialwissenschaftliche Selbstverständlichkeit deutlich geworden: Für die Auswahl der Definitionsmerkmale und damit für die Zuordnung ein- und desselben Gegenstands zu verschiedenen sozialwissenschaftlichen Kategorien sind ausschließlich die Fragestellungen, die zugrundeliegende Theorie und damit das jeweilige Erkenntnisinteresse verantwortlich. Erst im Rahmen einer bestimmten Fragestellung kann über die Gültigkeit einer Definition entschieden werden: wem es wie Mill um die Frage nach den Quellen des Wohlstands geht, den interessieren die möglichen Verwendungszusammenhänge einer Leistung in der Produktion oder im Konsum, unabhängig von ihrer stofflichen Qualität. Wem es wie Gartner/Riessman um Wertewandel aufgrund geänderter Berufsstrukturen geht, den interessiert vorrangig die Qualität einer Tätigkeit als immateriell-materiell, stoffgebunden oder personenbezogen, und die Frage, ob es sich um produktive oder unproduktive Tätigkeiten handelt, bleibt nachrangig.

In der ökonomischen Diskussion hat die Definition von Say deshalb große Bedeutung erlangt, weil mit der Immaterialität des Produkts das Axiom verbunden ist, der Herstellungsprozeß lasse sich nicht rationalisieren – denn, so die Annahme, wo nichts materiell-stofflich Faßbares im Spiel ist, kann auch keine Technik zur Produktivitätssteigerung eingesetzt werden.

Die Frage, ob eine Dienstleistung produktiv oder unproduktiv sei, ist für ihre ökonomische Rolle im Wachstumsprozeß bedeutsam: produktive Dienstleistungen tragen unmittelbar zum Wachstum bei, unproduktive allenfalls indirekt über die Nachfragewirkung. So werden Dienstleistungen tatsächlich nach dieser Dimension unterschieden: diejenigen Dienstleistungen, die als Vorleistung in den weiteren Produktionsprozeß von materiellen Gütern eingehen, die produktionsorientierten Dienstleistungen, gelten geradezu als wichtigste Faktoren für wirtschaftliche Prosperität; die übrigen, die konsumorientierten Dienstleistungen, verschwinden dagegen im Endverbrauch und haben keine weitere Wachstumswirkung.

Produktivitätssteigerung ist in ökonomischer Sicht der zentrale Mechanismus zur Erhöhung der Wohlfahrt. Wenn von der Dienstleistungsproduktion behauptet wird, ihre Produktivität könne nicht oder nur sehr begrenzt gesteigert werden, ist und bleibt sie ein wachstumshemmendes Element im ökonomischen Kreislauf. Ist das richtig? Sehen wir uns die Definition von Dienstleistungen daraufhin noch einmal an:

Dienstleistungen werden meist doppelt definiert: durch die Art der Tätigkeit und durch die Art des Produkts. Fast alle Autoren nehmen zunächst die Saysche Bestimmung auf: Dienstleistungen sind immaterielle Produkte, sie können deshalb nicht gelagert oder transportiert werden. Aber was ist ein immaterielles Produkt über das hinaus, was es nicht ist, nämlich ein stoffliches Ding? Ein luftiges Wesen, das erst dadurch und nur insoweit zu etwas Bestimmbarem wird, als es einen Nutzen stiftet, Genuß bereitet, ein Bedürfnis befriedigt. Das aber ist nichts Besonderes. Auch so handfeste Dinge wie eine Schweinshaxe dienen der Bedürfnisbefriedigung und gehen im Akt ihrer Konsumtion spurlos unter (Walker 1985, 65), sieht man ab von Magendrücken und Bauchspeck. Die Erinnerung an Madame Pastas Kunst ihrerseits kann lange anhalten, und was man in der Schule gelernt hat, soll ein Leben lang Nutzen bringen. Ertel (1986, 15) hat auf das darin liegende grundsätzliche Problem verwiesen, daß nämlich »die Abgabe von ›Nutzungen‹ oder ›Diensten‹ letztlich das Ziel aller Produktion (auch derjenigen von Sachgütern) ist, derer wir uns zur Bedürfnisbefriedigung bedienen«. Dies ist auch der zentrale Einwand von Gershuny: »Sowohl Güter als auch Dienstleistungen erfüllen Bedürfnisse, und in der Regel können die gleichen Bedürfnisse entweder durch Güter oder durch Dienste befriedigt werden. Wenn ich möchte, daß mir der Rücken gekratzt wird, so kann ich entweder einen Dienstleistungsarbeiter, den ›Rückenkratzer‹, anstellen, der sein Gewerbe für einen bestimmten Stundenlohn ausübt. Oder aber ich investiere mein Geld in ein Gut, einen elektrischen Rückenkratzer, den ich im Laden zu einem bestimmten Preis kaufen und dann nach Belieben benutzen kann. Die Befriedigung, die ich in beiden Fällen davon habe, ist potentiell identisch. Wenn ich mich nun rational verhalte, werde ich meine Wahl zwischen den beiden Möglichkeiten auf der Grundlage der jeweiligen Kosten treffen. Dienstleistungen unterscheiden sich also von Gütern nur als alternative Mittel, als alternative soziale Arrangements zur Befriedigung von Bedürfnissen.« (Gershuny, 1981, 69 f.)

Welches »soziale Arrangement« nun definiert eine Dienstleistung? Als Antwort wird hier zunächst immer auf Merkmale der Dienstleistungstätigkeit hingewiesen: Dienstleistungen unterliegen dem Uno-actu-Prinzip. Produktion und Konsum einer Dienstleistung fallen zusammen. Dienstleistungen werden im Akt der Produktion zugleich konsumiert, weshalb Produzent und Konsument zur selben Zeit am selben Ort sein müssen: Der Masseur kann seine Arbeit nur in Anwesenheit seines Klienten verrichten wie der Arzt und der Lehrer. Wenn aber der Lehrer ein Lehrbuch schreibt, das zusammen mit einer Sprachkassette es den Schülern ermöglicht, ohne die physische Anwesenheit des Lehrers den gleichen Nutzen zu erreichen, nämlich zum Beispiel Französisch zu lernen? Und wie verhält es sich mit dem Chirurgen, der einen Herzschrittmacher einsetzt, oder gar mit dem Zahnarzt? Beider Tätigkeit unterliegt dem Uno-actu-Prinzip, und doch ist das Ergebnis ein dauerhaftes, stoffliches Produkt. Und schließlich der Manager eines Automobilbetriebs? Seine Arbeitsergebnisse sind nicht stofflicher Natur, aber sie erfordern auch nicht die Anwesenheit von Automobilisten.

Auch mit dem Uno-actu-Merkmal wird ein Kriterium zur Abgrenzung von Dienstleistungen herangezogen, das sich offensichtlich als wenig trennscharf erweist. Die Anwesenheit des Konsumenten bei der Leistungserbringung – man muß seinen Kopf hinhalten, damit der Friseur die Haare bearbeiten kann – gilt nur für einen kleinen Ausschnitt von Bedürfnisbefriedigungen, für die zudem Gershunys These von der Substitution der Dienstleistungen durch Güter in der Selbstbedienungsgesellschaft zutrifft. Erst recht gilt die Annahme, das Gelingen einer Dienstleistung setze die aktive Mitarbeit des Konsumenten voraus, auch für alle anderen Konsumvorgänge, in denen materielle Güter eine Rolle spielen. Das Essen muß zubereitet, gekaut und verdaut werden, das Hemd angezogen, der Schlips gebunden und getragen werden, das Buch gelesen und verstanden werden. Nur in jenen eher pathologischen Fällen, wo Konsumgüter erworben und unausgepackt gehortet werden, lieferte die Mitarbeit des Konsumenten ein klares Trennkriterium zwischen Dienstleistungs- und Güterkonsum, aber nur deshalb, weil das Gut gar nicht seinem Zweck entsprechend verwendet wird. *Dahinter steht das grundsätzliche Problem, daß die Unterscheidung zwischen einer Produktions- und einer Reproduktionssphäre, zwischen Arbeit und Nichtarbeit, Produktion und Konsum nicht an Eigenschaften der jeweiligen Tätigkeiten haftet, sondern an ihrer gesellschaftlichen Organisationsform.* Die Arbeit des Tapezierers im Betrieb ist Arbeit, dieselbe Tätigkeit zu Hause gilt als Freizeitbeschäftigung. Fassen wir diese Einwände zusammen:

1. Weder die Art der Tätigkeit (uno actu) noch die Art des Produkts (immateriell) erlauben eine Zuordnung zu ganz bestimmten Bedürfnisbefriedigungen, die nur so, nämlich durch Dienstleistungen, zu befriedigen wären.

2. Nicht jede als Dienstleistungstätigkeit klassifizierbare Verrichtung (uno actu) ist mit einem als Dienstleistung klassifizierten Produkt (immateriell) verknüpft (Zahnarzt).

3. Nicht jede Arbeit mit nicht stofflichem Ergebnis manifestiert sich im Genuß (Manager).

4. Weder die Anwesenheit des Konsumenten noch seine Mitarbeit sind notwendige und ausschließliche Merkmale der Dienstleistungsarbeit.

Weder die an der Tätigkeit noch die am Produkt gewonnenen Merkmale von Dienstleistungen erlauben eine systematische Abgrenzung zu industriellen Gütern. Auch stimmen beide Mekmale nicht überein, führen also jeweils zu anderen Klassifikationen. Damit aber ist die pauschale Behauptung, Dienstleistungen seien nicht rationalisierbar, theoretisch nicht stichhaltig.

Dienstleistungstätigkeiten werden, wie alle sonstige Produktionsarbeit, beständig daraufhin überprüft, wie sich die Arbeitskosten verringern lassen. Bei vielen Dienstleistungstätigkeiten hatte dieses Bemühen auch schon Erfolg, indem Teile davon technisch unterstützt oder substituiert werden konnten. Prominentestes Beispiel dafür ist die Büroarbeit, die durch den Einsatz von Computern erheblich in ihrer Produktivität gesteigert werden konnte. Aber noch viele andere Beispiele lassen sich nennen, bei denen die Dienstleistungsarbeit durch Technikeinsatz weniger personalintensiv wurde, etwa Bewachungsarbeit durch die Ausdehnung der Reichweite mittels Videoanlagen. Die wichtigsten Strategien zur Produktivitätssteigerung wurden bereits im Kapitel 6 genannt: Verdichtung der Leistungserbringung durch zeitliche Verstetigung und räumliche Zentralisierung der Nachfrage sowie durch Externalisierung der Arbeit, z. B. durch Abwälzen auf die Konsumenten. Auch können Dienstleistungen ganz durch Technik ersetzt werden, wie z. B. die Geldauszahlung am Bankschalter durch den Bankautomaten, die Kontoführung durch Telebanking, das Kassieren im Supermarkt durch Scanner. Die Technik der elektronischen Datenverarbeitung hat einen weiten Horizont für Produktivitätssteigerungen bei Dienstleistungen bis hin zu deren Substitution eröffnet.

Die Immaterialität von Dienstleistungen ist also keineswegs eine Schranke, die Produktivitätssteigerungen unmöglich macht. Das »Spiel zwischen Personen« (Bell) kann jederzeit zu einem »Spiel zwischen Person und Automat« werden, weil das Uno-actu-Prinzip aufgelöst wird. Dann werden Dienstleistungen auch lagerfähig und transportierbar. Diese Tatsache liegt der Substitutionstheorie von Gershuny zugrunde, die Scharpf aufgenommen hat:

»Vom Sprachunterricht in der Klasse zum Sprachlabor ohne Lehrer; von der Massenuniversität zur Fernuniversität...; vom Konzert zum Radio und zur CD-Platte; von der Theateraufführung über Kino und Fernsehen zur Videokassette; vom Plakat über die Zeitungsanzeige zum Bildschirmtext; und schließlich zu den künftigen Möglichkeiten der Breitband-Kommunikationsnetze, mit deren Hilfe jede Art von Informations- und Unterhaltungsangebot für jeden Teilnehmer jederzeit auf Abruf verfügbar gemacht werden kann.« (Scharpf 1986, 16) »Durch die Aufhebung des Uno-actu-Prinzips werden auch in den ›mentalen‹, verbraucherbezogenen Dienstleistungen Produktivitätssteigerungen möglich, die denen im industriellen Sektor mindestens gleichkommen oder sie sogar noch übertreffen.« (S. 17)

Die angeführten Beispiele machen deutlich, daß die im Uno-actu-Prinzip begründete Resistenz bestimmter Dienstleistungen gegen Rationalisierung ein historisch höchst wandelbares Merkmal darstellt. Das hat bereits Fourastié gewußt. Da die Produktivität der Arbeit ein dynamischer Begriff sei, abhängig von technischem und organisatorischem Wissen, könne es eine endgültige Abgrenzung der Sektoren nie geben: mit der Steigerung der Produktivität müsse ein Wirtschaftszweig auch den Sektor wechseln. Fourastié rechnet zum Beispiel die Eisenbahnen für das 19. Jahrhundert zum sekundären Sektor, von 1900 bis 1930 zum tertiären, danach sieht er sie »an der Grenze zwischen dem sekundären und dem tertiären Sektor«. (1954, 139) Fernmeldewesen und Fernsprechdienst gehören für ihn noch zum tertiären Sektor, eine Zuordnung, die er heute mit Sicherheit revidieren würde. Fourastié selber nennt sein zentrales Abgrenzungskriterium, die Anwendbarkeit des technischen Fortschritts, »launisch«, denn es kann je nach Situation zu anderen klassifikatorischen Zuordnungen führen: »Transport- und Nachrichtenwesen sind also gemischte Tätigkeiten, die nicht immer zum tertiären Sektor gehören, die man heute dort finden kann und die vielleicht wieder aus ihm ausscheiden werden; es sind typisch eigenwillige Wirtschaftszweige; sie bestätigen die von uns immer vertretene Ansicht, daß der technische Fortschritt launisch ist.« (Fourastié 1954, 139) Auch spricht Fourastié von der »Mutation von tertiären Diensten in sekundäre Güter..., in dem z. B. die Waschmaschine das Dienstmädchen ersetzt«. (Fourastié 1954, 280, Anm. 4) Für den überwiegenden Teil des Dienstleistungssektors hält Fourastié jedoch an einer unüberwindbaren Resistenz gegen den technischen Fortschritt fest, also an einer dem sozialen Wandel entzogenen Natur der Sache. Sonst wäre seiner Uminterpretation des Fisherschen Klassifikationsschemas sektoraler Wirtschaftsaktivitäten zum Phasenmodell eines gesetzmäßig sich vollziehenden gesellschaftlichen Fortschritts die Basis entzogen.

Die ökonomischen Theoretiker der Dienstleistungsgesellschaft unterstellen bestimmte Merkmale der Dienstleistungstätigkeit – uno actu, Spiel zwischen Personen, Resistenz gegen technischen Fortschritt, immaterielles Produkt – als *invariable Eigenschaften*. Diese Merkmale werden dann zu zentralen Faktoren gesellschaftlicher Entwicklung, in denen sie z. B. immer weitere Bereiche der menschlichen Tätigkeit charakterisieren. Damit aber wird die Dynamik unterschätzt, in deren Verlauf sich eben jene nur scheinbaren Invarianten verflüssigen können. Die landwirtschaftliche Produktion ist längst der industriellen angeglichen, die industrielle Produktion wird tertiarisiert, die Dienstleistungsproduktion verstofflicht und industrialisiert. Kommunikative Leistungen, das Paradebeispiel für das Uno-actu-Prinzip der Dienstleistungstätigkeit, werden in Form von Industriegütern (CDs, Videos, Sprachkassetten) konsumiert. Aus Konsumdienstleistern werden Angestellte in produktionsorientierten Dienstleistungen – und aus Unterhaltungskünstlern, egal ob sie Heino, Herbert von Karajan oder Madame Pasta heißen, werden Mitarbeiter von internationalen Konzernen, Produzenten von stofflichen Gütern, d. h. ihre sektorale Verortung wandelt sich.

Die Definition von Dienstleistungen durch eine bestimmte »Natur«, ihre Immaterialität, ist also eine verdinglichende Begriffsbildung, die historische Entwicklungen ausschließt. Dienstleistungen sind aber kein Fixum, sondern nur ein bestimmtes »soziales Arrangement«, das sich mit der Entwicklung von technischen Möglichkeiten und mit kulturellem Wandel sehr verändern kann. Dienstleistungen durchlaufen – wie materielle Produkte – einen Lebenszyklus: wenn sie neu erfunden und angeboten werden (zu den Mechanismen der Entstehung von neuen Dienstleistungen vgl. Abschnitt 8.2), ist ihr Herstellungsprozeß zunächst aller Wahrscheinlichkeit nach durch eine geringe Produktivität geprägt (etwa die Zubereitung und das Braten von Frikadellen); danach wird diese zunächst durch organisatorische Rationalisierung gesteigert, dann nach einer Standardisierung der Leistung technisch unterstützt (McDonaldisierung), um schließlich vollständig technisch substituiert zu werden (Fertiggericht aus der Tiefkühltruhe). Aus einer anfänglichen Uno-actu-Dienstleistung ist dann ein materielles Gut, ein Industrieprodukt geworden, dessen Herstellung allen weiteren Rationalisierungstechniken offensteht. Die Dienstleistung ist aus dem tertiären Sektor in den sekundären gewandert.

Alle Dienstleistungen, so unsere These, können im Prinzip diesen Lebenszyklus durchlaufen – es gibt nur kulturelle Grenzen oder Grenzen des »guten Geschmacks« (vgl. Abschnitt 8.2). Selbst die intimsten Bedürfnisse unterliegen potentiell diesem Prozeß. Ein Knabe kann seine sexuellen Phantasien zunächst onanierend befriedigen (Eigenarbeit), später als junger Mann zusammen mit seiner Geliebten (informell); besucht er ein Bordell, so betritt er das Reich formeller, beruflich organisierter personenbezogener Dienstleistungen, deren Uno-actu-Charakter in der Peep-show bereits gelockert ist (Rationalisierung durch Zentralisierung), und mit dem Pornovideo, das unser Mann nach Hause bringt, ist die Verstofflichung zum industriell herstellbaren Konsumgut gelungen. Ob ein derartiger Lebenszyklus tatsächlich durchlaufen wird, hängt von vielerlei ab – u. a. von gesellschaftlichen und kulturellen Normen.

Kulturelle Grenzen verlangsamen zur Zeit z. B. noch die Technisierung der Krankenpflege: obwohl technisch möglich, hat sich die Versorgung von Kranken in der Klinik mit Essen durch ferngesteuerte Servierwagen noch nicht verallgemeinert; die Selbstdiagnose am Computer ersetzt noch nicht den Arzt. Aber das Hotel ohne Personal gibt es schon, und das Selbstbedienungsrestaurant ist längst kulturelle Selbstverständlichkeit geworden.

Die Hoffnungen von Fourastié auf Vollbeschäftigung und ein neues Gleichgewicht, errichtet auf der Annahme eines besonderen Charakters von Dienstleistungen, entbehren also der Grundlage – ebenso wie die Befürchtungen von Baumol, die Dienstleistungskrise führe zu wirtschaftlicher Stagnation –, an der »Natur« von Dienstleistungen liegt es jedenfalls nicht, wenn die Arbeitslosigkeit in dem einen oder dem anderen Sektor hoch oder niedrig ist.

2. Die soziologische Diskussion: Welche Qualität hat die Dienstleistungsgesellschaft?

Der Gang durch die Theorien zur Dienstleistungsgesellschaft hat höchst kontroverse Ergebnisse gebracht: während Fourastié die Tertiarisierung der Beschäftigung zu einer Gesetzmäßigkeit erklärt hat, die in der neuen Stabilität einer ans Ende des Wachstums gelangten Gesellschaft mündet, hat Baumol mit ökonomischen Argumenten die Möglichkeit einer derartigen Entwicklung bestritten. Gershuny versuchte an der Empirie des Konsumentenverhaltens zu zeigen, daß wir uns tatsächlich weniger auf dem Weg in eine Dienstleistungs- als in eine Selbstbedienungsgesellschaft befinden. Eine Entscheidung zwischen diesen konträren Positionen ist theoretisch sinnlos, denn sie beruhen alle auf derselben falschen Annahme einer in der Natur der Sache begründeten, unabänderlichen Resistenz der Dienstleistungen gegen Produktivitätssteigerungen. Soweit diese Theorien sich alle auf die quantitative Entwicklung der Erwerbstätigkeit beziehen, bleibt von der ökonomischen Diskussion also allein die empirische Frage nach der faktischen Entwicklung der Arbeitsmärkte.

Anders sieht es mit den Aussagen zur Dienstleistungsgesellschaft aus, die von Soziologen gemacht werden: ihr Ausgangspunkt ist das bloße empirische Faktum, daß es innerhalb der Erwerbstätigkeit immer weniger Fertigungs- und immer mehr Dienstleistungstätigkeiten gibt. Dienstleistungsgesellschaft ist ein Gegenbegriff zu Industriegesellschaft. Die Frage, ob der Umfang der Erwerbstätigkeit insgesamt expandiert oder abnimmt, ist dabei nicht von Belang. Es geht um die gesellschaftlichen Konsequenzen, die sich aus einem Wandel der Tätigkeitsstrukturen ergeben (vgl. z. B. Berger 1984). Sicher ist es kein Zufall, daß sich auf diesem Feld mit weitreichenden Aussagen vor allem amerikanische Autoren hervorgetan haben, denn dort ist die Tertiarisierung der Beschäftigung schon sehr viel länger augenfällig als in den westeuropäischen Industrienationen.

In der »Industriegesellschaft« war niemals die Mehrheit der Arbeiter, ja nicht einmal die Mehrheit aller Lohnabhängigen in der großen Industrie beschäftigt, und dennoch konnte mit großem Recht »die Industrie« zum Signum einer Gesellschaftsepoche werden: der vorherrschende Rationalitätstyp, die Form der Nutzung der Arbeitskraft, eine bestimmte Lebensweise, die vorherrschenden gesellschaftlichen Konflikte und die Machtstrukturen sowie die Quellen der gesellschaftlichen Dynamik konnten sinnfällig im Begriff »Industriegesellschaft« zusammengefaßt werden. Diesem Gesellschaftstypus wird mit der Kategorie »Dienstleistungsgesellschaft« ein anderer Typ gegenübergestellt: in allen genannten Merkmalen, so die Behauptung, ergibt sich eine andere Logik der gesellschaftlichen Entwicklung: andere Rationalität, andere Nutzung der Arbeitskraft, andere Lebensweise, andere Konfliktlinien und Machtstrukturen. Beide, Industrie- und Dienstleistungsgesellschaft, sind kapitalistische oder anders organisierte Gesellschaften, das ist für ihre Charakterisierung nicht entscheidend. Jenseits dieser Unterscheidung – das ist die soziologische Theorie der Dienstleistungsgesellschaft – vollziehe sich ein Wandel, der zu einer neuen gesellschaftlichen Qualität führt. Bell stellt als treibende Kraft die akademisch gebildeten Eliten in den Mittelpunkt, Gartner/Riessman die neuartigen Beziehungen von Produzenten und Konsumenten von Dienstleistungen. Bei beiden ist das entscheidende Resultat eine veränderte Machtstruktur und ein Wertewandel.

In der Diskussion um die zukünftige Dienstleistungsgesellschaft – gibt es sie, gibt es sie nicht? wird sie eine andere Qualität haben oder nicht? – spielen also Annahmen zur quantitativen Entwicklung der Dienstleistungsbeschäftigung ebenso eine Rolle wie Konsequenzen, die aus qualitativen Veränderungen resultieren. Für die Beurteilung quantitativer wie qualitativer Entwicklungen ist, so sollte man meinen, eine klare Vorstellung davon Voraussetzung, was Dienstleistungen eigentlich sind, welche Bedarfe sie befriedigen, wann und warum sie sich vermehren. Wir wenden uns im folgenden diesen Fragen zu und wollen zunächst versuchen, der verwirrenden Vielfalt von Definitionen auf den Grund zu gehen.

Dienstleistungen werden – wie schon mehrfach erwähnt – durchgängig negativ definiert als etwas, was sie nicht sind: nicht materiell, nicht lagerfähig, nicht transportabel. Aus diesen Nicht-Eigenschaften werden dann weitgehende gesellschaftstheoretische Konsequenzen gezogen – ein für die soziologische Theorie ziemlich unbefriedigendes Verfahren, denn wie soll gesellschaftlicher Wandel qualifiziert werden, der auf dem Wachstum von etwas beruht, von dem wir lediglich wissen, was es nicht ist? Notwendig ist also eine soziologische Definition von Dienstleistungen. Diese ist auch Voraussetzung, um analysieren zu können, ob es sich bei dem von den Ökonomen so betonten quantitativen Wandel in den Beschäftigungsstrukturen auch um einen sozialen Wandel handelt. Denn das Wachstum einer statistischen Restkategorie gibt uns noch kein hinreichend klares Bild davon, was dies für Sozial- und Machtstruktur, für Wertorientierungen und Lebensweisen bedeutet.

2. a.) Der endlose Kampf um die Definition

Wir beginnen zunächst mit einer Übersicht über die gebräuchlichsten Abgrenzungen, wie sie anhand der Daten aus der amtlichen Statistik vorgenommen werden, und gehen dann auf die theoretischen Begründungen für die Klassifikationen ein.

Wir haben schon gesehen, daß weder die am Produkt (sektorale Abgrenzung) noch an der Tätigkeit (funktionale Abgrenzung) gewonnenen Merkmale von Dienstleistungen eine systematische Abgrenzung gegenüber der Güterproduktion erlauben. So mancher Autor hat angesichts dieser unbefriedigenden Situation seine Zuflucht in der bloßen Enumeration von Tatbeständen gesucht. Die Kategorie Dienstleistung dient als geräumige Schublade, in der alles untergebracht wird, was nicht Landwirtschaft und Industrie ist: »Eine Fülle äußerst heterogener Wirtschaftszweige, Tätigkeiten und Berufe: Handel, Banken, Versicherungen, Reparatur- und Wartungsdienste, Transport, Verkehr, Kommunikation, Versorgungsdienste wie Gas, Wasser und Elektrizität, aber auch Dienste des Gesundheits-, Bildungs- und Beratungswesens sowie die vielfältigen Dienste der Körperpflege, Beherbergung, Verpflegung, Reinigung oder der traditionellen Dienstleistungen im Haushalt.«

(Schott-Winterer/Riede 1986, S. 28 f.) Das Ergebnis ist ein Sammelsurium ohne jede systematische Begründung. Andere Autoren wiederum setzen ihre Libido daran, sich Fälle auszumalen, an denen die Ungereimtheiten systematischer Abgrenzungsversuche vorgeführt werden können: »So, for example, a person in a medical occupation may be employed by the food processing industry: a service occupation, but in a manufacturing industry, producing a manufactured commodity. Or we might have a plumber, employed in a hospital; a non-service occupation, in a service industry producing final service commodities satisfying a medical service function. Or, by a small stretch of the imagination, we could see a carpenter employed by the same hospital making artificial limbs for sale to non-NHS patients, as a worker in a non-service occupation, in a service industry, making a non-service final commodity, for the same final service function.« (Gershuny 1984, 2 f.)

Diese verwirrende Bestimmung von »Dienstleistungen« soll die Grundlage für eine Theorie des gesellschaftlichen Wandels sein? Lucian Kern schließt sich daher der »Frage von Tilton (an), worin eigentlich die soziologische Gemeinsamkeit der Dienstleistungen bestehe, oder genauer: ob überhaupt bei einer solchen Heterogenität der Begriff der Dienstleistung als soziologische Kategorie verwendet werden kann« (Kern 1976, 26). Liegt es an der Statistik?

2. b.) Probleme mit der Statistik

In der Literatur werden die theoretischen Probleme der Definition von Dienstleistungen oft schnell in die ihrer statistischen Erfassung überführt. Als Dienstleistung gilt dann, was in der amtlichen Statistik, also per Konvention, als Dienstleistung geführt wird. Eine pragmatische Lösung des Definitionsproblems, die die Kategorien der amtlichen Statistik übernimmt, ist aber gerade bei Dienstleistungen besonders unbefriedigend, denn die amtliche Statistik ist eine Statistik der Industriegesellschaft, nicht der Dienstleistungsgesellschaft. Ihre Kategorien sind an den Differenzierungen der Industriegesellschaft orientiert. In der volkswirtschaftlichen Gesamtrechnung der Bundesrepublik wird der »warenproduzierende Bereich« in 41, der Dienstleistungsbereich dagegen nur in 16 Untergruppen differenziert, obwohl diesem schon 1985 55 % der Bruttowertschöpfung und 54 % aller Erwerbstätigen zugerechnet wurden. (Lützel 1987, 17)

Auch die amtliche Statistik beruht auf bestimmten Fragestellungen, und ihre Kategorien sind nach diesen Fragestellungen gebildet. Das theoretische Konzept der Erwerbstätigenstatistik wird deutlich, wenn man danach fragt, warum der güterproduzierende Sektor so differenziert erfaßt wird. Dies hängt mit der Entstehungszeit der amtlichen Statistik zusammen. Der industrielle Sektor war der größte einheitliche Block in der Zeit der Industrialisierung, der sich anders als der Agrarsektor und das Handwerk entwickelte – anders sowohl räumlich als auch hinsichtlich der Produktivität und der Organisation der Arbeit. Seine gesellschaftliche Bedeutung war überragend und neu, während die übrigen Bereiche (Handel, Transport, Handwerk, konsumorientierte Dienstleistungen) bekannt, gleichsam »vorindustriell« waren. Im Gegensatz zu den Physiokraten, die als einzige Quelle des Reichtums die Erde ansahen, und im Gegensatz zu den Merkantilisten, die im Handel die Quelle des gesellschaftlichen Reichtums sahen, faßte die neue politische Ökonomie (Ricardo, Smith) die produzierende Arbeit als den eigentlichen Quell des Reichtums. Wuchs die Menge der in der industriellen Produktion angewandten Arbeit, dann wuchs auch der Reichtum. Diese zentrale Dynamik der ökonomischen und gesellschaftlichen Entwicklung sollte in der Statistik dargestellt werden.

Die Abgrenzung eines »produzierenden« Sektors ist also ein spezifisches Instrument zur Beschreibung der Herausbildung der industriellen Produktion – alles übrige ist mehr oder weniger »Rest«. Dies war und ist sinnvoll, solange die industrielle Produktion als *das* Zentrum ökonomischer und gesellschaftlicher Dynamik betrachtet wird. Wenn aber Dienstleistungen eine quantitativ und qualitativ zentrale Bedeutung für die ökonomische und gesellschaftliche Entwicklung zugeschrieben wird, dann wird die Abgrenzung fragwürdig. Bei einer analogen Konzeption müßte die statistische Konzeption heute von den Dienstleistungen ausgehen und die Industrie als residual definieren. Denn normalerweise reserviert man Residualkategorien für den quantitativ und qualitativ weniger ins Gewicht fallenden Rest.

Die amtliche Statistik ist, das zeigen diese Überlegungen, ein Konzept, das die theoretische und politische Bedeutung der materiellen Produktion reflektiert. Eine Industriestatistik ist also die Grundlage für die Theorie der Dienstleistungsgesellschaft, die doch gerade die Historizität der Industriegesellschaft behauptet.

Die Frage, was Dienstleistungen eigentlich seien, kann auf der Basis dieses statistischen Konzepts gar nicht sinnvoll diskutiert werden. Daher schneidert sich jeder Autor seinen eigenen »Dienstleistungsbereich« zurecht, mal mit, mal ohne produktionsorientierte Dienstleistungen, mal mit, mal ohne Handel, mal mit, mal ohne Staat – um zu zeigen, daß die Dienstleistungen wachsen oder daß sie sich unterschiedlich entwickeln, daß sie verschiedene oder einheitliche Funktionen erfüllen, einheitliche oder verschiedene Tätigkeiten beinhalten, verschiedenartigen Nachfragen dienen, gegen oder für die Drei-Sektoren-Theorie sprechen etc.

»Die Datenlage«, das weiß jeder Soziologe, ist immer unzureichend. Nur in Ausnahmefällen liegen Daten in der Aufbereitung und in den Kategorien vor, in denen sie jeweils benötigt werden. Was am Beispiel der amtlichen Statistik als Industriestatistik erläutert wurde, verweist jenseits des Definitionsproblems auf ein grundsätzliches Dilemma. Die Kategorien, mit denen die Soziologie Wirklichkeit beschreibt, sind immer an schon vergangenen Zuständen gewonnen. Im Zuge des sozialen Wandels verlieren sie an Gültigkeit. Das gilt erst recht für die Kategorien der amtlichen Statistik, denn sie sind besonders träge, aus institutionellen und inhaltlichen Gründen – institutionell, weil große Apparate damit beschäftigt sind, eine Vielzahl von Daten zu sammeln und aufzubereiten, inhaltlich, weil die Beschreibung von Entwicklungen natürlich vergleichbare Daten zu verschiedenen Zeitpunkten voraussetzt. Sozialer Wandel vollzieht sich stets in enger Verflechtung quantitativer und qualitativer Verschiebungen. Das kann es außerordentlich schwer machen, soziale Veränderungen empirisch exakt zu erfassen, insbesondere wenn man dabei auf die amtliche Statistik angewiesen ist. Der soziale Wandel läßt die Kategorien, mit denen die Statistik soziale Wirklichkeit beschreibt, veralten. Das Bild, das mit diesen Kategorien gezeichnet wird, gerät in immer größere Distanz zur Realität.[1]

1 Die amtliche Statistik zu den privaten Haushalten ist beispielsweise immer noch an der Norm des Zusammenwohnens von Familienmitgliedern orientiert. Wer nicht in einer Familie wohnt, ist alleinlebend oder ein »unvollständiger Haushalt«. Daß seit der Aufhebung des Kuppeleiparagraphen viele in Wohngemeinschaften oder unverheiratet zusammenleben, hat noch keinen Niederschlag in den Kategorien der amtlichen Statistik gefunden. Unverheiratet Zusammenlebende und die Mitglieder von Wohngemeinschaften werden deshalb heute noch als Singles gezählt. Die amtliche Zahl der Einpersonen-Haushalte sagt also immer weniger über die Realität des Allein- und Gemeinsamwohnens aus. Bei der Beschreibung des sog. Wandels

Gehen wir von den Kategorien der amtlichen Statistik aus, so ist die Zahl der Industriearbeiter in allen westlichen entwickelten Gesellschaften eindeutig gesunken. Auch ihr Anteil an allen Beschäftigten ist zurückgegangen. Umgekehrt sind die Beschäftigtenzahlen im Gesundheits- und Bildungswesen absolut und relativ gestiegen. Die Kategorien sind gleichgeblieben, die Zahl der Fälle hat sich geändert: Industriearbeiter sind immer noch Industriearbeiter, Lehrer immer noch Lehrer. Aber es gibt von letzteren mehr, von ersteren weniger. Allgemeiner: der Anteil der Arbeitskräfte, die unmittelbar immaterielle Produkte (= Dienstleistungen) herstellen, an der Gesamtheit der Erwerbsbevölkerung ist gestiegen: wir sind auf dem Weg in die Dienstleistungsgesellschaft.

Zum anderen können sich – im Extremfall bei konstanter Verteilung der Fälle – die Qualitäten, also die Berufe innerhalb einer Kategorie, ändern: Nehmen wir an, hundert Kammerdiener – also Produzenten personenbezogener Dienstleistungen – lassen sich zu EDV-Spezialisten – also Produzenten produktionsbezogener Dienstleistungen – umschulen, sei es weil die reichen Leute aussterben und die Kostenkrankheit die Kammerdienerlöhne in die Höhe getrieben hat oder weil niemand mehr bereit ist zu dienen, also aufgrund von Wertewandel; egal warum, jedenfalls arbeiten sie fortan in einer Firma, die Software für die Steuerung von Produktionsanlagen herstellt. Die Zahl der mit Dienstleistungsfunktionen Beschäftigten ist konstant geblieben, aber statt persönlicher Dienste werden jetzt produktionsbezogene Dienstleistungen erbracht, die Dienstleister sind Teil der industriellen Produktion geworden, allgemeiner: Arbeitskräfte, die unmittelbar mit der Herstellung immaterieller Produkte befaßt sind, finden sich immer häufiger in Industriebetrieben oder in industriebezogenen Dienstleistungsbetrieben, und möglicherweise immer seltener in Betrieben, die Dienstleistungen für Endverbraucher bereitstellen: aus Kellnern werden Software-Erfinder. Also sind wir auf dem Weg in eine zwar andere Qualifikationen erfordernde, aber immer noch industrielle Gesellschaft.

zur Dienstleistungsgesellschaft stellt sich dieses Problem der Verschränkung von quantitativen und qualitativen Veränderungen besonders scharf.

Noch ein anderer Prozeß kann dazu beitragen, daß die verfügbaren Daten das Bild der Wirklichkeit systematisch verzerren. Die Statistik kann zum Beispiel einen Zuwachs an Dienstleistungsbeschäftigung und Dienstleistungskonsum nachweisen, dem in der Wirklichkeit weder eine Zunahme der Tätigkeiten noch eine Vermehrung von Bedürfnisbefriedigungen oder eine Steigerung der Wohlfahrt entsprechen. Das ist zum Beispiel der Fall, wenn jemand sich aufs Sofa legt und für das Saubermachen der Wohnung jemand anderen beschäftigt – mit Lohnsteuerkarte, Sozialversicherung usw. Damit ist ein beruflicher Arbeitsplatz entstanden, der in der amtlichen Statistik erfaßt wird. Damit erhöht sich die Zahl der Arbeitsplätze, der Konsum von Dienstleistungen und das Bruttosozialprodukt nehmen zu, aber weder der Aufwand an Putzarbeit in einer Gesellschaft noch der Grad der Sauberkeit haben sich damit zwangsläufig verändert.

Wohlfahrt sichernde oder steigernde Güter und Dienstleistungen werden in drei gesellschaftlichen Organisationsformen bereitgestellt (vgl. Burns 1975, Offe/Heinze 1986): über den Markt als Waren, über den Staat als Infrastruktur und über den privaten Haushalt als Produkte informeller Arbeit. Die amtliche Statistik ist aber mit nur kleinen Ausnahmen (landwirtschaftliche Produktion für den Eigenbedarf) eine Statistik der formellen, also marktförmigen oder staatsförmigen Produktion. Diese Blindheit gegenüber der informellen Arbeit in den privaten Haushalten und damit vor allem gegenüber der Arbeit der Frauen liefert nicht nur einseitige Zustandsbilder[2], sondern auch falsche Darstellungen des sozialen Wandels: Die Verschiebung einer Aktivität aus dem Bereich der informellen Arbeit des Haushalts in den der formellen, beruflichen und betrieblich organisierten Lohnarbeit erscheint als Zunahme der Arbeit und des produzierten Wohlstands oder als Wandel zur Dienstleistungsgesellschaft.

Diese Doppelgesichtigkeit des sozialen Wandels, daß nämlich die soziale Realität sich meßbar anders auf die Kategorien, in denen die Soziologie sie zu fassen sucht, verteilt und daß sie gleichzeitig

---

2 Zum Beispiel werden 90 % aller Pflegebedürftigen in der alten Bundesrepublik in den privaten Haushalten und hier vorwiegend von Frauen gepflegt. In der Statistik der Beschäftigung in Pflegedienstleistungen werden diese Dienstleistungen natürlich nicht registriert.

aus ebenjenen Kategorien auswandert, in denen sie gemessen wurde, macht eine Beschreibung nur mittels quantitativer Messung ungenügend. Gesellschaftliche Phänomene entlaufen immer wieder jenen Kategorien, in denen sie der definitorische Zugriff festhalten muß, um ihren Wandel messen zu können. Mit dem sozialen Wandel veralten nicht nur die Daten der Soziologie, sondern auch ihre Begriffe. Auch wenn nach absoluten Zahlen und relativem Anteil die Industriearbeiterschaft sich nicht gändert hätte, so kann sich die Arbeitssituation des Industriearbeiters so sehr der des Dienstleistungsangestellten angeglichen haben, daß die klassische Unterscheidung über die Berufsrealität kaum noch etwas aussagt.

Eine angemessene Beschreibung des sozialen Wandels muß daher beides zugleich versuchen: Messung von quantitativen Veränderungen innerhalb konstant definierter Kategorien und gleichzeitig Anpassung der Begriffsdefinitionen an die qualitativen Veränderungen sozialer Phänomene. Ein Teil der Unübersichtlichkeit in der sozialwissenschaftlichen Diskussion zur Dienstleistungsgesellschaft hängt damit zusammen, daß diese Verflochtenheit quantitativer und qualitativer Aspekte des sozialen Wandels nicht berücksichtigt wird. Indem neue, in die industrielle Herstellung stofflicher Güter eingebundene, sogenannte produktionsbezogene Dienstleistungen neben den unmittelbar konsumorientierten Dienstleistungen entstehen, muß die Kategorie Dienstleistungstätigkeit entsprechend differenziert werden. Sonst schließt man vorschnell aus dem Wandel von Industriearbeit zu Dienstleistungsarbeit auf einen Wandel von der Industrie- zur Dienstleistungsgesellschaft. Indem Tätigkeiten aus den privaten Haushalten und der informellen, nicht beruflich organisierten Arbeit in formelle, beruflich und betrieblich organisierte Arbeit überführt werden, bläht sich das statistisch sichtbare Volumen der Dienstleistungsarbeit auf, ohne daß dem ein entsprechend vermehrter Konsum von Dienstleistungen gegenüberstünde. Auch hier droht also ein Mißverständnis, daß nämlich aus der Zunahme bestimmter Organisationsformen von Arbeit auf die Zunahme der Arbeit selbst und ihrer Produkte geschlossen wird. Schließlich haftet kein Merkmal unverrückbar an einem sozialen Gegenstand. Im Falle der bedürfnisbefriedigenden Tätigkeiten heißt dies, daß sie alle einen Lebenszyklus durchlaufen können, in dessen Verlauf sie von der personenbezogenen Dienstleistung zum industriellen Gut verstofflicht werden.

Die Differenzierung innerhalb der Dienstleistungstätigkeiten, die Wanderung von Tätigkeiten zwischen formeller, beruflicher und informeller, außerberuflicher Organisation und der Prozeß der Verstofflichung sind die entscheidenden Schwierigkeiten bei der Diskussion über die Dienstleistungen. Statt von der Dienstleistungsgesellschaft ließe sich allenfalls von Dienstleistungsgesellschaften sprechen. Wenn wie in den USA 70 % der Beschäftigten in sogenannten Dienstleistungsberufen arbeiten, dann vollzieht sich die gesellschaftliche Dynamik als Binnendifferenzierung der Dienstleistungen und weniger als Verschiebung zwischen den Sektoren von Landwirtschaft, Industrie und tertiärem Sektor. Wenn die Landwirtschaft industrialisiert, die Industrie tertiarisiert, die Dienstleistungen verstofflicht und die informelle Arbeit in den Haushalten zunehmend auf industriell gefertigte Werkzeuge und Maschinen angewiesen ist, macht die klassische Abgrenzung der Sektoren für eine Theorie sozialen Wandels immer weniger Sinn. Eben diese Prozesse der Verstofflichung und Vergesellschaftung, ihr Verlauf und die Faktoren, die diesen Wandel bestimmen, müssen daher Gegenstände einer Analyse von Dienstleistungen sein. Soziale Tatbestände können beschrieben werden, indem man die Prozesse ihrer Entstehung und ihres Wandels nachzeichnet.

2. c) Dienstleistungen und sozialer Wandel: Funktionale Erklärungen

Die ökonomische Diskussion über Wachstum oder Stagnation der Beschäftigung, die mit dem Wandel zur Dienstleistungsgesellschaft verbunden sein sollen, hat sich im Gestrüpp verdinglichender Definitionen verfangen und löst sich bei genauerem Hinsehen in widersprüchliche Prognosen auf. Die daran anschließenden Versuche amerikanischer Soziologen zur Theoretisierung des damit verbundenen sozialen Wandels entbehren der begrifflichen Präzision und beziehen sich auf unterschiedliche Ausschnitte der Wirklichkeit (produktionsorientierte resp. konsumorientierte Dienstleistungen), weshalb ihre inhaltlichen Thesen über den Wandel von Machtstrukturen und Wertorientierungen zumindest sehr weit divergieren, wenn sie auch nicht gleich falsch sein müssen.

Allein Berger/Offe (1984) haben eine soziologisch schlüssige Definition vorgelegt. Berger/Offe charakterisieren Dienstleistungen nach ihrer Funktion als »formbeschützende« Tätigkeiten. Damit definieren sie Dienstleistungen weder nach ihrem technisch-stofflichen Charakter – was den Verzicht auf eine soziologische Definition bedeuten würde –, noch als Residualkategorie – was den Verzicht auf jegliche theoretisch angeleitete Definition bedeuten würde –, sondern nach ihrer Funktion im Prozeß der gesellschaftlichen Reproduktion. Gegenüber den »herstellenden« Arbeiten, die das physische Überleben garantieren, sind nach ihrem theoretischen Konzept Dienstleistungstätigkeiten darauf gerichtet, die sozialen, politischen und kulturellen Rahmenbedingungen der materiellen Reproduktion zu sichern. Der Dienstleistungssektor umfaßt danach »die Gesamtheit jener Funktionen im gesellschaftlichen Reproduktionsprozeß ..., die auf die Reproduktion der Formalstrukturen, Verkehrsformen und kulturellen Rahmenbedingungen gerichtet sind, unter denen die materielle Reproduktion der Gesellschaft stattfindet« (S. 44). Es sind »formbeschützende« Tätigkeiten, die »sämtlich mit der Sicherung, Bewahrung, Verteidigung, Überwachung, Gewährleistung usw. der historischen Verkehrsformen und Funktionsbedingungen einer Gesellschaft und ihrer Teilsysteme zu tun haben. Ihr unterscheidendes Merkmal ist die ›Instandhaltung von etwas‹.« (S. 46)

Der Vorteil dieser funktionalen Definition liegt darin, sozialen Wandel historisch identifizieren zu können. Denn dann kann danach gefragt werden, ob es sich bei Dienstleistungen um neue Funktionen handelt, die auf einer früheren Stufe der gesellschaftlichen Entwicklung nicht nötig bzw. nicht vorhanden waren, oder danach, wie – wenn nicht als besondere Tätigkeit – diese Funktionen zuvor gewährleistet worden sind (also die Frage nach den funktionalen Äquivalenten in einer früheren Gesellschaftsformation). Die Existenz und die Entwicklung von Dienstleistungen soll, wie es eine soziologische Theorie verlangt, ausschließlich mit gesellschaftlichen Faktoren erklärt werden. Im Wandel der Art und Weise der Gewährleistung dieser Funktionen oder in der notwendigen Herausbildung neuer Funktionen ließe sich dann gesellschaftlicher Wandel beschreiben. Die wichtigste Triebkraft ist die fortschreitende Arbeitsteilung, die sich in einer Rationalisierung von Produktion und Reproduktion zeigt – und die, indem sie die Bedingungen sozialer Integration verändert, auch neue Funktionen hervortreibt. Die »Quellen« von Dienstleistungen lassen sich wie folgt systematisieren:

Da der Ertrag einer Ware sich aus der Differenz zwischen Herstellungskosten und auf dem Markt erzielbarem Preis ergibt, wird versucht, den Produktionsprozeß von allen unproduktiven Elementen zu befreien und die Arbeit zu intensivieren. Den Kern dieser Erklärungsansätze bildet der Prozeß der gesellschaftlichen Arbeitsteilung. Er ist der Grundmechanismus, der u. a. auch immer neue Dienstleistungen hervortreibt. Dienstleistungstätigkeiten werden aus anderen Tätigkeiten herausgelöst, dieser Logik entsprechend auch aus anderen Dienstleistungen, als arbeitsteilig gesonderte Tätigkeit organisiert und damit auch rationalisiert.

Das erste Beispiel für die marktförmige Organisation einer Dienstleistung ist der Handel, der funktionale Voraussetzung für eine Ausdehnung der Arbeitsteilung und die damit verbundene Steigerung der Produktivität von herstellenden Arbeiten war. Die Quelle der Dienstleistung ist also die Verselbständigung einer Funktion, die zuvor mit der produzierenden Arbeit (z. B. Handwerk) vermischt war. Die einzige sinnvolle Erklärung für diesen Prozeß ist Produktivitätssteigerung durch Spezialisierung.

Der Handel erlebte seine erste Expansion vor der industriellen Revolution. Ohne ihn wäre diese gar nicht denkbar gewesen, denn sowohl die Lieferung von Rohstoffen wie die Expansion der Märkte und damit des Absatzes wurden vom Handel organisiert. Mit der industriellen Revolution explodieren die Dienstleistungen: die Entstehung der staatlichen und privatwirtschaftlichen Bürokratie läuft parallel zur Revolution der Produktion, ist also Bedingung, nicht Folge. Gerade der »große Betrieb« mit seiner Bürokratie charakterisiert ja die industrielle Revolution. Die Ausdehnung von produktionsbezogenen Dienstleistungtätigkeiten erfolgt nicht zeitlich nach der Expansion der verarbeitenden Industrie, sondern mit ihr.

Die Märkte dehnen sich als Voraussetzung und Folge der industriellen Produktionszuwächse aus, der staatliche Apparat sorgt für die Infrastruktur und organisiert die Vermittlungsfunktionen (Recht) sowie die Sicherung der privatwirtschaftlichen Formen (Polizei). Die »bewahrende« Arbeit (Berger/Offe) nimmt mit dem Prozeß der Vergesellschaftung der Arbeit zu, sei es wegen »wachsender Komplexität« oder wegen zunehmender Konkurrenz- bzw. Konflikthaftigkeit des Gesellschaftsprozesses selbst. Die Organisation der Verteilung von Rohstoffen, Halbprodukten und Endprodukten ist eine Voraussetzung der Entwicklung der großen Industrie, die bürokratische Regelung der Beziehungen in und zwischen den Betrieben ist mit ihr unmittelbar verbunden.

Mit fortschreitender Rationalisierung der Produktion werden aus der produzierenden Arbeit immer mehr jene Zeitanteile ausgeschieden, die nicht unmittelbar produktiv sind: die Arbeit wird intensiviert. Arbeits- und Produktplanung, Transport- und Kontrollarbeiten werden als besondere Tätigkeiten arbeitsteilig zusammengefaßt. Da in der vorindustriellen Arbeitsorganisation außerdem produktive und reproduktive Funktionen vermischt waren, differenziert der Prozeß der Entmischung unterschiedlichste Funktionen aus, die als »Dienstleistungen« in neuen Organisationseinheiten bzw. Berufen organisiert werden: Kindererziehung, berufliche Bildung und Erholung sind Beispiele dafür. Aus diesem Prozeß der Entmischung entstehen aber nur zum Teil neue Berufe, ein anderer Teil der Funktionen wird an die Familien abgeschoben, wo sie weitgehend den Frauen in Form unbezahlter Arbeit überlassen bleiben (vgl. Kapitel 9).

Über das Volumen der Dienstleistungsarbeit entscheidet also die Rationalisierung der Produktion. Sowohl produktionsbezogene wie konsum- bzw. reproduktionsbezogene Dienstleistungen (Tätigkeiten/Funktionen) werden ausgegliedert und an unterschiedliche Träger abgegeben: an Dienstleistungsabteilungen innerhalb von Produktionsunternehmen, an spezialisierte Dienstleistungsunternehmen bzw. staatliche Einrichtungen oder an die informellen Bereiche der Ökonomie wie den privaten Haushalt.

Trennung von Produktion und Reproduktion

Im Zuge der Urbanisierung dehnt sich die Lohnarbeit aus, und die Subsistenzökonomie der privaten Haushalte löst sich allmählich auf (vgl. Ipsen 1991). Die Sphären von Produktion und Reproduktion differenzieren sich räumlich und zeitlich aus. Die zuvor vermischten Funktionen von Nahrungsmittel- und anderer Güterproduktion (z. B. Kleidung, Wohnungseinrichtung, Werkzeuge), Erziehung und Ausbildung, Krankenpflege und Fürsorge werden im Laufe der Zeit entmischt und als besondere (Arbeits-)Funktionen sichtbar. Sie werden entweder dem Privathaushalt, der die Funktion als Ort der Güterproduktion (für den Markt) zuneh-

mend verliert, zugeschoben (vgl. Terlinden 1990) oder spezialisierten (und räumlich gesonderten) Institutionen zugewiesen, wo
sie als »Dienstleistungen« Gegenstand von berufsförmiger Arbeit
werden.

Rationalisierung der Reproduktion

Die Trennung von Produktion und Reproduktion ist aber kein
einmaliger »Sortierungs«-Prozeß, vielmehr lösen Veränderungen
in beiden Bereichen dynamische Bewegungen aus: die Anforde-
rungen an die Arbeitskraft wachsen mit zunehmender Intensivierung, Technisierung und Verwissenschaftlichung der Produktion,
und der mit steigender Produktivität wachsende gesellschaftliche
Reichtum zieht Umverteilungsforderungen seitens der Lohnarbeiter sowie eine Anhebung des gesellschaftlichen »Normalniveaus«
der Lebensbedingungen nach sich. Den Arbeitskräften werden
höhere moralische und qualifikatorische Erwartungen entgegen-
gebracht, und die Verbesserung des Lebensstandards erfordert eine
Erhöhung der Konsummöglichkeiten.

Prinzipiell wäre letzteres von Anfang an durch eine Steigerung
des Individualkonsums denkbar gewesen: die Privathaushalte be-
sorgen sich die entsprechende Haushaltstechnik und stellen
Dienstleistungspersonal ein. Aber das ist natürlich eine Frage der
Kaufkraft (Relation von Einkommen und Kosten des Angebots)
und war daher zunächst nur einer schmalen Oberschicht möglich.
Bis in die ersten Jahrzehnte des 20. Jahrhunderts mußten Arbeiter
ihr gesamtes Geldeinkommen für Nahrungsmittel und Woh-
nungskosten ausgeben, so daß keine weiteren Spielräume für An-
schaffungen oder Dienstleistungsausgaben bestanden. Um dennoch nach und nach auch den Massen der Lohnarbeiter einen
erweiterten Konsum zu ermöglichen, wurden Dienstleistungen in
kollektiver Form angeboten: Badehäuser, denn eine Wohnung mit
Badezimmer hätten sie sich nicht leisten können; Schwimmbäder,
denn einen privaten Swimming-pool...; Omnibusse, denn ein
eigenes Auto...; zentrale Wäschereien, denn eine eigene Waschmaschine...

Nur so konnte die Forderung der Arbeiterbewegung nach Umverteilung des wachsenden gesellschaftlichen Reichtums ent-
schärft werden. Eine Möglichkeit, zugleich das Reproduktionsni-
veau zu verbessern und die Kosten in Grenzen zu halten, ist die

institutionalisierte Form von kollektiven Diensten – also gerade nicht die hauswirtschaftliche Form. Die kollektive Form erlaubt eine rationalisierte Nutzung der Investitionen und des Personals; die Gewährleistung von Transport-, Freizeit- und Haushaltsdienstleistungen (z. B. Wäschereien, Gaststätten) ist zwar prinzipiell immer auch als einzelhaushaltliche denkbar, aber Raum, Zeit und Hilfsmittel müßten dann in unendlicher Menge verfügbar sein. Die kollektive Form macht die individuelle Nutzung ohne diese Voraussetzungen für einen größeren Personenkreis möglich, ist also weniger raum-, zeit- und kostenaufwendig. In dieser Perspektive ist der Kampf der Arbeiterbewegung für *kollektive* Reproduktionseinrichtungen auch funktional für das Kapital, weil die Forderungen nach Umverteilung mäßiger ausfallen und rationeller, d. h. kostengünstiger zufriedengestellt werden können. Wenn aber die Tendenz zur Selbstbedienungsgesellschaft, also der Bereitstellung solcher Infrastruktur in jedem Einzelhaushalt, sich durchsetzt, dann wären die kollektiven Dienstleistungen nur eine Vorstufe der bzw. eine Zwischenperiode massenhafter privatistischer und individualistischer Dienstleistungsproduktion gewesen, die dann wieder die Form von Eigenarbeit annehmen kann (unter der Bedingung von mehr Freizeit und stark ausgeweitetem Angebot an Industrieprodukten, d. h. Haushaltstechnik).

Neue Funktionen: Sozialisation und Kontrolle

In dem Maße, in dem sich mit der kapitalistischen Ökonomie eine »Systemwelt« herausbildet, die immer weniger als eine Addition von haushaltlichen bzw. familiären Subsystemen funktionieren kann, müssen die Qualifikationen, Motivationen und Verhaltensregeln, die Bestandsvoraussetzungen für dieses System sind, eigens erzeugt und permanent abgesichert werden. Die vorindustrielle Gesellschaft wurde vor allem durch Zwang und Religion zusammengehalten, während die Entwicklung der kapitalistischen Produktion eine säkularisierte bürgerliche Gesellschaft mit individuellen Freiheiten voraussetzt. Damit entstehen neue Probleme der gesellschaftlichen Kontrolle, die in besonderen Sozialisationsinstanzen bearbeitet werden müssen. Denn die mit der traditionellen Lebensweise verbundenen Werte, Normen und Qualifikationen entsprechen nicht denjenigen, die in der formellen Ökonomie verlangt und gebraucht werden. Für die »Systemwelt« muß sozusagen zusätzlich sozialisiert werden (»Utilitarismus statt Solidarität«). Damit entstehen neue Notwendigkeiten für neue Sozialisationsinstanzen (Bildungssystem, Sozialpolitik), deren Wirksamkeit zugleich die traditionellen Wertbestände und damit die Familie als eine Reproduktionsinstitution in Frage stellt. Dadurch entstehen wiederum neue Funktionen, die von neuen Institutionen übernommen werden müssen (z. B. Psycho-Markt).

Bisher haben wir uns bei der Beschreibung der Entstehung von Dienstleistungen an die funktionale Bestimmung von Berger/Offe als »formbeschützende« Tätigkeiten halten können, weil eine schon früher vorhandene Funktion auf einer höheren Entwicklungsstufe der Gesellschaft lediglich anders organisiert wurde bzw. ihre Entstehung funktional aus dem gesellschaftlichen Wandel erklärt werden konnte. Berger/Offe (1984, 44) fassen darunter aber auch »Prozesse der Innovation und aktiven Anpassung«. Soweit es sich um tayloristische Formen der Rationalisierung handelt, dürfte ihre Einschätzung zutreffen, wonach gerade durch Produktivitätssteigerung neue formbeschützende Tätigkeiten entstehen, da diese Produktivitätsgewinne außer durch arbeitssparende Maschinen gerade dadurch erzielt werden, daß der Herstellungsprozeß von bestimmten Risiken entlastet wird, die als neue Dienstleistungstätigkeiten separat organisiert werden. Neuere Rationalisierungsstrategien aber scheinen gerade den entgegengesetzten Weg zu gehen: Fertigungsarbeitsplätze werden wieder mit Arbeitsvorbereitungs-, Überwachungs- und Steuerungsfunktionen angereichert, der Herstellungsprozeß im engeren Sinne wird also wieder mit Risiken beladen. Gleichzeitig wachsen diejenigen produktionsorientierten Dienstleistungen, die wie Forschung und Entwicklung gerade mit der Veränderung der Rahmenbedingungen der Produktion befaßt sind. Eben diese innovativen Tätigkeiten der Produktentwicklung und Produktivitätssteigerung durch Flexibilisierung und Qualifizierung sind nur noch mit großer Mühe unter die Kategorie »formbeschützend« zu subsumieren. Allein die Orientierung auf das Generalziel, das Überleben eines Unternehmens in der Konkurrenz langfristig zu sichern, würde eine solche Einordnung von Forschung und Entwicklung erlauben. Aber dann entfiele auch die Differenz zu den herstellenden Funktionen. Denn dem Überleben in der Konkurrenz dient jede Tätigkeit in kapitalistisch organisierten Betrieben, das Herstellen allemal. Das Auto muß heute hergestellt werden, damit das Unternehmen morgen am Markt überlebt. Es muß morgen billiger und besser hergestellt werden können, damit das Unternehmen auch übermorgen noch eine Chance hat. Physische Herstellungsarbeit und produktivitätssteigernde Reorganisation der Produktion sind nur in unterschiedlichen Zeithorizonten, aber ansonsten gleichermaßen aufs Unternehmensziel bezogen. Kurz gesagt: Es ist eine Überdehnung des Begriffs formbeschützende Arbeit, wenn man darunter sowohl die Tätigkeit rechnet, das reibungslose Funktionieren der Produktion eines Gutes zu überwachen, wie auch die grundlegende Veränderung des Produktionsablaufes, um billiger und besser anderes zu produzieren. Beides paßt nur dann unter denselben begrifflichen Hut, wenn man die Funktion auf der abstraktesten Ebene der Sicherung des Bestandes eines Systems formuliert. Dann aber wird die Differenzierung zwischen formbeschützenden und herstellenden Arbeiten selbst hinfällig.

Wir rechnen deshalb nur jene Tätigkeiten zu den »formbeschützenden«, wo in der Tat die »Vermeidungskomponente« (S. 48) dominiert, also die Funktionen des »Wächters und Regulators«. (S. 54) Davon unterscheiden wir alle jene Dienstleistungstätigkeiten, denen arbeitsteilige Ausgliederung im Sinne der Erweiterung von »Umwegproduktion« die Funktion hat, die Produktivität zu steigern. Diese Unterscheidung zwischen formbeschützenden und innovativen Dienstleistungen ist eine rein analytische. Im konkreten Fall kann dieselbe Tätigkeit, z. B. die eines Lehrers, beiden Funktionen dienen. Auf der höchsten Abstraktionsstufe von Systemfunktionen, der des Systemerhalts, verflüchtigt sich diese Differenz auch als analytische. Für das System ist es irrelevant, ob es an der übermäßigen Produktion von Folgeproblemen, also an seinen negativen Leistungen, zugrunde geht oder ob es scheitert, weil es nicht genügend positive Leistungen zuwege gebracht hat, etwa in Gestalt tauschfähiger Ware. Für die Identifikation von Quellen der Dienstleistungsexpansion macht es aber einen Unterschied, ob ein Unternehmen durch Gesundheitsgefährdungen seiner Belegschaft oder durch nicht konkurrenzfähige Produkte in seinem Bestand gefährdet ist. Je nachdem werden Mediziner oder Ingenieure benötigt. Um zu wissen, welche Qualitäten von Dienstleistungen mit welcher Dynamik expandieren, müssen also die Gründe unterhalb der allgemeinen Ebene des Systemerhalts differenziert werden. Denn hinsichtlich der Quantität und Qualität der Dienstleistungen macht es erheblichen Unterschied, ob

Dienstleistungen entstehen als Versuche der Bewältigung von Folgeproblemen, die eine Gesellschaft produziert, oder ob diejenigen Dienstleistungen expandieren, die der Expansion des gesellschaftlichen Reichtums dienen. Im ersteren Fall expandieren die Dienstleistungen mit dem Grad der Irrationalität, im zweiten mit dem Grad der Rationalität einer Gesellschaft. Im ersteren Fall sind es präventive und kurative soziale Dienstleistungen, idealtypisch der Polizist und der Sozialarbeiter, im zweiten sind es die produktionsorientierten Dienstleistungen, idealtypisch der Ingenieur und der Unternehmensberater.

Zu unterscheiden sind demnach zwei Quellen systemfunktionaler Nachfrage nach Dienstleistungen: formbeschützende und innovative Dienstleistungen. Die formbeschützenden Dienstleistungen umfassen all jene Tätigkeiten, die zur »Bewachung« und zum bloßen Erhalt des gesellschaftlichen Prozesses dienen. Sie dienen der »Instandhaltung von etwas«, Rohwer hat hierin zu Recht einen der »Gründe für eine langfristig anhaltende Expansion von Dienstleistungsproduktionen« (S. 49, Anm. 90) identifiziert. Massenarbeitslosigkeit, Drogenprobleme, Kriminalität, gesundheitliche Risiken, die Zerstörung der informellen sozialen Netze von Verwandtschaft und Nachbarschaft werden zu Anlässen immer neuer und erweiterter formbeschützender Tätigkeiten von Sozialarbeitern, Therapeuten, Polizisten und Arbeitsvermittlern, von Wohnungsämtern, Besserungsanstalten, Sekten und der empirischen Sozialforschung. Verallgemeinernd läßt sich behaupten, daß die Ergiebigkeit dieser Quelle proportional mit den Irrationalitäten einer Gesellschaft wächst, d. h. ihrer »Fähigkeit«, Störungen, Risiken und Folgeprobleme zu produzieren. Da wiederum die Identifikation abweichenden Verhaltens und sozialer Probleme Ergebnis sozialer, nicht zuletzt auch sozialwissenschaftlicher Definitionsprozesse ist, ließe sich hier ein Perpetuum mobile der Dienstleistungsexpansion vermuten, das zwar nicht deren Finanzierbarkeit garantiert, aber doch den »unersättlichen Hunger nach Dienstleistungen« (Fourastié) bestätigt.

Zu den innovativen Dienstleistungen dagegen können all jene Tätigkeiten gerechnet werden, die die Rahmenbedingungen des gesellschaftlichen Produktionsprozesses mit dem unmittelbaren Ziel seiner Effektivitätssteigerung ändern. Wolff (1990) hat diesen Bereich der Dienstleistungstätigkeit als »investive Dienstleistungen« bezeichnet, »zu denen die Forschungs- und Bildungseinrichtungen der verschiedensten Art, aber auch die Ingenieurs- und Planungsleistungen zu zählen sind und die ihre Bedeutung für das gesamtwirtschaftliche Wachstum aus der Optimierung der wirtschaftlichen Produktionsprozesse durch die Anwendung wirtschaftlicher Erkenntnisse gewinnen« (S. 66). Sie sind Teil der »Umwegproduktion«, wonach »ein wachsender Anteil der verfügbaren Ressourcen dafür verwandt (wird), die Transformationsprozesse selbst zu verbessern«. (S. 65) In dem Maße, in dem der Umbau der Rahmenbedingungen gesellschaftlicher Produktion zum zentralen Feld der Produktivitätssteigerung wird, Effizienzsteigerung also als reflexiver Prozeß einer dauernden sozialen Transformation statt nur als stofflich-technische Umwälzung der Maschinerie organisiert wird, »fällt es schwer, für die Entwicklung produktionsbezogener Dienstleistungen noch irgendwelche Grenzen zu erkennen«. (Rohwer 1991, 34)

2. d) Konsumorientierte Dienstleistungen und sozialer Wandel jenseits systemfunktionaler Erklärungen

Die systemfunktionalen Erklärungen von Dienstleistungen eröffnen theoretisch unerschöpfliche Quellen von Dienstleistungsbeschäftigung. Je effektiver der Produktionsprozeß und je irrationaler die Gesellschaft wird, desto mehr innovative und formbeschützende Tätigkeiten werden nötig. Für alle konsumbezogenen Dienstleistungen können funktionale Erklärungen in dem Sinne gegeben werden, daß damit »Systemerfordernissen« Genüge getan wird, indem etwa arbeitsfähige Identitäten stabilisiert oder Loyalität durch erhöhte Zufriedenheit gestärkt wird. Allerdings laufen solche Argumente leicht Gefahr, tautologisch zu werden.[3] Es ist ja eine Eigenart systemfunktionaler Argumentation, daß über ihre Richtigkeit nur empirisch entschieden werden kann: solange ein System nicht zusammenbricht, ist alles, was darin passiert – zumindest in »letzter Instanz« – funktional. Als eindeutig dysfunk-

---

3 Claus Offe hat die Frage gestellt, »ob das Wachstum der Dienstleistungsarbeit ... überhaupt mit objektivem Bedarf an oder subjektiven Bedürfnissen nach ›Diensten‹ in Zusammenhang gebracht werden kann oder ob (mindestens) zusätzlich Bedarf und Bedürfnisse nach ›Arbeit‹ und ihren extrinsischen und intrinsischen Vergütungen ausschlaggebend für Wachstumstendenzen sind«. (Offe 1984, S. 318 f.) Neben systemischem Bedarf und Nachfragewandel erwägt er Beschäftigungsdefizite und Arbeitskraft-Anbieterinteressen als weitere Quellen des Wachstums.

tional kann ein Mechanismus nur entlarvt werden, wenn in seiner Folge das System zusammenbricht. Das Verhalten von Individuen – auch als Konsumenten – ist aber immer mehr als bloßer Reflex auf objektive Strukturen –, und nicht jede Erhöhung des Lebensstandards oder jede Erweiterung des Entscheidungsspielraums kann als »systemnotwendig« qualifiziert werden.

Ab einem bestimmten Niveau des gesellschaftlichen Reichtums, das auch der Masse der Bevölkerung Entscheidungsspielräume bei der Verwendung ihres Einkommens eröffnet, sind nicht mehr alle Ausgabenentscheidungen der Konsumenten funktional zu erklären. Will man nicht totale Manipulation durch Erziehung, Massenmedien und nackten Zwang unterstellen, so gibt es mit steigendem gesellschaftlichem Reichtum wachsende Spielräume für subjektive Entscheidungen, die sich am klarsten gerade darin manifestieren, daß der wachsende Reichtum nicht für den Warenkonsum, sei es in Form von Gütern oder von Dienstleistungen, verwendet wird, sondern auch verwendet werden kann, um den eigenen Einsatz in formeller Berufsarbeit zu reduzieren. Eben dies ist der Kern der Individualisierungsthese: daß heute die objektiven Spielräume soweit erweitert sind, daß Individuen nicht nur jenseits der tradierten Normen von Geschlechtsrolle und Schichtzugehörigkeit etc., sondern – zumindest in Ansätzen – prinzipiell auch jenseits des Warenkonsums leben können. Die Tatsache, daß bei einem Einkommen oberhalb des wie immer gesellschaftlich definierten Existenzminimums ein Haushalt auf zusätzlichen Warenkonsum verzichten kann, läßt seine Konsumentenentscheidung prinzipiell zu einem exogenen Faktor der Entwicklung des Dienstleistungskonsums werden. Und es gibt einen Punkt in der Entwicklung, an dem die Ausdehnung konsumentenorientierter Dienstleistungen einen qualitativen Wandel erfährt, nämlich dann, wenn die Rationalität der Wohlfahrtssteigerung durch Arbeitsteilung und Spezialisierung verlassen wird bzw. wenn überhaupt keine systemfunktionale Logik oder eine andere Rationalität mehr erkennbar ist als diejenige, daß sich eine vorhandene Kaufkraft in ein lukratives Geschäft umwandeln läßt. Entsprechend hat Gorz (1989) zwei Typen konsumorientierter Dienstleistungen unterschieden:

a) zum einen jene, die Haushaltsarbeit durch professionelle Arbeit ersetzt (Kochen, Erziehen, Pflegen), was Produktivitätsgewinne durch Spezialisierung und economies of scale bewirkt;

b) zum anderen solche, die dem Ausfüllen von freier Zeit dienen, die Fun-Dienste, also das Schaffen von Abwechslung und die Unterhaltung von Menschen, die über Freizeit und Einkommen verfügen.

Die informelle Haushaltsarbeit durch rationalisierte und spezialisierte berufliche Arbeit zu ersetzen hat immerhin das Argument der Produktivitätssteigerung für sich, also die Steigerung des Reichtums bzw. der Wohlfahrt einer Gesellschaft. Gesamtgesellschaftlich gesehen wird dadurch möglicherweise die Qualität von Dienstleistungen erhöht, das Volumen notwendiger Arbeit reduziert und damit Zeit gewonnen (vor allem auf seiten der Frauen) für andere, produktive oder selbstgewählte Tätigkeiten. Die konsumorientierten Dienstleistungen des zweiten Typs, insbesondere die freizeitorientierten Dienstleistungen, haben aber einen anderen Zweck: sie dienen dem Ausfüllen und Absorbieren von »freier« Zeit. Die unterschwellige moralische Bewertung, die in der Unterscheidung zwischen »zeitsparend« und »zeitvernichtend« liegt, ist sicher fragwürdig – und mündet in den alten Streit um »hedonistische« Orientierungen, den zu entscheiden in offenen und demokratischen Gesellschaften die Instanz fehlt. Für unseren Zusammenhang ist jedoch wichtig, daß es sich um unterschiedliche Rationalitäten (= Quellen) des Wachstums von Dienstleistungen handelt.

Fun-Dienste

Das Wachstum der freizeitorientierten Beschäftigung zeigt, daß auch solche Bereiche menschlicher Lebensäußerungen Anlaß für erwerbsförmige Organisation sein können, für die sich keine wie immer geartete funktionale Notwendigkeit erkennen läßt. Ein Beispiel ist der Tourismus: die Erholungsfunktion eines Urlaubs kann schwerlich mit der Kilometerdistanz des Urlaubsortes zum Wohnort in Zusammenhang gebracht werden; dennoch haben Fernreisen und alle damit verbundenen Dienstleistungen in den letzten 20 Jahren dramatisch zugenommen und nehmen weiter zu. Dies dürfte allein daraus zu erklären sein, daß die entsprechende Kaufkraft gestiegen ist. Dienstleistungen sind also auch eine Reichtumsfunktion. Idealtypisch hierfür sind die von Esping-Andersen (1990, 199) sogenannten »fun services«: Erholung und Freizeit, Essen und Trinken sowie (nicht beruflich bedingte) Hotelübernachtungen.

Neben der Absorption von Reichtum, sei er in Geld oder in Zeit manifestiert, lassen sich noch zwei weitere Quellen konsumorientierter Dienstleistungen benennen, die zwar gesellschaftlich bedingt, aber nicht restlos in Systemfunktionalität auflösbar sind:

– Der kompensatorische Konsum, der als solcher, weil Ersatz für das eigentlich Gewünschte, nie zur Sättigung gelangt. Wer dauernd ins Restaurant geht, weil ihn seine Geliebte verlassen hat, wird eben dick, ohne daß deshalb die Freundin zurückkehrte. Nicht anders verhält es sich mit dem Konsum von medizinisch-therapeutischen Leistungen als Kompensation sozialer Isolation oder gescheiterter Karrieren.

– Der positionale Konsum, der Konsum zum Zwecke gesellschaftlicher Differenzierung, dem von unten der nachholende Konsum »to live up to one's neighbour« korrespondiert. Idealtypisch steht hierfür die von Thorstein Veblen 1899 beschriebene conspicious consumption (Veblen, 1953).

In einer von Ungleichheit geprägten Gesellschaft sind diese Quellen der Konsumnachfrage unerschöpflich. Positionaler und kompensatorischer Konsum sowie fun services bezeichnen eine Quelle der Expansion von Dienstleistungen, die in nur indirekt gesellschaftlich vermittelten Verhaltensweisen von Individuen begründet ist. Bei all diesen Dienstleistungen ist eine funktionale Erklärung etwa aus der gesellschaftlichen Notwendigkeit zur dauernden Expansion des Warenkonsums nur über totalen Manipulationsverdacht, also mittels hermetischer Verschwörungstheorien, zu erreichen. Es ist etwas gänzlich anderes, ob man ein Bedürfnis als gesellschaftlich bedingt beschreibt oder als gesellschaftlich »notwendig« für den Bestand des Systems. Sicher sind auch die fun services gesellschaftlich bedingt, aber ohne sie würde der Kapitalismus immer noch funktionieren können – vielleicht würde der Absatz von Lollies entsprechend expandieren.

Demographischer Wandel

Als eine weitere, ganz anders geartete exogene Quelle der Nachfrage nach Dienstleistungen können demographische Veränderungen angeführt werden. Insbesondere Änderungen im Altersaufbau und in den Haushaltsstrukturen können die Nachfrage nach bestimmten Dienstleistungen ansteigen lassen. Wachsende Anteile alter Menschen und verlängerte Lebenserwartung lassen auch den Anteil pflegebedürftiger Menschen zunehmen. Gleichzeitig ist in der Bundesrepublik Deutschland die Geburtenrate zurückgegangen und die Erwerbsquote der Frauen gestiegen. Wenn es weniger Kinder gibt und wenn die Frauen, die bislang die Hauptlast der häuslichen Pflegeleistungen getragen haben, aufgrund wachsender Integration in das System beruflich organisierter Arbeit weniger Zeit, vielleicht auch weniger Motivation zu informeller Pflege haben, dann muß die Nachfrage nach marktförmig bzw. staatlich organisierten Pflegediensten steigen – die Einführung der Pflegeversicherung war eine entsprechende Konsequenz, und sie wird zur Expansion von Dienstleistungstätigkeiten in der Statistik beitragen.

Die wachsende Nachfrage nach Pflegeleistungen aufgrund demographischer Veränderungen ist doppelt gesellschaftlich bedingt: die informellen sozialen Netze von Verwandtschaft und Nachbarschaft, in denen bisher die Pflege geleistet wurde, zerreißen. Verantwortlich dafür sind niedrigere Geburtenrate, höhere Mobilität, wachsende Instabilität der Ehe und eine gewandelte Rolle der Frau. Auf der anderen Seite führen die Verbesserungen des Gesundheitswesens, eine lange Friedensperiode und die Anhebung des allgemeinen Lebensstandards zu längerer durchschnittlicher Lebensdauer, aber damit auch zu mehr pflegebedürftigen alten Menschen. Beides zusammen erhöht die Nachfrage nach marktförmig bzw. staatlich organisierten Pflegediensten. Aber zwischen den beiden Seiten der Erklärung besteht doch ein erheblicher Unterschied: die Verlängerung der durchschnittlichen Lebenszeit begründet einen zusätzlichen Bedarf. Es gibt faktisch mehr Pflegefälle. Die Veränderung der Altersstruktur und das Brüchigwerden der informellen sozialen Netze erzeugen dagegen nur eine Nachfrage nach formell organisierten Dienstleistungen im Pflegebereich, ohne daß sich Schwere und Zahl der Pflegefälle irgendwie geändert haben müßten. Im ersten Fall entsteht neuer Bedarf, im zweiten wird ein immer schon bestehender Bedarf auf dem Markt bzw. in der politischen Arena sichtbar.

3. Formalisierung von Dienstleistungstätigkeiten – Fortsetzung der »Landnahme«

Das Beispiel verweist auf zwei grundsätzlich verschiedene Wege in die Dienstleistungsgesellschaft. Das Wachstum der Dienstleistungen kann darauf beruhen, daß im Verlauf des sozialen Wandels neue Funktionen entstehen, die als Dienstleistungsarbeit organisiert werden. Die bisher genannten Erklärungen betonen diesen Prozeß der Ausdifferenzierung neuer Tätigkeiten. Es kann sich aber auch lediglich um einen Wandel in der gesellschaftlichen Organisationsform von Arbeit handeln in dem Sinne, daß solche Tätigkeiten, die früher im Haushalt oder in einer Grauzone des Arbeitsmarkts erledigt wurden, nunmehr legal, betrieblich organisiert und in formeller Beschäftigung erbracht werden.

Bei der Verschiebung von Aktivitäten zwischen der informellen Arbeit der privaten Haushalte und der formellen in Markt und Staat handelt es sich jedoch um weit mehr als nur um eine Verschiebung von Aktivitäten. Es ist der Prozeß der Vergesellschaftung der Lebensweise, in dessen Verlauf menschliche Lebenstätigkeit zur betrieblich organisierten Lohnarbeit wird und der Kauf und Verbrauch von Gütern und Dienstleistungen zum dominanten Modus der Bedürfnisbefriedigung. D. h. was als Wanderung in die und aus der Statistik sichtbar wird, beinhaltet einen tiefgreifenden Qualitätswandel menschlicher Aktivitäten.

Vor der Durchsetzung marktförmiger Wirtschaftsweisen, in der Oikos-Produktion, dominierte die informelle Arbeit. Die Rollen von Produzent und Konsument waren allenfalls rudimentär zwischen den im »ganzen Haus« zusammen wohnenden und zusammen arbeitenden Verwandten und Nichtverwandten geteilt. Mit der Auflösung des ganzen Hauses wurden die Arbeit und ihre Produkte warenförmig organisiert. Produktion und Konsum wurden räumlich und zeitlich getrennt. Die Rolle des Konsumenten löste sich von der des Produzenten. Dieser Prozeß ergreift als letzte auch die landwirtschaftlich tätige Bevölkerung. In Deutschland betrug noch in der zweiten Hälfte des 19. Jahrhunderts der Grad der Selbstversorgung ländlicher Haushalte bis zu 80%. Nicht nur fast alle Nahrungsmittel, auch Kleidung, Möbel und Wohnung wurden überwiegend in Eigenarbeit hergestellt. Doch seitdem haben sich betrieblich organisierte Lohnarbeit und Warenform auch in der agrarischen Produktion weitgehend durchgesetzt. Bravermann (1977) beschreibt diesen Prozeß für die USA: »Im Verlauf der letzten 100 Jahre hat sich das Industriekapital zwischen Farm und Haushalt gedrängt und alle Verarbeitungsfunktionen von beiden an sich gerissen; damit dehnte es die Warenform auf die Nahrungsmittel in halb- oder fertigverarbeitetem Zustand aus. Zum Beispiel wurde 1879 fast alle Butter auf Farmen erzeugt; bis 1899 war dies auf reichlich unter Dreiviertel reduziert worden, und 1939 wurde wenig mehr als ein Fünftel der Butter auf Farmen hergestellt. Das Schlachten von Vieh ging sowohl früher als auch zügiger von der Farm auf die Industrie über. Der Prozentsatz des von kommerziellen Bäckereien verbrauchten Mehls stieg von nur einem Siebentel im Jahre 1899 rasch auf mehr als zwei Fünftel im Jahre 1939 an. Und während der gleichen Zeitspanne verfünffachte sich die Pro-Kopf-Produktion von Gemüsekonserven, und die von Obstkonserven wuchs um mehr als das Zwölffache ... Wie mit der Nahrung, so ging es mit Kleidung, Unterkunft, Haushaltsartikeln und sonstigen Gebrauchsgegenständen.« (S. 209 f.)

Am Anfang bildete die Warenproduktion kleine Inseln im Meer der Subsistenzwirtschaft. »Der Kapitalismus kommt zur Welt und entwickelt sich historisch in einem nicht-kapitalistischen sozialen Milieu.« (Rosa Luxemburg, zit. nach Lutz 1984, 58) Luxemburg hat über diese historische Feststellung hinaus das Wachstum der kapitalistischen Wirtschaft u. a. als Absorption der nicht-kapitalistischen Milieus erklärt: »Wenn der Kapitalismus also von nicht-kapitalistischen Formationen lebt, so lebt er, genauer gesprochen, von dem Ruin dieser Formationen, und wenn er des nicht-kapitalistischen Milieus zur Akkumulation unbedingt bedarf, so braucht er es als Nährboden, auf dessen Kosten, durch dessen Aufsaugung die Akkumulation sich vollzieht. Historisch aufgefaßt, ist die Kapitalakkumulation ein Prozeß des Stoffwechsels, der sich zwischen der kapitalistischen und den vorkapitalistischen Produktionsweisen vollzieht. Ohne sie kann die Akkumulation des Kapitals nicht vor sich gehen, die Akkumulation besteht aber, von dieser Seite genommen, im Zernagen und im Assimilieren jener.« (Luxemburg, zit. nach Lutz 1984, 60)

Rosa Luxemburg hat mit dieser »Landnahme« noch sehr buchstäblich die Kolonialisierung außerhalb der nationalen Grenzen und gestützt durch einen militärisch starken Staat in der Phase imperialistischer Expansion vor dem Ersten Weltkrieg gemeint.

Burkart Lutz (1984) hat dieses Konzept der Unterwerfung nicht-kapitalistischer Wirtschaftsformen auf binnenwirtschaftliche Entwicklungen übertragen. Die Prosperität nach dem Zweiten Weltkrieg sei getragen gewesen von einer »inneren Landnahme« gegenüber dem »traditionellen Sektor«, bestehend aus kleinen Betrieben in Landwirtschaft, Handwerk, Handel und Verkehr sowie der informellen Eigenproduktion in den privaten Haushalten und charakterisiert durch sozial (Verwandtschaft) konstituierte Arbeitsbeziehungen sowie durch eine dominante Orientierung auf Bedarfsdeckung. Nach Lutz hat der Wohlfahrtsstaat nach dem Zweiten Weltkrieg den früher zugunsten des traditionellen Sektors wirkenden Lohnmechanismus, wonach die Löhne in den Exportindustrien nicht über das im traditionellen Sektor definierte Existenzminimum hinausgehen konnten, außer Kraft gesetzt. Nun müssen umgekehrt die Löhne im traditionellen Sektor aufs Niveau der sehr viel produktiveren Arbeit im modernen industriellen Sektor angehoben werden. Das hat – neben anderem – dazu geführt, daß der traditionelle Sektor beschleunigt vom »industriell-marktwirtschaftlichen Teil der Volkswirtschaft« (S. 62) aufgesogen wurde. Lutz sieht die innere Landnahme heute an Grenzen stoßen, »die zum Beispiel von der Knappheit natürlicher Ressourcen oder von der beschränkten Möglichkeit gezogen werden, immaterielle Bedürfnisse mit Hilfe industrialisierter, kommerzieller Dienstleistungen zu befriedigen.« (S. 262)

Der Vergleich mit Schweden und den USA hat aber gezeigt, daß in der Bundesrepublik noch erhebliche Spielräume bestehen, die Erwerbstätigkeit in Dienstleistungen auszuweiten. Mit der Integration der Hausfrau in das System der beruflich organisierten Arbeit entsteht zusätzliche Nachfrage nach Gütern und insbesondere nach haushaltsbezogenen Dienstleistungen: »A professional woman needs a wife« (Ray Pahl) – nur wird ›a professional woman‹ selten eine Hausfrau heiraten, und die neuen Männer, die die Rolle übernehmen könnten, machen sich noch rar. Also wird die berufstätige Frau einen Teil ihres Einkommens in Haushaltsmaschinen »investieren«, um bei der Hausarbeit Zeit zu sparen. Auf den Zusammenhang von Frauenerwerbstätigkeit und Nachfrage nach Haushaltsgütern ist oben bereits hingewiesen worden (vgl. auch Gershuny). Aber ein Teil des Einkommens kann auch für die Bezahlung haushaltsbezogener Dienstleistungen aufgewendet werden, für Putzfrau und Babysitter, für Partyservice und Pflegeheim[4]. Die Frauen treten zusammen mit ihren traditionellen Funktionen in den Markt. Die Vergesellschaftung der weiblichen Arbeitskraft und die der weiblichen Hausarbeit verlaufen parallel. Die »innere Landnahme« gerade gegenüber den Frauen ist also noch lange nicht abgeschlossen, und die Grenzen sind, wie Esping-Andersen gezeigt hat, außerordentlich dehnbar.

4. Zusammenfassung: Der Prozeß der Vergesellschaftung

Die industrielle Arbeit hat sich entwickelt, indem aus den Tätigkeiten der Oikos-Produktion die arbeitsfreien Poren sowie die konsumtiven Tätigkeiten herausgepreßt und am Ende des Arbeitstages als Freizeit zusammengefaßt wurden. Parallel dazu wurde die nach dem Stand des organisatorischen und technischen Wissens profitabel organisierbare Produktion warenförmig organisiert, der Rest blieb der Eigenproduktion der Haushalte und dabei vor allem der unbezahlten Arbeit der Hausfrauen überlassen. Dieser Vorgang der Entkopplung von Arbeit, Konsum und arbeitsfreier Zeit vollzieht sich immer wieder erneut im Zuge der inneren Landnahme. Wenn eine Frau als Putzfrau arbeiten geht, dann bedeutet dies einmal eine Formalisierung vormals informeller Arbeit, zum anderen aber auch eine räumliche, zeitliche und personelle Trennung von Dienstleistungserbringung und ihrem Konsum. Diese Trennung von Produktion und Konsum ist die zentrale Voraussetzung für Rationalisierung und Verstofflichung. Sie geschah zuerst in jenen Bereichen, die wir als industrielle Güterproduktionen kennen. Seit langem aber erfaßt sie auch jene Bereiche, die als Dienstleistungstätigkeiten insbesondere verbrauchsorientierte Dienstleistungstätigkeiten bezeichnet werden. Damit sind auch hier Rationalisierungseffekte zu erwarten in dem Maße, in dem sich diese Tätigkeiten vom Merkmal des Uno actu entfernen.

Dieser Prozeß der Entstehung formeller Dienstleistungsproduktion im Zuge des Vergesellschaftungsprozesses wird in der Diskussion um die Dienstleistungsgesellschaft fast immer vernachlässigt. In Opposition zum Optimismus der Drei-Sektoren-

---

4 Untersuchungen zum Ausgabeverhalten von Haushalten, in denen beide Ehepartner erwerbstätig sind, haben gezeigt, daß das zusätzliche Einkommen zunächst für mehr Investitionen in die Haushaltsausstattung verwendet wird und erst danach für zusätzliche Dienstleistungen (vgl. Jacobs/Shipp/Brown 1989).

Theorie konzentrieren sich Baumol und Gershuny z. B. auf das Absterben bzw. Verschwinden formeller, am Ende ihres Lebenszyklus befindlicher, betrieblich organisierter Dienstleistungstätigkeiten, ohne den Prozeß, durch den sie einstmals aus dem Schatten der Oikos-Wirtschaft ins statistisch sichtbare Licht des Marktes getreten sind, zu beachten. Der Prozeß der Vergesellschaftung menschlicher Lebensäußerungen läßt aber in immer neuen Wellen formelle, betrieblich organisierte Berufstätigkeit entstehen. Auch wenn sich jede einzelne einmal an den Klippen der Kostenkrankheit und der Verstofflichung brechen kann, kann sich das Volumen der Dienstleistungsarbeit doch ausweiten.

Wir gehen damit ab von dem Versuch, invariante, stoffliche Qualitäten der Dienstleistung zu bestimmen, an denen eine Definition von Dienstleistungen festgemacht werden könnte. Die universellen Trends zur Rationalisierung, Verberuflichung und Verstofflichung lösen solche invarianten Merkmale menschlicher Tätigkeit immer wieder auf. Alle menschliche Lebenstätigkeit kann im Prinzip vergesellschaftet werden, d. h. formell, beruflich und betrieblich organisiert, verstofflicht und industrialisiert und damit auch rationalisiert werden. Dieser Prozeß ist zugleich ein Prozeß der Produktivitätssteigerung und damit der Vermehrung des Reichtums. Der Prozeß der Vergesellschaftung vollzieht sich in einem Ablauf von »Lebensphasen«, der zunächst bei der industriellen Produktion zu beobachten war, beim Transport z. B.: von der persönlichen Dienstleistung der Sänftenträger über die Eisenbahn (kollektiver Konsum) zum Auto (Substitution). Die Entwicklung der Wirtschaft ist als Prozeß der permanenten Substitution von Tätigkeiten im informellen Bereich durch formelle berufliche Tätigkeiten und weiter durch stoffliche Güter zu beschreiben. Am Anfang steht die informelle Arbeit, es folgt die berufliche Organisation der Arbeit und damit die warenförmige Organisation von Lohnarbeit, schließlich Arbeitsteilung, Rationalisierung, Standardisierung, Mechanisierung und Automation. Dadurch steigt die Kaufkraft. Daraus läßt sich für die Dienstleistung eine zyklische Theorie analog zur industriellen Güterproduktion entwickeln:

Wenn wir von der Herrschaftsform der erzwungenen Dienste absehen, so entsteht eine Dienstleistung als warenförmig organisierte Arbeit dadurch, daß jemand mit Geld sich jemand anheuern kann dafür, etwas zu tun, was er selbst nicht will, z. B. eine Amme, um sein Kind zu nähren. Dienstleistungen sind also zunächst ein Luxus. Sie dehnen sich marktförmig aus, indem sie einerseits billiger werden (Rationalisierung) und wenn andererseits durch ungleiche Einkommenszuwächse eine größere Kaufkraft entsteht. Schließlich werden sie teilweise verstofflicht und industrialisiert, teilweise in neuer Form in die Eigenarbeit der privaten Haushalte zurückgeschoben.

Die informelle Arbeit der privaten Haushalte kann aber auch als Zwischenstufe zwischen Phasen formeller Organisation auftreten. Ein Großteil beruflich organisierter Dienstleistungen für die privaten Haushalte ist im Verlauf des 19. und Anfang des 20. Jahrhunderts als weibliche Hausarbeit informalisiert worden und dann im Zuge innerer Landnahme wieder zu industriell herstellbaren Haushaltsinvestitionsgütern verstofflicht und im Zuge der Ausweitung öffentlich finanzierter Infrastruktur (Schweden) bzw der marktförmigen Organisation aufgrund einer Polarisierung der Einkommen (USA) wieder zu beruflich organisierter formeller Arbeit geworden. Früher beruflich organisierte Tätigkeiten, finanziert nach dem heutigen US-amerikanischen Modell, prägen vorübergehend die informelle, unbezahlte Arbeit der Hausfrauen, um dann bei entsprechendem technischem Fortschritt, der sie industrialisierbar macht, und erneuter Einkommenspolarisierung, die sie finanzierbar macht, und im Zuge politisch-kultureller Aufwertung bezahlter Frauenarbeit wieder aus der Privatsphäre in die Öffentlichkeit von Markt und Staat zurückzukehren: Von der Amme über die Mutter zu Milupa im Hort.

Als durchgängiger und gerichteter Prozeß bleibt nur die von Luxemburg und Lutz so bezeichnete »Landnahme«, die Durchsetzung der Warenform bis in die letzten Winkel menschlicher Lebensäußerungen: der Prozeß der Vergesellschaftung.

Kapitel 9

Arbeit, Haushaltsarbeit, Lohnarbeit –
Die Integration der Frauen
in die Dienstleistungsgesellschaft

Das vorangegangene Kapitel schloß mit der These, daß der Prozeß der marktförmigen beziehungsweise bürokratischen Organisation menschlicher Lebensäußerungen, also der Prozeß der Vergesellschaftung, jene Tätigkeiten ergreift, die noch informell in den privaten Haushalten – und d. h. überwiegend von Frauen – erledigt werden. Wir wollen im folgenden diese These anhand der Entwicklung der weiblichen Erwerbsarbeit seit der Industrialisierung für Deutschland belegen.

Seit dem Ende des Zweiten Weltkriegs bewegen sich immer mehr Frauen auf einem Pfad, den die Männer schon sehr viel früher beschritten haben. Was nun mit der Expansion der Konsumdienste bezüglich des weiblichen Arbeitsvermögens geschieht, geschah bezüglich des männlichen mit der Industrialisierung. Allerdings handelt es sich um mehr als eine Verspätung. Mit der Industriegesellschaft ist das System beruflich und betrieblich organisierter Lohnarbeit außerhalb des privaten Haushalts zum normalen Arbeitsbereich des Mannes geworden. Mit diesem Prozeß wurden die Begriffe Arbeit und Produktion auf die so organisierte Tätigkeit eingeengt. Die Hausarbeit fiel aus dem Geltungsbereich des neuen Arbeitsbegriffs heraus. Was an Reproduktionstätigkeiten zu Hause und bei den Frauen zurückblieb, geriet daher gar nicht erst ins Blickfeld von Statistik und Ökonomie. Schließlich schrumpften jene Bereiche, in denen sich die Erwerbsarbeit der Frauen konzentriert hatte, insbesondere die landwirtschaftliche Produktion. Mit der Durchsetzung der industriellen Produktion vollzieht sich parallel die Verdrängung der Frauen aus dem, was gesellschaftlich als Arbeit anerkannt war: Die Hausarbeit verliert die Anerkennung als Arbeit, die nicht marktvermittelten Arbeitsbereiche der Frauen schrumpfen, und die neuen Formen der Lohnarbeit bleiben den (verheirateten) Frauen weitgehend verschlossen. Diese Verdrängung wird erst heute wieder langsam aufgehoben.

Fourastié hatte die Industriegesellschaft eine krisenhafte Periode des Übergangs genannt. Dies gilt auch hinsichtlich der Rolle der Frau. Auch hier bezeichnet die Industriegesellschaft eine Phase des Übergangs zwischen einer Form der Organisation der weiblichen Arbeit und einer anderen. In der Frauenforschung ist inzwischen ausführlich und überzeugend gezeigt worden, wie in Deutschland nach und nach der besondere Geschlechtscharakter der Frau erfunden und zur Grundlage ihrer gesellschaftlichen Rolle gemacht wurde (vgl. Hausen/Wunder 1992). Ähnliche Beschreibungen liegen für andere Länder vor.

Wir beschränken uns im folgenden auf eine knappe Skizze des Wandels der Rolle der Frau auf dem Arbeitsmarkt in Deutschland, um die These von der Industriegesellschaft als einer besonderen Periode des Übergangs, in deren Verlauf die weibliche Arbeit gleichsam aus dem Blick verschwunden ist, zu verdeutlichen. Dabei können wir auf die detaillierten Analysen zur Integration von Frauen in den Arbeitsmarkt von Angelika Willms-Herget (1985) zurückgreifen.

1. Das Verschwinden der Frauenarbeit in der Industriearbeit

Vor der Industrialisierung gibt es eine funktionale und räumliche geschlechtsspezifische Arbeitsteilung lediglich im Rahmen der Hauswirtschaft, die Trennung zwischen Haushaltsarbeit und Erwerbsarbeit ist noch nicht vollzogen (vgl. Egner 1978). Im Lauf der Entwicklung der gewerblichen Produktion wandern im 19. Jahrhundert immer mehr Produktionstätigkeiten aus den Haushalten in spezialisierte Betriebe aus, aber noch für lange Zeit sind die Privathaushalte Produktionsunternehmen für den alltäglichen Bedarf. In der Protoindustrialisierung bietet die Heimarbeit ein Einkommen aus Lohnarbeit, aber die Arbeitskräfte, die die gesamte Familie umfassen, verlassen den Haushalt noch nicht zum Zweck von Erwerbstätigkeit. Produktion für den Eigenbedarf und für den Markt sind daher zeitlich und räumlich noch nicht getrennt. Mit der Industrialisierung trennen sich Erwerbs- und Haushaltsarbeit, erstere wird zum Bereich der Männer, die Frauen werden auf letztere festgelegt (vgl. Beer 1990 und Terlinden 1990). Dieser Prozeß geht einher mit kulturellen Veränderungen, die zur »Polarisierung der Geschlechtscharaktere« (Hausen 1976) führen. Daß die Frau die Haushaltsarbeit erledigt, während der Mann Geld in der Industrie verdient, wird zur »kulturellen Selbstverständlichkeit«. (Willms-Herget 1985, 45)[1]

Männer und Frauen, vor Beginn der Industrialisierung ohne Unterschied »erwerbstätig« im eigenen Haushalt, wurden in sehr ungleichem Tempo in den Markt von Beschäftigungen außerhalb des eigenen Haushalts bzw. außerhalb des Familienbetriebs einbezogen. Mit der Industrialisierung wurden zunächst die Männer in die außerhäusliche Erwerbsarbeit integriert – sowie die unverheirateten Frauen. Die Erwerbsquote der Männer im erwerbsfähigen Alter bewegte sich seit 1882 (dem Jahr, für das erstmals statistische Daten vorliegen) bis in die 60er Jahre des 20. Jahrhunderts bei 90%. Die Erwerbsquote der alleinstehenden Frauen im erwerbsfähigen Alter lag über 100 Jahre ähnlich konstant bei 70%. Das Gesamtvolumen der formell über Markt und Staat organisierten Arbeit änderte sich in dieser Zeit also nur durch demographischen Wandel (Bevölkerungswachstum) und Veränderungen der Arbeitszeiten, nicht jedoch durch eine Änderung der Erwerbsquoten. Der Anteil der Frauen an der Gesamtheit von Arbeitern, Angestellten und Beamten hat sich von 1882 bis 1970 lediglich um 2 Prozentpunkte von 32 auf 34% erhöht (Willms-Herget 1985, 150).

Von den verheirateten Frauen dagegen waren seit 1882 bis zu den 60er Jahren des 20. Jahrhunderts nie mehr als 10% außerhalb des eigenen Familienhaushalts erwerbstätig (vgl. Tabelle IX.1). Erst seitdem steigt die Beteiligung an der Erwerbsarbeit wieder steil an. Alle übrige Erwerbsarbeit der verheirateten Frauen – jenseits ihrer »Hausarbeit« – wurde nur in der Form der »mithelfenden Familienangehörigen« statistisch erfaßt – und notorisch unterschätzt. Dieser Tätigkeitsbereich ist aber mit dem Rückgang der Zahl der landwirtschaftlichen Betriebe und der darin Beschäftigten rapide geschrumpft.

---

1 Obwohl mit dieser pauschalen Aussage die Tendenz des gesellschaftlichen Wandels richtig gekennzeichnet ist, gibt es doch bemerkenswerte regionale Unterschiede der Frauenerwerbstätigkeit innerhalb Deutschlands, die auf unterschiedliche Muster der Verknüpfung von Haushalts- und Erwerbsarbeit hinweisen – und die so stabil sind, daß von unterschiedlichen regionalen Industrialisierungspfaden gesprochen werden muß (vgl. Sackmann 1995).

Tabelle IX.1: Indikatoren der Erwerbsbeteiligung von Frauen in Deutschland, 1882–1991

	1882	1907	1925	1950	1961	1970	1982	1991 a	1991 b
Erwerbsquote der Frauen im erwerbsfähigen Alter	37,5	45,9	48,9	44,4	48,9	49,6	52,9	58,4	62,1
Erwerbsquote der alleinstehenden Frauen im erwerbsfähigen Alter	69,4	71,7	73,8	68,7	69,2	68,1	62,0	65,9	66,4
Erwerbsquote der verheirateten Frauen im erwerbsfähigen Alter			29,1	26,4	36,5	40,9	48,3	54,0	59,7
Anteil der mithelfenden Ehefrauen an allen Ehefrauen	32,2	19,7	19,7	15,4	12,7	7,8	4,7	2,6	2,1
Anteil der außerhäuslich erwerbstätigen Ehefrauen an allen Ehefrauen	6,1	8,6	9,0	9,6	20,6	27,4	35,9	54,8	45,7
Anteil der erwerbstätigen Ehefrauen an allen Ehefrauen	38,3	28,3	18,7	25,0	33,3	35,2	40,6	57,4	47,8

für 1991: a = früheres Bundesgebiet; b = Bundesrepublik in den Grenzen seit Oktober 1990
Quelle: Willms-Herget 1985, 88; Mikrozensus 1991; eigene Berechnungen (Erwerbsquoten = Erwerbspersonenquoten)

Tabelle IX.2: Anteile von Frauen an den Erwerbstätigen in verschiedenen Wirtschaftsbereichen in USA, Schweden und Bundesrepublik

	BRD			USA			Schweden		
	1970	1980	1990	1970	1980	1990	1970	1980	1990
Landwirtschaft und Bergbau	46,8	42,9	38,0	15,8	18,2	20,1	22,1	23,8	24,8
Güterproduzierender Bereich	26,7	28,0	28,9	26,7	31,6	34,2	23,3	26,8	28,8
Verbraucherorientiere Dienstleistungen	51,3	54,2	55,8	50,8	53,6	55,6	62,4	64,7	66,1

Quellen: OECD, Labour Force Statistics 1989 (für 1970); OECD, Labour Force Statistics 1992 (für 1980 und 1990); eigene Berechnungen

Faßt man beide Gruppen zum Anteil der erwerbstätigen Ehefrauen an allen Ehefrauen zusammen (letzte Zeile in Tabelle IX.1), so ergibt sich eine Kurve, die in der Mitte abgesenkt ist (vgl. Abb. S. 181). In dieser Senke, der Periode der durchgesetzten Industriegesellschaft, ist die verheiratete Frau als arbeitende weitgehend verschwunden.

2. Die Bedeutung der Haushaltsarbeit und der häuslichen Erwerbsarbeit

Die amtliche Statistik ist – wir haben im Kapitel 8 darauf bereits hingewiesen – als Industriestatistik entwickelt worden. Die nicht marktvermittelten Tätigkeiten wurden unterschätzt oder gar nicht erfaßt. Die Arbeit als mithelfende Familienangehörige – als eine über Verwandtschaftsbeziehungen statt über den Markt vermittelte Arbeit – zählt dazu ebenso wie die Arbeit im Haushalt. Statistisch wurde also vor allem die Arbeit der Frauen vernachlässigt.

Als »mithelfende Familienangehörige« mußten die Frauen zum Zweck der Erwerbstätigkeit das Haus nicht verlassen, aufgrund der räumlichen Identität konnten sie Haushalts- und Erwerbsarbeit zeitlich flexibel kombinieren. Der entscheidende Wandel in der Erwerbstätigkeit der Frauen im Lauf der vergangenen 100 Jahre bestand darin, daß diese Möglichkeit zur Kombination von Erwerbs- und Haushaltsarbeit nach und nach verschwand. Mit dem Rückgang der Zahl der Selbständigen – die die typische Form des Betriebs darstellen, in dem Familienangehörige »mithelfen« – wurden die verheirateten Frauen in zunehmendem Maße gezwungen, zwischen der häuslichen Rolle als »Nur-Hausfrau« und der Erwerbstätigkeit in einem außerhäuslichen Betrieb zu wählen – wobei »wählen« ein euphemistischer Ausdruck ist, wenn die Frau wegen familialer Verpflichtungen auf die Haushaltsarbeit festgelegt war.

Die Bedeutung der Haushaltsarbeit am Anfang dieses Jahrhunderts ergibt sich nach Lutz aus drei Sachverhalten:

»(1) Es bestand eine hohe materiell-technische Notwendigkeit zur Haushaltsproduktion. Angesichts der vorherrschenden Produktions- und Distributionsformen bedurfte ein Gutteil der verfügbaren Güter des täglichen Bedarfs zu ihrer rationalen Nutzung eines nicht unerheblichen Bearbeitungsaufwands. (...)

(2) Haushaltsproduktion... war angesichts der üblichen mate-

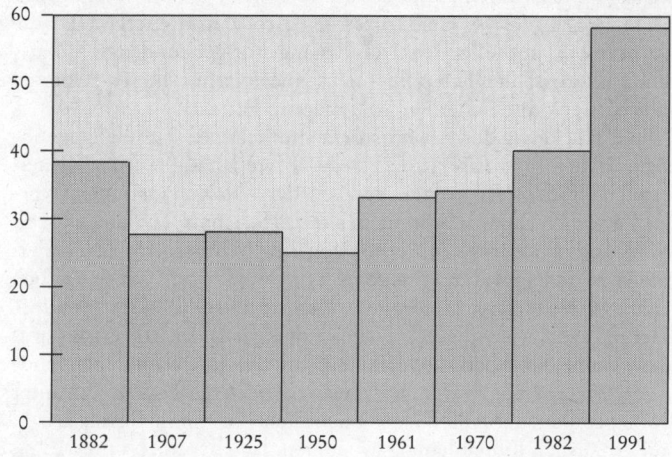

riellen Ausstattung der Haushaltungen, insbesondere wegen ihres geringen Technisierungsgrads, sehr arbeitsintensiv. (...)

(3) Ein Haushalt, der nicht über ein Minimum an familieneigener Arbeitskraft verfügte, war entweder nicht in der Lage, die Grundbedürfnisse der Haushaltsangehörigen zu befriedigen, oder gezwungen, hierfür einen substantiell höheren Preis zu zahlen als sonst üblich. Offenkundig führte also ein starkes ökonomisches Interesse dazu, daß in beträchtlichen Teilen der Bevölkerung die volle Arbeitskraft der erwachsenen, im Familienverband lebenden Frauen für Haushalt und Haushaltsproduktion genutzt wurde.« (Lutz 1984, 126f.)

Nach den Berechnungen von Lutz waren nach der amtlichen Statistik 1925 noch in der Landwirtschaft 4,8 Mio., im Handwerk 1,4 Mio. und in den kleinen Handels- und Dienstleistungsbetrieben ebenfalls 1,4 Mio. »mithelfende Familienangehörige« als Erwerbstätige ausgewiesen. Die Zahl der voll im Haushalt beschäftigten Familienangehörigen, die nicht als Erwerbspersonen erfaßt waren (»Nur-Hausfrauen«), schätzt er auf etwa 4,1 Mio.; zusammen sind das 11,7 Mio. In der Statistik für 1925 sind insgesamt 32 Mio. Erwerbstätige ausgewiesen; zusammen mit den »haushaltsführenden Familienarbeitskräften (ergab sich) ein volkswirtschaftliches Arbeitskräftepotential von 36,1 Mio.« (Lutz 1984, 132). Demnach war etwa ein Drittel des Arbeitskräftepotentials (die Summe der mithelfenden Familienangehörigen und der »Hausfrauen«) ausschließlich mit »nicht marktvermittelten« Arbeiten beschäftigt – mit Sicherheit überwiegend Frauen.

Der Rückgang der Erwerbsform »mithelfende Familienangehörige« hatte einen Rückgang bei der Erwerbstätigkeit der verheirateten Frauen zur Folge, die Zahl der »Nur-Hausfrauen« vergrößerte sich. Dies ist vor allem auf das Schrumpfen der Zahl von Selbständigen zurückzuführen: von den Männern im Alter zwischen 40 und 50 waren 1882 noch etwa zwei Drittel, 1925 nur noch ein Drittel und 1970 lediglich noch 18 % selbständig (Willms-Herget 1985, 25; vgl. auch Hagelstange 1988). Im Jahre 1925 war der Anteil der Ehefrauen, die als »mithelfende Familienangehörige« erwerbstätig waren, an allen verheirateten Frauen auf unter 20 % gefallen, der Anteil jener Ehefrauen, die »marktförmig«, d. h. außerhäuslich lohnabhängig arbeiteten, lag aber noch unter 10 %. Statistisch gesehen waren also zu dieser Zeit mehr als 70 % der verheirateten Frauen »Nur-Hausfrau«.

Der Anteil der Erwerbstätigen unter den Ehefrauen erreichte somit in der Zeit zwischen den beiden Weltkriegen sein niedrigstes Niveau. Seit der Jahrhundertwende war als Ideal der weiblichen Existenz die nicht erwerbstätige Hausfrau propagiert worden. Mit dem Anbruch der großindustriellen Massenproduktion schienen so hohe Produktivitätszuwächse realisierbar geworden zu sein, daß das gesamte Volumen der Erwerbsarbeit zumindest nicht mehr ausgeweitet werden mußte, um den wachsenden gesellschaftlichen Reichtum zu produzieren – in den gesellschaftlichen Projektionen der beginnenden »Moderne« war jedenfalls eine säuberliche Trennung zwischen (männlicher) Erwerbs- und (weiblicher) Haushaltssphäre vorgesehen (vgl. zur Rolle des Wohnungsbaus bei der Durchsetzung dieser Trennung: Häußermann/Siebel 1991 b). Der Industrie für Massenkonsumgüter schienen die Frauen zu jener Zeit weniger als Produzentinnen denn als Konsumentinnen nützlich.

Die verheirateten Frauen waren also in ihrer Arbeit über lange Zeit überwiegend an den Haushalt bzw. an die Familie gebunden. In die außerhäusliche Erwerbstätigkeit waren lediglich die alleinstehenden Frauen in ihrer großen Mehrheit integriert. »Die ungleichmäßige Entwicklung der Erwerbsbeteiligung von Frauen in diesen beiden Arbeitsformen hat zur Folge, daß die allgemeine Erwerbsquote für Ehefrauen im Verlauf von hundert Jahren zunächst bis zum Zweiten Weltkrieg von etwa 38 % auf unter 30 % gesunken ist, um dann bis 1980 wieder das alte Niveau von vor hundert Jahren zu erreichen.« (Willms-Herget 1985, 89) Eine gleichartige Entwicklung beschreibt Pahl (1984, 73 ff.) für England, wo ebenfalls in der Zwischenkriegsperiode das Modell des kleinen Haushalts mit einer nicht erwerbstätigen Hausfrau am stärksten verbreitet war. Auch in Großbritannien waren bis zum Zweiten Weltkrieg nur etwa 10 % der verheirateten Frauen außer Haus erwerbstätig. Pahl nennt als Grund für diese Entwicklung eine wachsende Intervention von Wohlfahrtsorganisationen und Staat in den Alltag, die, um die Bedingungen für das Aufwachsen von Kindern zu verbessern, die »gute Mutter« priesen. Daß eine verheiratete Frau erwerbstätig war, galt als beschämend.

3. Dienstleistungsgesellschaft: Die Organisation der Haushaltsarbeit als Erwerbsarbeit der Frauen

Nach dem Zweiten Weltkrieg ereignete sich dann geradezu eine Revolution: Zunächst noch langsam, dann immer schneller stieg die außerhäusliche Erwerbstätigkeit der Ehefrauen in der (alten) Bundesrepublik über 20,6 % (1961), 27,4 % (1970), 35,9 % (1980) auf über 50 % (1987).[2]

In welchen Bereichen arbeitet nun die wachsende Zahl von erwerbstätigen Frauen? Haben sie die Positionen von Männern, deren Erwerbsquote in der Bundesrepublik in den 80er Jahren zurückgegangen ist, eingenommen oder haben sie sich neue Bereiche erobert? Gemäß unserer These müßten die Frauen vor allem in den verbraucherbezogenen Dienstleistungen erwerbstätig geworden sein.

---

[2] In der DDR nahm der Anteil der Erwerbstätigen an der weiblichen Bevölkerung von 52,5 % im Jahr 1955 auf 78,1 % im Jahr 1989 zu (Nickel 1993, 237). Zahlen über die Entwicklung der Erwerbstätigkeit verheirateter Frauen in der ehemaligen DDR liegen uns leider nicht vor. Frauen- und Familienpolitik der DDR waren seit den 60er Jahren darauf gerichtet, vor allem die verheirateten Frauen in die Erwerbstätigkeit zu integrieren – mit einer ähnlichen geschlechtsspezifischen Berufssegregation, wie wir sie für Schweden beschrieben haben (vgl. Harms 1991).

In Kapitel 3 ist gezeigt worden, daß in Schweden und den USA, wo die Gesamterwerbsquote im Gegensatz zur Bundesrepublik gestiegen ist, die Expansion der Arbeitsmärkte in erster Linie von der Expansion der Konsumdienste getragen wird. Die Erhöhung der Erwerbsquote wiederum beruht fast ausschließlich auf der Integration der verheirateten Frauen in das System der beruflich organisierten Arbeit. Und beide Entwicklungen, die Ausweitung der Konsumdienste wie die Zunahme der Erwerbstätigkeit der Frauen, hängen ursächlich zusammen. Die Unterschiede in der Erwerbsbeteiligung zwischen den USA, Schweden und der Bundesrepublik ergeben sich vor allem aus den Unterschieden in der Erwerbsbeteiligung der Frauen. Die höhere Erwerbsquote der Frauen hat in Schweden und in den USA nicht zu einem vergleichbaren Rückgang der Erwerbsquote der Männer geführt – diese ist in den USA sogar noch gestiegen, in Schweden lediglich um 4,7 Prozentpunkte zurückgegangen; in der Bundesrepublik, wo die Erwerbsquote der Männer am stärksten zurückgegangen ist (von 90,4 auf 77,2 %), war der Zuwachs bei der Erwerbsquote der Frauen gleichzeitig am geringsten (von 47,5 auf 51,3 %). Daraus kann man schließen, daß sich die Erwerbstätigkeit der Frauen weitgehend unabhängig von der der Männer entwickelt hat. Es handelt sich offensichtlich um kein Nullsummenspiel. Wo mehr Frauen berufstätig werden, geht dies nicht zwangsläufig zu Lasten der Erwerbstätigkeit der Männer, und wo die Männererwerbstätigkeit zurückgeht, übernehmen nicht automatisch die Frauen mehr Arbeitsplätze. Die Erklärung liegt darin, daß die Arbeitsmärkte geschlechtsspezifisch segregiert sind und daß ihre Expansion bzw. Kontraktion unterschiedlichen Bedingungen unterliegen. Stark stilisiert kann man sagen: Der männliche Arbeitsmarkt ist der der (privatwirtschaftlich organisierten) Güterproduktion, der weibliche ist der der (öffentlich organisierten) Konsumdienste.

1990 lag der Anteil der weiblichen Beschäftigten an der Gesamtbeschäftigung in den Konsumdiensten in allen drei Ländern beträchtlich über der Hälfte. Der Anteil der Frauen an den Beschäftigten im güterproduzierenden Bereich hat sich zwar in allen drei Ländern seit 1970 erhöht, lag aber 1990 nur bei einem Drittel oder darunter.

In allen drei Ländern konzentriert sich die Frauenerwerbstätigkeit immer stärker im Bereich der konsumorientierten Dienstleistungen. Je mehr Frauen erwerbstätig sind, desto größer wird

Tabelle IX.3: *Verteilung der erwerbstätigen Frauen auf verschiedene Wirtschaftsbereiche in USA, Schweden und Bundesrepublik*

	BRD			USA			Schweden		
	1970	1980	1990	1970	1980	1990	1970	1980	1990
Landwirtschaft und Bergbau	12,7	6,8	3,8	2,2	1,9	1,5	4,8	3,4	1,9
Güterproduzierender Bereich	42,2	38,9	37,3	32,9	32,5	31,8	29,3	27,1	26,8
Verbraucherorientierte Dienstleistungen	45,1	54,3	58,9	65,0	65,6	66,6	65,8	69,6	71,3

Quelle: OECD, Labour Force Statistics 1989 (für 1970); OECD, Labour Force Statistics 1992 (für 1980, 1990)

offensichtlich diese Konzentration: in dem Land mit der niedrigsten Frauenerwerbsquote, der Bundesrepublik, sind 1990 58,9 % der erwerbstätigen Frauen im Bereich der konsumorientierten Dienstleistungen tätig, in Schweden, dem Land mit der höchsten weiblichen Erwerbsquote, sind es 71,3 %.

Da die Anteile der Bevölkerung, die insgesamt im Bereich der Güterproduktion beschäftigt sind, zwischen den drei Ländern nicht sehr stark variieren (zwischen 29,8 und 35,3 %), wird die Ausdehnung der Erwerbstätigkeit (Erhöhung der Erwerbsquote) nur durch die Expansion der Beschäftigung in den konsumorientierten Dienstleistungen möglich. Da die Erwerbsquoten der Männer überall bei ungefähr 80 % liegen und damit eine (freilich veränderbare) Obergrenze erreicht zu sein scheint, heißt Ausdehnung der Erwerbstätigkeit faktisch immer: Erhöhung der Erwerbsquote der Frauen. Dies geschieht in erster Linie in den Konsumdiensten. Erhöhung der Erwerbsquote der Frauen und Ausdehnung der Beschäftigung in den konsumorientierten Dienstleistungen laufen also nicht nur statistisch parallel, sondern sie bedingen sich auch gegenseitig. Dies erklärt die zunehmende Konzentration der Frauenerwerbstätigkeit auf diesen Bereich.

Der Weg in die Dienstleistungsgesellschaft ist der Weg der Frauen zusammen mit ihren traditionellen Aufgaben aus dem Haushalt in das System von Markt und Staat.

Kapitel 10

Die Kultur der Dienstleistungsgesellschaft

Im Kapitel 7 haben wir die Probleme des amerikanischen und des schwedischen Weges diskutiert und überlegt, ob sie als Modelle übertragbar sind. Ergebnis war, daß beide jeweils erhebliche interne Probleme produzieren, die ihre Stabilität bzw. ihren Erfolg in Frage stellen, und daß sie nur schwer übertragbar sind. Um vorbildliche Modelle handelt es sich jedenfalls nicht ohne weiteres. In diesem abschließenden Kapitel wollen wir die dritte diesbezügliche Frage erörtern: Sind sie überhaupt wünschenswert? Zu diesem Zweck wollen wir die Expansion von konsumorientierten Dienstleistungen in ihrer gesellschaftlichen Logik noch einmal rekapitulieren, diese mit ihren jeweiligen Schattenseiten konfrontieren und dann fragen, welche Alternative es dazu gibt. Abschließend reflektieren wir die Voraussetzungen und Chancen eines solchen alternativen Weges.

1. Von der Kapitalismustheorie zur Theorie der Dienstleistungsgesellschaft

Die in Kapitel 2 referierten soziologischen Theoretiker der Dienstleistungsgesellschaft geben implizit ähnliche und beruhigende Antworten auf die Fragen nach der Stabilität bzw. Krisenhaftigkeit kapitalistischer Gesellschaften, nach der Basis von Herrschaft, nach der Entwicklung der Sozialstruktur und nach dem politischen Subjekt sozialen Wandels. Das dichotomische Klassenschema wird mit der Dienstleistungsgesellschaft aufgelöst. Zwischen Kapitalisten und Proletariat und zu deren Lasten macht sich die »Dienstklasse« (Renner 1953, 211), »the class of professional, administrative and managerial employees« (Goldthorpe 1982, 162) breit. An die Stelle des Eigentums an den Produktionsmitteln als Quelle von Macht treten strategisch wichtige Positionen im Beschäftigungssystem. Nicht das Industrieproletariat, sondern die Dienstleistungsbeschäftigten sind Träger gesellschaftlicher Emanzipation. Diese Emanzipation ist eine kulturelle, sie spielt sich in den Köpfen ab und nicht in der Ökonomie.

Vergleicht man den konzeptionellen Zugang der Theoretiker der Dienstleistungsgesellschaft mit der Kapitalismustheorie von Marx, dann wird der Paradigmenwechsel in der Gesellschaftstheorie deutlich. Bei ihren im engeren Sinne soziologischen Fragestellungen folgen die Autoren dem Marxschen Analyseschema von Über- und Unterbau: Aus Veränderungen der Ökonomie, insbesondere des Arbeitsmarkts, wird auf Veränderungen der sozialen Strukturen und der politischen Orientierungen geschlossen. Aber dennoch unterscheiden sich ihre theoretischen Ansätze fundamental von Marx: Gesellschaft wird statt durch die Produktionsverhältnisse (Privateigentum an den Produktionsmitteln) stofflich charakterisiert durch die Qualität ihrer Produkte (Lebensmittel, Güter, Dienstleistungen) und durch die Qualität ihrer Produktion (agrarisch, industriell, informationell bzw. interaktionell). Entsprechend sind die treibenden Kräfte sozialen Wandels nicht das gesellschaftliche Verhältnis von Lohnarbeit und Kapital, sondern außergesellschaftliche Faktoren: der autonom gedachte technische Fortschritt und die anthropologischen Gesetzmäßigkeiten der Bedürfnisentwicklung. Und während Marx politisches Bewußtsein aus materiellen Interessen herleitet, die objektiv, d. h. in der gesellschaftlich definierten Klassenlage begründet sind, schließen Bell sowie Gartner/Riessman von der unmittelbaren Arbeitssituation, d. h. von den spezifischen Merkmalen der beruflichen Tätigkeit und von den Qualifikationen der DienstleisterInnen, auf deren normative Orientierungen und gesellschaftliches Bewußtsein.

Dieser Paradigmenwechsel von Kapitalismus/Sozialismus zu Industriegesellschaft/Dienstleistungsgesellschaft hat seine zentrale Rechtfertigung in der Annahme, mit dem Übergang in die tertiäre Phase verlaufe die gesellschaftliche Entwicklung prinzipiell stabil. Die Dienstleistungsgesellschaft ist zwar nicht konfliktfrei, aber die potentiell systemsprengenden Konflikte des Kapitalismus sind auf Dauer stillgestellt. Da der tertiäre Wandel auf der Grundlage einer hohen Produktivität in der Herstellung materieller Güter erfolgt, ist die Versorgung der überwiegenden Mehrheit mit notwendigen Gütern prinzipiell gesichert – und zwar auf so hohem Niveau, daß Verteilungskonflikte für die Mehrheit der Gesellschaft kein zentrales Thema mehr sind. Damit können kulturelle Fragen der Lebensweise an Bedeutung gewinnen. Dann sind in der Tat die Art der Produktion und der Produkte, die Struktur des Beschäftigungssystems, die Qualität der Arbeitsplätze und die Qualität des außerberuflichen Lebens die entscheidenden Merkmale, anhand derer sozialer Wandel beschrieben werden kann. Wenn der Kapitalismus dauerhaften gesellschaftlichen Reichtum sicherstellt, dann bleibt die Analyse der gesellschaftlichen Produktionsverhältnisse politisch folgenlos und soziologisch weitgehend abstrakt. Die hohe politische Stabilität der entwickelten kapitalistisch organisierten Gesellschaften des Westens sprechen für dieses objektive Veralten der Marxschen Theorie. Soweit sich die Analyse allein auf die Binnenentwicklung der westeuropäischen und nordamerikanischen Gesellschaften beschränkt, ist der Paradigmenwechsel von der Kapitalismusanalyse zur Analyse der Industrie- bzw. Dienstleistungsgesellschaft also augenscheinlich gerechtfertigt – allerdings auch nur insoweit.

Auch die ökonomischen Pessimisten, Baumol und Gershuny, haben diesen analytischen Rahmen übernommen. Ihr Pessimismus richtet sich allein gegen die Hoffnung auf grenzenlose Expansion der Dienstleistungsbeschäftigung. Die prinzipielle Stabilität eines kapitalistisch organisierten Systems wird auch von ihnen nicht in Frage gestellt. Wir haben gezeigt, daß selbst dieser eingeschränkte Pessimismus wenig begründet ist. Die Schranken einer Expansion der Dienstleistungsgesellschaft können politisch-praktisch umgangen werden, und die »Quellen« der Expansion von Dienstleistungen in ihrer spezialisierten Form als Berufstätigkeit sind theoretisch unerschöpflich: Immer neue Aufgaben entstehen beim Umbau der Produktion zum Zwecke der Produktivitätssteigerung und bei der Bewältigung von Folgeproblemen des Produktionsprozesses. Immer neue Nachfrage nach Konsum von Gütern und Dienstleistungen entsteht als Effekt von sozialer Ungleichheit, Kompensationsbedürfnissen und wachsendem Reichtum. Die »innere Landnahme«, die immer weitere Bereiche menschlicher Lebensäußerung in die formelle, warenförmige oder bürokratische Organisation im Zuge der Rationalisierung der Lebenswelt hineinreißt, bildet eine weitere Expansionsquelle.

Marx hat mit dem Gesetz vom tendenziellen Fall der Profitrate die herausfordernde These entwickelt, daß kapitalistisch organisierte Gesellschaften an ihren inneren Widersprüchen ökonomisch scheitern müßten, woraus sich zwangsläufig der politische Sprung in eine andere Gesellschaft ergebe. Kapitalistische Gesellschaften waren aber in der Lage, neue Formen gesellschaftlicher Integration und Steuerung zu entwickeln, so daß sie sich inzwischen als stabile

Formationen erwiesen haben. Die Sorgen der pessimistischen Theoretiker der Dienstleistungsgesellschaft haben sich ebenso als wenig begründet erwiesen, und auch der Weg der Vergesellschaftung von Arbeit und Bedürfnisbefriedigung in zunehmend markt- und staatsförmiger Organisation scheint in sich stabil zu sein. In einer creatio ex nihilo werden immer neue Investitions-, Arbeits- und Konsummöglichkeiten geschaffen. Wenn es demzufolge keine begründbare Notwendigkeit gibt, einen anderen Weg in die Zukunft einzuschlagen, gibt es dann überhaupt noch Anlaß, über die Verlängerung der Gegenwart in die Zukunft hinaus zu denken? Kann diese Zukunft mehr beinhalten als die Wahl zwischen einer schwedischen Skylla und einer amerikanischen Charybdis, und gibt es überhaupt noch die Entscheidungsfreiheit zwischen verschiedenen Pfaden?

2. Bietet die Dienstleistungsgesellschaft eine wünschenswerte Zukunft?

Vergegenwärtigen wir uns noch einmal die drei Pfade in die Dienstleistungsgesellschaft:

– Die Bundesrepublik ist im Vergleich zu Schweden und den USA auf dem Weg in die Dienstleistungsgesellschaft zurückgeblieben. Die Kosten dafür liegen in hoher Arbeitslosigkeit und der systematischen Ausgrenzung großer Teile der Bevölkerung aus dem Erwerbsleben, die dadurch von einer selbständigen Teilhabe am gesellschaftlichen Reichtum ausgeschlossen bleiben – eine Spaltung zwischen Arbeitsplatzbesitzern und Arbeitsplatzlosen. Der ausgegrenzte Teil der Bevölkerung wird entweder arm gehalten oder abhängig von einer Existenzsicherung über die Familie. Betroffen sind davon vor allem die Frauen, die im »konservativen« Modell der Bundesrepublik in ihrer traditionellen Rolle bei Kindern, Küche und Altenpflege festgehalten sind.

Schweden und die USA stehen Modell für zwei verschiedene Wege, diesen »Rückstand« aufzuholen. Aber auch diese beiden Wege sind mit spezifischen Nachteilen behaftet, denn die Spaltung zwischen der Gruppe derjenigen, die in den Arbeitsmarkt integriert sind, und derjenigen, die von ihm ausgeschlossen sind, bildet sich innerhalb des Arbeitsmarkts ab:

– In Schweden wurde in einem vergleichsweise kurzen Zeitraum die Rolle der »Nur-Hausfrau« weitgehend abgeschafft. Statt dessen sehen wir heute eine geschlechtsspezifische Aufteilung des Arbeitsmarkts in einen männlich dominierten privaten und einen weiblich dominierten staatlichen Sektor.[1] Die Kosten für die staatlich organisierten Dienstleistungen müssen durch eine hohe Besteuerung der Privatwirtschaft und der Einkommen finanziert werden. Der Konflikt um die Staatsquote verlagert sich ins Ehebett, und »die schwedische Sozialdemokratie kann nur hoffen, daß die Bande der Ehe stark genug sein werden, um die Stürme ökonomischer Auseinandersetzungen zu überstehen« (Esping-Andersen 1990, 227). Zur Überhöhung des Konflikts über Steuerlast, Staatsfunktionen und die Gehälter im öffentlichen Dienst durch geschlechtsspezifische Segregation treten die unterschiedlichen Chancen auf dem Arbeitsmarkt für Männer und Frauen und die wachsende soziale Kontrolle und Normierung weiter Bereiche des Alltagslebens im Zuge ihrer Durchstaatlichung. Die geringen Möglichkeiten der individuellen Variation von Lebensstilen unter den Bedingungen eines starren, staatlich organisierten Gleichheitsmodells haben außerdem zu Anzeichen einer Erosion des schwedischen Volksheims geführt (vgl. Kapitel 7).

Oberflächlich gesehen verlief der Grundstruktur nach die Entwicklung in der ehemaligen DDR ähnlich: Teile der Familienarbeit, insbesondere die Kinderbetreuung während der üblichen Arbeitszeiten, wurden verstaatlicht und die verheirateten Frauen damit freigestellt für die Erwerbstätigkeit. Die geschlechtsspezifische Segmentation auf dem Arbeitsmarkt war kaum geringer, auch wenn die Produktionsarbeit noch einen größeren Anteil der weiblichen Arbeitskräfte absorbierte. Da in der DDR aber keine demokratische Kontrolle möglich war, konnten sich im verstaatlichten Dienstleistungsbereich auch ungehemmt Formen politischer Indoktrination und Kontrolle ausbreiten, die die Vorbehalte gegen diese Form der Vergesellschaftung wachgehalten haben.

– Der US-amerikanische Pfad in die Dienstleistungsgesellschaft ist der Weg in eine Dienstbotengesellschaft. Negative Folgen (und Voraussetzungen) des »Beschäftigungswunders« sind die Verschärfung sozialer Ungleichheit, insbesondere der Einkommensungleichheit, voraussichtlich aber auch der räumlichen Ungleichge-

---

1 67,1 % aller Arbeitsplätze im schwedischen Staatssektor waren 1985 von Frauen besetzt, in der Bundesrepublik 39,4 % (1983), in den USA 46,6 % (1985).

wichte (vgl. hierzu Kapitel 6). In den USA ist die geschlechtsspezifische Segmentation zwischen den güterproduzierenden und den konsumorientierten Dienstleistungsbereichen zwar weniger ausgeprägt, die ethnische Differenzierung ist dafür aber um so schärfer – ein Hinweis darauf, daß die Tätigkeiten in diesen Dienstleistungsberufen gesellschaftlich gering bewertet werden, nur daß einmal vor allem die Frauen, ein andermal die diskriminierten ethnischen Minderheiten damit beschäftigt werden.

Die Bundesrepublik ist in der Tat ein konservatives Modell der Organisation von sozialen Dienstleistungen. Sie werden in dieser »Selbstbedienungsgesellschaft« weitgehend den unbezahlten Tätigkeiten der Frauen in den privaten Haushalten zugeschoben, oder sie werden in der Grauzone des Arbeitsmarkts als Schwarzarbeit und in »geringfügiger Beschäftigung« angesiedelt. Der Weg in eine Dienstleistungsgesellschaft scheint also im Interesse besserer Arbeitsverhältnisse und (ökonomischer) Selbständigkeit – insbesondere von Frauen – wünschenswert und unvermeidlich. Bleibt also nur die Wahl zwischen zwei gleichermaßen, wenn auch auf je unterschiedliche Weise unerfreulichen Wegen der Formalisierung und Vergesellschaftung der alltäglichen Lebensbedingungen? Oder gibt es auch einen dritten Weg?

3. Eine theoretische Chance der Rückständigkeit?

Die Bundesrepublik steht an der Schwelle des Übergangs von einer Industrie- in eine Dienstleistungsgesellschaft. Die bisherige Entwicklung der Industriegesellschaft hat vor allem zur Integration der Männer in die förmliche Erwerbsarbeit geführt. Und dieser Weg führte zugleich zu urbanisierten Lebensformen, die eine sehr spezifische Logik der Emanzipation repräsentieren.

Max Weber hat die Stadt definiert als einen Ort, wo die Bevölkerung die überwiegende Mehrheit ihrer Bedürfnisse durch den Kauf von Gütern und Dienstleistungen auf einem Markt befriedigt. Der kapitalistische Rationalisierungsprozeß nahm von der mitteleuropäischen Stadt seinen Ausgang und prägte die städtische Lebensweise im Kern: Arbeitsteilung, Spezialisierung und Konkurrenz waren und sind die Elemente der enormen Produktivitätssteigerungen, die in diesem Organisationsmodell möglich geworden sind. Die Trennung von Betrieb und Haushalt ist grundlegend dafür gewesen, und sie war gleichbedeutend mit einer Trennung in eine zweckrational strukturierte und eine »eigensinnige« Sphäre. Der private Haushalt und die Familienarbeit blieben daher lange Zeit von vergleichbaren Rationalisierungsschüben verschont, und deshalb haftete ihnen auch das Stigma einer Rückständigkeit der Produktivität an. Gerade diese Rückständigkeit trug zur gesellschaftlichen Diskriminierung der Familienarbeit und damit der Hausfrauenrolle bei, die ganz einer traditionellen, vorindustriellen Welt verhaftet schien – sie wurde und wird, wie gezeigt, in der amtlichen Statistik nicht einmal als Arbeit wahrgenomen.

Schon am Beginn der Industrialisierung wurde diese Aufspaltung als gesellschaftliches Problem gesehen. In den urbanistischen Utopien der Frühsozialisten (z. B. Owen und Fourier, vgl. Bollerey 1977) wurde die »Flucht nach vorn« vorgeschlagen und Konzepte für die »Befreiung« der Frau durch die Vergesellschaftung der Haushaltsarbeit entwickelt. In der historischen Realität kam jedoch nur eine halbierte Urbanisierung zum Zuge (vgl. Häußermann/Siebel 1991 b), diejenige der männlichen Lebensformen. Für sie wurde die Stadt der Ort, wo außer der Erwerbsarbeit eine breite Palette von markt- und staatsförmig organisierten, formellen Dienstleistungen zur Verfügung stand, ergänzt durch die privaten Dienste der (Ehe-)Frauen. Für die Frauen eröffnete die Urbanisierung dagegen in weit geringerem Ausmaß jenes Reich der Freiheit, das jenseits der Sphäre der Notwendigkeit, d. h. des Zwangs zu arbeiten, liegt.

Anfang des 20. Jahrhunderts spielte die Vergesellschaftung der Haushalts- oder Familienarbeit eine zentrale Rolle in den Diskussionen der Frauenbewegung, und noch der Funktionalismus in Architektur und Städtebau bezog sein Pathos aus der Hoffnung, die Prinzipien der industriellen Rationalisierung ließen sich auf die ganze Stadt und bis in die Küche jeder einzelnen Wohnung anwenden (vgl. Beer 1994). Also führte man exakte Bewegungsstudien mit Hausfrauen durch und entwarf Kleinküchen, in denen der Arbeitsplatz der Hausfrau ebenso tayloristisch durchkalkuliert war wie der eines Industriearbeiters. Die Stadt zerlegte man gemäß den Prinzipien der Arbeitsteilung in einzelne Funktionen, denen man spezialisierte Orte und Zeiten zuwies: Arbeiten – Wohnen – Freizeit – Verkehr. Damit sollte im rückständigen außerbetrieblichen Lebensbereich der tägliche Zwang zur Arbeit ähnlich zurückgedrängt werden, wie es mit der Einführung des 8-Stunden-

Tages im Berufsleben aufgrund von industrieller Rationalisierung so eindrucksvoll gelungen war.

Die industrielle Urbanisierung hat Mann und Frau dennoch sehr unterschiedlich ergriffen. Der Mann wurde in die betrieblich organisierte Berufsarbeit außerhalb des Hauses integriert, die Frau blieb zu Hause und hatte dort all jene Aufgaben in informeller, nicht beruflicher und daher auch nicht entlohnter Arbeit zu erledigen, die noch nicht von Markt und Staat vergesellschaftet waren. Erst im Zuge der industriellen Urbanisierung etablierte sich daher die dreifache Teilung der Welt zwischen den Geschlechtern, die die moderne urbane Lebensweise kennzeichnet: Die inhaltliche Trennung von Privatheit und Öffentlichkeit, die zeitliche von Freizeit und Beruf, die räumliche von Wohnen und Arbeiten. Zum politisch-kulturellen Ziel seit Beginn des 20. Jahrhunderts erhoben, setzte sich in den 60er Jahren in der Bundesrepublik die moderne Wohnform des kleinfamilialen, privaten, von beruflicher Arbeit separierten Wohnens massenhaft durch, kräftig unterstützt mit den Mitteln des Städtebaus und der Wohnungspolitik.

Dieser Typus der urbanen Lebensweise zeigt allerdings Auflösungserscheinungen. Die Ausdifferenzierung verschiedener und das Experimentieren mit neuen Lebensstilen bei Männern und Frauen sowie die Zunahme neuer Haushaltstypen (Alleinlebende, Wohn- und Hausgemeinschaften, unverheiratete Paare) sind Indizien dafür. Die entscheidende Ursache dafür ist, daß der Prozeß der Vergesellschaftung nun auch die Frauen ergreift. Auch sie werden in das System betrieblich organisierter Berufsarbeit integriert, und die Aufgaben, die im 19. Jahrhundert von Dienstboten und im 20. Jahrhundert von den Hausfrauen erledigt wurden, werden immer stärker von Markt und Staat organisiert.

In den eher traditionellen Bereichen der Gesellschaft, die von der kapitalistischen Urbanisierung noch nicht in gleicher Weise transformiert wurden – auf dem Lande also und im Handwerk –, wurden die Lebensvollzüge nicht so rasch vom Rationalisierungsprozeß durchdrungen, und die Geschlechterrollen blieben eher an den vorindustriellen Differenzierungen orientiert. Landwirtschaft und Handwerk galten lange als »rückständig«, weil die Ausdifferenzierung zwischen zweckrational organisiertem Betrieb und privatem Haushalt unvollständig blieb. Aber die Rollen von Mann und Frau – wenngleich geprägt durch ein klares

Herrschaftsgefälle – waren auf die Arbeit bezogen gleichgewichtiger.

Der Prozeß der Vergesellschaftung des ausgegrenzten weiblichen Arbeitsvermögens findet vor allem in den Städten statt. In den Städten sind neue Rollendefinitionen und neue Lebensweisen eher möglich. Hier expandieren auch die für Frauen leichter zugänglichen neuen Arbeitsmärkte in den Bereichen Gesundheit, Erziehung und soziale Dienste. Hier lassen sich die marktförmigen (Kinder-Care) und öffentlichen Infrastrukturangebote (KITAs) leichter organisieren, die die berufstätigen Frauen entlasten – und in den großen Städten finden sich zunehmend die legalen und illegalen Emigrantinnen, die bereit sind, für wenig Geld und häufig außerhalb formeller Beschäftigungsverhältnisse zu putzen, zu waschen und zu bügeln, den Garten in Ordnung zu halten und zu kochen. Maria Rerrich spricht vom »Weg zu einer neuen internationalen Arbeitsteilung der Frauen in Europa«, die es den (westdeutschen) Frauen erst ermögliche, ein berufszentriertes Leben zu führen. Allein in Westdeutschland arbeiten nach ihrer Schätzung zwischen 1 und 2,4 Mio. Frauen in privaten Haushalten gegen Bezahlung (Rerrich 1993, 98). »Man kann dies als eine Südafrikanisierung der Gesellschaft ansehen, d. h. die Verwirklichung eines kolonialen Gesellschaftsmodells inmitten der Metropolen. Man kann es auch... als die Verlagerung der traditionellerweise der ›Hausfrau‹ zugeschriebenen Tätigkeit auf eine ökonomisch und sozial marginalisierte Masse von Unterprivilegierten [bezeichnen]. Die Professionalisierung der häuslichen Aufgaben ist also das genaue Gegenteil einer Befreiung. Sie entlastet eine privilegierte Minderheit von ihrer Eigenarbeit (oder eines Teils davon) und macht daraus den Broterwerb einer neuen Klasse unterbezahlter Dienstboten, *die zu den eigenen häuslichen Aufgaben auch noch die Hausarbeit von anderen übernehmen müssen.*« (Gorz 1989, 223) In diesem Fall werden (weibliche) Arbeitskräfte für die Berufstätigkeit freigesetzt, indem ihre bisher für die Hausarbeit genutzte Arbeitskraft durch andere (weibliche) Arbeitskräfte substituiert wird. Die mit der industriellen Urbanisierung durchgesetzte Arbeitsteilung zwischen den Geschlechtern wird abgelöst von einer gleichermaßen hierarchischen Arbeitsteilung zwischen Frauen.

Die Art und Weise, wie die Vergesellschaftung des weiblichen Arbeitsvermögens vor sich geht, ob nach dem schwedischen oder nach dem US-amerikanischen Modell, also vorwiegend öffentlich/

bürokratisch oder privat/marktförmig, hat weitgehende Konsequenzen für die Sozialstruktur wie für die räumliche Struktur der Städte (vgl. Kapitel 5 und 6): eine marktförmige Entwicklung schafft neue soziale und räumliche Disparitäten und Spaltungen, die auch nicht ohne tiefgreifende Folgen für die sozialräumliche Struktur der Städte bleiben können.

Aber es geht um mehr, nicht allein um die Alternative »Markt oder Staat«, sondern generell um die Transformation von informeller Hausarbeit zu formeller Berufsarbeit, vom privaten und stärker selbstbestimmten Bereich in das ökonomische System – oder anders formuliert: um die Bestimmung der Grenzen zwischen Lebenswelt und System. Mit dem Transfer von häuslichen Tätigkeiten in das ökonomische System ist eine Auflösung diffuser und komplexer sozialer Formen verbunden. Sie werden im Prozeß ihrer Vergesellschaftung ersetzt durch arbeitsteilig organisierte, professionelle Systeme, die ihre eigenen Rationalitäten und Standards haben. Damit verändert sich nicht nur die Form, sondern auch die Qualität sozialer Dienstleistungen und damit langfristig die Basis des gesellschaftlichen Zusammenlebens. Wenn der Pfad in die Dienstleistungsgesellschaft durch die markt- oder staatsförmige Vergesellschaftung der Privatsphäre und der Lebensweise geebnet ist, beinhaltet er weitreichende sozio-kulturelle Veränderungen. Ohne in rückwärtsgewandte Sentimentalitäten oder ideologisch gefärbte Verklärungen der Realität zu verfallen – etwa indem dem Vorhandensein einer »Hausfrau« das Gelingen von Sozialisationsprozessen oder die Gewährleistung emotionaler Aufgehobenheit zugeschrieben wird – muß die Frage gestellt werden, welche gesamtgesellschaftliche Rationalität und welche Ambivalenzen dieser Prozeß hat und welche normativen Orientierungen mit welchem Modell verbunden sind.

Der Prozeß der Vergesellschaftung der Haushaltsarbeit ist aufs engste verknüpft mit dem Emanzipationsprozeß der Frauen: die Befreiung aus ihrer Rolle im privaten Haushalt, der seit dem 19. Jahrhundert als Ort der »Versklavung« der Frauen gilt. Emanzipation von geschlechtsspezifischer Benachteiligung ist in einer »Arbeitsgesellschaft« nur denkbar durch die Entlastung bzw. Befreiung von unbezahlter Haushaltsarbeit und durch die Integration in das Berufssystem. Weil dies so ist, kann es bei der Diskussion um Vergesellschaftung und Verstofflichung der Dienstleistungen nicht nur um das Beklagen von Verlusten gehen oder gar darum, diesen Prozeß aufzuhalten.[2] Dies würde darauf hinauslaufen, die Frauen in ihrer traditionellen Rolle festhalten zu wollen. Die Alternativen, die vom amerikanischen oder schwedischen Modell geboten werden, sind dennoch aus Gründen, die Mann und Frau gleichermaßen betreffen, wenig attraktiv.

Die durchgängige Logik des damit verbundenen sozialen Wandels ist die wachsende Vergesellschaftung immer weiterer Lebensbereiche im Zuge der inneren Landnahme. Der Wandel in Selbstverständnis und Rollenverhalten von Frauen unterstützt unweigerlich diese Tendenzen (vgl. Stacey 1987). Schweden und die USA unterscheiden sich zwar hinsichtlich der Organisation und Finanzierung dieser Landnahme, aber nicht hinsichtlich der Tatsache selbst. Gibt es andere, humane und nicht-diskriminierende Alternativen?

Der Prozeß der Vergesellschaftung ist emanzipatorisch, sofern er das Volumen notwendiger Arbeit reduziert und den Frauen die gleichen Optionen auf den Arbeits- und Gütermärkten eröffnet wie den Männern. Aber es ist daran zu erinnern, daß Bürokratisierung und Lohnarbeit auch kritische Kategorien sind: Kommerzialisierung, Zerstörung des »weiblichen Arbeitsvermögens«, Dominanz der Zweckrationalität, Kommodifizierung, Entfremdung und das »Gehäuse der Hörigkeit« (Max Weber) sind Stichworte, die nicht unbedingt einen Traum vom besseren Leben beschreiben. Die Expansion der konsumorientierten Dienstleistungen und die damit verbundene Integration der Frauen in den Arbeitsmarkt folgen diesen Tendenzen. Das schafft keine andere, sondern vollendet die kapitalistische Kultur. Diese Entwicklungen zielen auf die durchgesetzte Marktgesellschaft, in der jedes Individuum in die Lage versetzt ist, durch Erwerbsarbeit so viel Einkommen zu erzielen, daß das persönliche Leben mit Hilfe formeller Dienstleistungsarbeiten organisiert werden kann.

Insofern wäre der Rückstand der Bundesrepublik vielleicht doch eine Chance, nämlich dafür, den Weg in die restlos warenförmig bzw. bürokratisch organisierte Gesellschaft eben nicht bis ans Ende zu gehen. Das hieße, einen bestimmten Anteil von Ar-

---

2 Wie die Beispiele Schweden und USA zeigen, ist nach gelungener Ausdehnung der weiblichen Erwerbsquote die dann immer noch bestehende Diskriminierung – nun auf dem Arbeitsmarkt – lediglich eine Frage des Ausmaßes. Die Integration in den Arbeitsmarkt mag in einer Arbeitsgesellschaft zwar der notwendige erste Schritt zur Gleichberechtigung sein, aber es wäre immer noch nur ein erster Schritt.

beit[3] und Bedürfnisbefriedigung weiterhin oder sogar vermehrt informell in den sozialen Netzen von Verwandtschaft, Freundschaft und Nachbarschaft zu organisieren. Die Verspätung der Bundesrepublik auf dem Marsch in die totale Vergesellschaftung ist doch nur deshalb konservativ zu nennen, weil die Allianz von katholisch-christlichen Parteien und männlich dominierten Industriegewerkschaften das industrielle Lebensmodell und die entsprechende Frauenrolle festgeschrieben haben.

Um diese schmale »Chance der Verspätung« zu nutzen, müßte die bundesrepublikanische Gesellschaft einen sehr weiten Sprung in eine andere Moderne tun, einen Sprung in eine Moderne jenseits der geschlechtsspezifischen Arbeitsteilung, der beruflichen Karriereorientierung und des Konkurrenzsystems – also jenseits der heute vorherrschenden Identitäten –, in einen Wertewandel, der eine Gleichverteilung von formeller und informeller Arbeit zwischen den Geschlechtern erst möglich machte. Es wäre damit auch ein Sprung in eine Moderne jenseits der ökonomischen Effektivität der Leistungssteigerung durch Konkurrenz.

Denn ohne eine Expansion der beruflich organisierten Konsumdienste wäre eine Gleichverteilung formeller Berufs- und informeller Hausarbeit auf die Geschlechter nur durch eine massive Arbeitszeitverkürzung pro beruflichem Arbeitsplatz möglich, was wohl kaum ohne einen grundlegenden Wandel des Stellenwerts der beruflichen Karriere möglich wäre. Solange die Berufsrolle einen derart hohen Stellenwert im Identitätskonzept von Männern und zunehmend auch von Frauen einnimmt wie gegenwärtig, wird eine Reduzierung des beruflichen Engagements z. B. zugunsten der eigenen Kinder oder zugunsten der Pflege alter Menschen in der

3 Die Semantik, nach der alles, was im Privathaushalt getan wird, als »Arbeit« bezeichnet wird, deren wir uns auch in unserer bisherigen Argumentation bedient haben, ist freilich selbst Teil des hier diskutierten Problems. Da die Qualifizierung weiblicher Tätigkeiten im privaten Haushalt als »Tätigkeiten aus Liebe«, deren Wert gar nicht in Geld zu messen und zu entlohnen sei, aber gerade dazu dient, sie als nicht gesellschaftlich anerkannte Arbeit im Vergleich zur Lohnarbeit zu diskreditieren, ist es kaum möglich, Begriffe zu finden, die beides einschließen: die Tatsache, daß es sich einerseits durchaus um Arbeit handelt, die aber andererseits wegen ihrer doch vorhandenen Selbstbestimmungsgrade, wegen ihres vermischten Charakters und ihrer Einbettung in persönliche Beziehungen sehr viel mehr und oft auch das Gegenteil von dem ist, was wir üblicherweise unter »Arbeit« verstehen. Das Spezifische der Familienarbeit ist, daß sie zwar nicht ganz ohne Zwang und Fremdbestimmung ist, aber eben auch nicht den gleichen Zwängen wie die Lohnarbeit unterliegt.

Nachbarschaft die Ausnahme bleiben. Auf Teilzeitjobs macht man selten Karriere. Voraussetzung wäre also auch ein Wandel der beruflichen Karrieremuster und Leistungsprinzipien – insgesamt nicht mehr und nicht weniger als eine andere Organisation der beruflichen Arbeit und andere Identitäten, also eine andere Kultur.

Damit zeigt sich, welche Bedeutung »Kultur« für den gesellschaftlichen Wandel gewonnen hat. Vorstellungen über Ursachen und Richtung des gesellschaftlichen Wandels können nicht mehr aus ökonomischen Gesetzmäßigkeiten oder aus der Zuspitzung ökonomischer Widersprüche gewonnen werden. Das Marxsche Modell, nach dem die Verelendenden aufgrund der ökonomischen Entwicklung zur Mehrheit werden, hat unter gegebenen gesellschaftlichen und ökonomischen Bedingungen keine Geltung mehr. Strukturelle Ausgrenzungen betreffen nur noch Minderheiten. Die Frage, ob und wie sich integrierte Mehrheit und unterprivilegierte Minderheit verbünden könnten, um einen gesellschaftlichen Wandel herbeizuführen, der die geschilderten Dilemmata der verschiedenen Pfade in die Dienstleistungsgesellschaft vermeidet, kann daher nur noch in »kulturellen«, aber nicht mehr in materiellen Dimensionen beantwortet werden. Gemeinsame Interessen, hinter denen sich Mehrheiten und Minderheiten jenseits ökonomisch definierter Konfliktlinien versammeln könnten, wären die Gleichheit der Geschlechter, der Kampf gegen eine sich verschlechternde Lebensqualität (Umweltprobleme, Ernährung, Verlust von Urbanität) und die Aufrechterhaltung der »Differenz zwischen System- und Lebenswelt«, also normative Vorstellungen von einem besseren Leben.

4. Gibt es auch eine praktische Chance der Rückständigkeit?

Gegenüber dem Optimismus, daß es eine politische Wahlfreiheit zwischen verschiedenen Pfaden in die Dienstleistungsgesellschaft gebe und daß darüber eine kulturelle Verständigung möglich sei, müssen allerdings Bedenken vorgetragen werden. Warum Schweden den einen Weg, die USA einen anderen und die Bundesrepublik wiederum einen anderen gegangen sind, hat Gründe, die aus den kulturellen Grundlagen dieser Gesellschaften selbst zu erklären sind. Die unterschiedlichen Pfade in die Dienstleistungsgesellschaft beruhen also selbst auf kulturellen Voraussetzungen, die nicht ohne weiteres manipulierbar sind:[4]

Schweden ist ein kleines, sozial und kulturell vergleichsweise homogenes Land. Die USA sind dagegen extrem heterogen, es gibt keine dominante Kultur – allenfalls den Anti-Etatismus. In der Bundesrepublik konnte sich im Rahmen einer autoritären Staatstradition das religiös begründete Subsidiaritätsprinzip als Grundlage des Sozialstaats durchsetzen, und dies ist nicht nur in den Gesetzen, sondern auch in den Köpfen und Herzen verankert. Die verschiedenen Pfade sind also selber zum großen Teil lediglich Ausfluß einer durch lange Tradition geprägten Kultur.

Nach der Vereinigung der beiden deutschen Staaten konnte man davon ausgehen, daß in der Bundesrepublik am ehesten Chancen für einen Wandel bestehen. Dafür schienen zwei Tatsachen zu sprechen:

– aus der religiös in etwa zweigeteilten alten Bundesrepublik ist durch die Integration der ehemaligen DDR ein überwiegend protestantisches Land geworden;

– nach 40 Jahren herrschender Ideologie und etwa 20 Jahre dauernder Praxis in der ehemaligen DDR, die Frauenrolle selbstverständlich mit Erwerbstätigkeit zu verbinden (vgl. Nickel 1993), hätten »kulturelle Tatsachen« geschaffen sein können, die in der neugebildeten Bundesrepublik eine eigene Wirkung entfalten.

Aber allem Anschein nach war diese Erwartung voreilig. Gegenüber der real existierenden Praxis der Frauenarbeit in der DDR konnte die Rolle der bürgerlichen Hausfrau manche Attraktivität bewahren. Der Zwang zur Erwerbstätigkeit der Frauen, die unbefriedigende »Aufbewahrung« der Kinder in staatlichen Einrichtungen während der Arbeitszeit, die kaum veränderte Arbeitsteilung innerhalb der Familien und die realitätsferne Glorifizierung

4 Selbst wenn die Kultur eines Landes durch politische Interventionen in einem überschaubaren Zeitraum und nachhaltig beeinflußbar wäre, bliebe noch die Frage nach dem politischen Träger zu beantworten, der dies veranstalten könnte. Der schwedische »Sonderweg« war eindeutig an die Möglichkeit eines politisch und ökonomisch unabhängigen Handelns der Nationalregierung gekoppelt. Die Handlungssouveränität der Regierungen in dem sich ökonomisch und politisch immer mehr verflechtenden Europa ist demgegenüber sehr viel skeptischer zu beurteilen (vgl. Scharpf 1991). – Schweden wird also seinen »Sonderweg« nicht nur wegen ökonomischer Schwierigkeiten und wegen der Erosion der politischen Unterstützung, sondern auch wegen des Anpassungsdrucks innerhalb der Europäischen Union modifizieren, wenn nicht verlassen müssen.

der neuen Frauenrolle in der offiziellen Selbstdarstellung von Staat und Partei haben offensichtlich die Vorstellungen von geschlechtsspezifisch unterschiedlichen Rollen nicht grundlegend und nachhaltig verändert. Aber angesichts der katastrophalen Arbeitsmarktlage in den neuen Bundesländern und angesichts des noch keineswegs beendeten ökonomischen Strukturwandels, der die »frauenfreundlichen« (tertiären) Erwerbsmöglichkeiten vergrößern wird, ist im Jahre 1993 noch keine abschließende Beurteilung möglich.[5] Denn daß die ökonomische Unabhängigkeit vom Mann, die in der DDR weitgehend verwirklicht war, bei den Frauen keinen bleibenden Eindruck hinterlassen haben sollte, ist kaum anzunehmen. Die Erwerbsorientierung der Frauen in Ostdeutschland ist vorläufig jedenfalls noch deutlich höher als in Westdeutschland.

Die Hoffnung auf eine Chance der Verspätung ist also nicht ganz unbegründet, aber sie ist doch reichlich schwach. Schon die utopischen Sozialisten haben mit wenig Erfolg an die bessere Einsicht und die Überzeugungskraft einer Vorstellung vom besseren und gerechteren Leben appelliert. Es scheint, als bliebe auch heute nichts anderes übrig, als auf Aufklärung und den Wandel in den Köpfen zu hoffen.

Das gilt auch – jenseits kulturell-normativer Überlegungen – für den Hinweis auf objektive Grenzen einer weiteren Entwicklung der Gesellschaft nach dem bisherigen Muster industrieller Modernisierung. Dies ist z. B. der Fall, wenn mit ökologischen und mit kulturellen Schranken gegen eine weitere Expansion des westlich-industriellen Gesellschaftsmodells argumentiert wird. Solche Grenzen nennt z. B. Burkard Lutz: »Vieles spricht dafür, daß mit der Absorption des traditionellen Sektors durch den industriell-marktwirtschaftlichen Sektor menschheitsgeschichtliche Leistungen hohen Werts zerstört wurden, für die bisher kein auch nur einigermaßen gleichwertiger Ersatz entstanden ist. Hierzu gehört ein über Jahrhunderte bewährter und entwickelter schonender Umgang mit der Natur, der sicherlich in den meisten Fällen nicht bewußtem Willen zur Bewahrung ökologischer Gleichgewichte entsprang, sondern nur durch die Beschränkung der verfügbaren technischen Mittel erzwungen, aber dennoch hocheffizient war.

---

5 Auswertungen von Meinungsumfragen, die in dieser Hinsicht schon zu sehr sicheren Einschätzungen gelangen (vgl. z. B. Klein 1993), sind daher durchaus mit Skepsis zu betrachten.

Hierzu gehören auch sozialisatorische Effekte, Formen der Persönlichkeitserziehung und -bildung, deren Borniertheit, ja vielfach Gewalttätigkeit offenkundig ist, deren im weitesten Sinn kultureller Reichtum jedoch erst in dem Maß sichtbar wird, in dem er vor unseren Augen verlorengeht.« (Lutz 1984, 233) Auf kulturelle Schranken verweist auch die sozialisationstheoretische Argumentation, wonach marktförmig und bürokratisch organisierte Gesellschaften auf verinnerlichte Normen, d. h. auf moralische Qualifikationen angewiesen sind, die nicht in Form der Warenproduktion und auch nicht bürokratisch reproduzierbar seien; gerade die moderne industrielle Gesellschaft benötige Charaktere, die nur in noch nicht restlos vergesellschafteten Beziehungen, in den Reservaten von Liebe und Intimität nachwachsen können. Die Unterwerfung aller Lebensbereiche unter die Warenform würde so zugleich die Grundlagen des gesellschaftlichen Lebens zerstören. Mit ähnlicher Logik wird angesichts ökologischer Probleme argumentiert; auch hier wird auf die Endlichkeit von natürlichen Ressourcen verwiesen, die die Gesellschaft zwar braucht und verbraucht, aber nicht selber produzieren kann. Und Claus Offe hat angesichts des Verlustes der Fähigkeit moderner Gesellschaften, »ihre eigene Zukunft als Projekt zu organisieren« (Offe 1986, 106), behauptet, der *Verzicht* auf eine weitere ungezielte und unberechenbare Leistungssteigerung selbstregulierter Subsysteme sei heute die eigentliche Utopie.

Das Argumentieren mit strukturellen Grenzen, die dem weiteren Vergesellschaftungsprozeß entgegenstehen, mag zwar schlüssig sein, seine Schwäche besteht aber darin, daß es sich – solange noch Handlungsmöglichkeiten bestehen – nur aufklärerisch und appellativ an die bessere Einsicht in zukünftige Wirkungen wenden kann. Sobald sich die Notwendigkeit der Umorientierung aber mit unmittelbarer Evidenz aufdrängt, d. h. nach Eintritt der prognostizierten Schäden, gibt es keine ausreichenden Handlungsspielräume mehr. Und was zur Sicherung einer menschenwürdigen Zukunft gesamtgesellschaftlich rational wäre, ist dies noch lange nicht für das individuelle Handeln. Die Integration der Frauen in den Arbeitsmarkt kann langfristig dazu führen, daß die gegenwärtige Privilegierung der Männer aufgehoben wird; aber ob – wenn diese Integration nur in eine Kopie der Männerrolle mündet – langfristig alle davon profitieren, ist durchaus zweifelhaft. Um dieses Dilemma rationalen Verhaltens in einem Bild auszudrücken:

Wenn im Theater einige Zuschauer sich von ihren Sitzen erheben, haben sie eine bessere Sicht auf die Bühne; wenn alle aufgestanden sind, um die Vorgänge auf der Bühne besser verfolgen zu können, ist zwar die Chancengleichheit wiederhergestellt, aber am Ende hat keiner mehr einen Vorteil. Wer sitzen bleibt, sieht deshalb freilich weniger – das ist der Antrieb zur Gleichstellung auf dem Arbeitsmarkt. Aber wie soll der Weg zurück aussehen, wie soll es dazu kommen, daß alle wieder bequem sitzen? Wenn erst einmal alle stehen, ist es nur dann rational, sich hinzusetzen, wenn einem die Bequemlichkeit wichtiger geworden ist als das Zuschauen. Erst wenn alle wieder sitzen, sind die Möglichkeiten, zu sehen, wieder mit der früheren Bequemlichkeit vereinbar. Doch wer setzt sich zuerst wieder hin? Welche Beweggründe könnte jemand dafür haben?

Es ist anzunehmen, daß eine Gleichverteilung der Berufs- und der Haushaltsarbeit auf die Geschlechter erst dann möglich sein wird, wenn es nicht mehr darum geht, daß sich die Männer auf den negativen Tausch von (hochgeschätzter) Berufsarbeit gegen (wenig geschätzte) Hausarbeit einlassen sollen, damit die Frauen umgekehrt einen Gewinn eintauschen können. Die kulturelle Frage über die sinnvolle Aufteilung der Lebenstätigkeit auf formell und informell organisierte Bereiche könnte also erst dann praktisch folgenreich diskutierbar werden, wenn beide Geschlechter gänzlich in das System beruflicher Arbeit integriert sind, der Weg der totalen Vergesellschaftung also schon gegangen wäre – der doch vermieden werden soll.

Literatur

Albach, Horst 1989: *Dienstleistungen in der modernen Industriegesellschaft.* München: Beck (*Schriftenreihe des Bundeskanzleramtes* 8)

Appelbaum, Eileen; Schettkat, Ronald 1990: *Determinants of Employment Development. A Comparison of the United States and the Federal German Economies.* In: *Labour and Society* 15, S. 13-31

Bade, Franz-Josef 1987: *Regionale Beschäftigungsentwicklung und produktionsorientierte Dienstleistungen.* Berlin: Duncker & Humblot (*Schriftenreihe des Deutschen Instituts für Wirtschaftsforschung,* Sonderheft 143)

Bade, Franz-Josef 1990: *Der wirtschaftliche Strukturwandel im überregionalen Vergleich.* In: Institut für Landes- und Standtentwicklungsforschung des Landes Nordrhein-Westfalen (Hrsg.), *Tertiärisierung und Stadtstruktur.* Dortmund: ILS, S. 12-21 (*ILS-Schriften* 44)

Bade, Franz-Josef; Middelmann, Ute; Schüler, Monika 1990: *Expansion und regionale Ausbreitung der Dienstleistungen.* Dortmund: ILS (*ILS-Schriften* 42)

Baethge, Martin; Oberbeck, Herbert 1986: *Zukunft der Angestellten. Neue Technologien und berufliche Perspektiven in Büro und Verwaltung.* Frankfurt a. M.: Campus

Baumol, William J. 1967: *Macroeconomics of Unbalanced Growth: The Anatomy of Urban Crisis.* In: *American Economic Review* 57, S. 416-426

Bebel, August 1985: *Die Frau und der Sozialismus.* 5. Aufl. Frankfurt a. M.: Verlag Marxistische Blätter

Beer, Ursula 1990: *Geschlecht, Struktur, Geschichte. Soziale Konstitutierung des Geschlechterverhältnisses.* Frankfurt a. M.: Campus

Beer, Ingeborg 1994: *Architektur für den Alltag. Vom sozialen und frauenfreundlichen Anspruch der Siedlungsarchitektur der Zwanziger Jahre.* Berlin: Schelzky & Jeep

Bell, Daniel 1979: *Die nachindustrielle Gesellschaft.* Reinbek bei Hamburg: Rowohlt (Originaltitel: *The Coming of Post-Industrial Society. A Venture in Social Forecasting.* New York: Basic Books)

Berger, Ulrike 1984: *Wachstum und Rationalisierung der industriellen Dienstleistungsarbeit.* Frankfurt a. M.: Campus

Berger, Johannes; Offe, Claus 1984: *Die Entwicklungsdynamik des Dienstleistungssektors.* In: Offe, C., *Arbeitsgesellschaft. Strukturprobleme und Zukunftsperspektiven.* Frankfurt a. M.: Campus, S. 229-270

Bollerey, Franziska 1977: *Architekturkonzeption der utopischen Sozialisten.* München: Moos

Bourdieu, Pierre 1991: *Physischer, sozialer und angeeigneter physischer*

Raum. In: Wentz, M. (Hrsg.), *Stadt-Räume.* Frankfurt a. M.: Campus, S. 25-34

Brake, Klaus 1990: *Der Einfluß der Tertiärisierung auf die Städte und das Stadtsystem.* In: Institut für Landes- und Stadtentwicklungsforschung des Landes Nordrhein-Westfalen (Hrsg.), *Tertiärisierung und Stadtstruktur.* Dortmund: ILS, S. 37-40 *(ILS-Schriften 44)*

Brake, Klaus 1991: *Dienstleistungen und räumliche Entwicklung Frankfurt. Strukturveränderungen in Stadt und Region.* Oldenburg: Universität, Stadt- und Regionalplanung

Brake, Klaus 1993: *Die räumliche Struktur der Dienstleistungsökonomie oder Warum gibt es keine Dezentralisierung?* In: Häußermann, H.; Siebel, W. (Hrsg.), *New York. Strukturen einer Metropole.* Frankfurt a. M.: Suhrkamp, S. 91-107

Braverman, Harry 1977: *Die Arbeit im modernen Produktionsprozeß.* Frankfurt a. M.: Campus

Brunnberg, Kerstin 1991: *Wahljahr '91. Undramatischer Wahlkampf führte zu Machtwechsel und Rechtsdrall.* Stockholm: Svenska Institutet. *(Aktuelle Informationen aus Schweden* 385)

Bundesanstalt für Arbeit (Hrsg.) 1986: *Wirtschafts- und Arbeitsmarktentwicklung in den USA und in der Bundesrepublik Deutschland.* Nürnberg: BfA *(Beiträge zur Arbeitsmarkt- und Berufsforschung 96)*

Burns, S. 1975: *The Household Economy.* Boston: Beacon Press

Clark, Colin 1940: *The Conditions of Economic Progress.* London: Macmillan

Cornetz, Wolfgang 1987: *Die Kehrseite des »amerikanischen Beschäftigungswunders«.* In: *Wirtschaftsdienst* 67, 12, S. 627-632

Dahrendorf, Ralf 1975: *Die neue Freiheit. Überleben und Gerechtigkeit in einer veränderten Welt.* München: Piper

Daniels, Peter Walters 1986: *Producer services in the UK space economy.* In: Martin, R.; Rowthorne, R. (Hrsg.), *The Geography of Deindustrialisation.* London: Macmillan, S. 291-321

Deutsches Institut für Wirtschaftsforschung 1992: *Umbruch am ostdeutschen Arbeitsmarkt benachteiligt auch weiterhin die erwerbstätigen Frauen – dennoch anhaltend hohe Berufsorientierung.* In: DIW-Wochenbericht 59, 18, S. 235-241

Egner, Erich 1978: *Epochen im Wandel des Familienhaushalts.* In: Rosenbaum, H. (Hrsg.), *Seminar Familie und Gesellschaftsstruktur.* Frankfurt a. M.: Suhrkamp, S. 92-127

Engelbrech, Gerhard 1983: *Entwicklungstendenzen der Beschäftigung von Frauen 1960-1990.* In: Matthes, J. (Hrsg.), *Krise der Arbeitsgesellschaft? Verhandlungen des 21. Deutschen Soziologentages in Bamberg 1982.* Frankfurt a. M.: Campus, S. 161-174

Enzensberger, Hans Magnus 1987: *Schwedischer Herbst*. In: ders., *Ach Europa!* Frankfurt a. M.: Suhrkamp, S. 7-50

Ertel, Rainer 1986: *Was sind Dienstleistungen? Definitorische Anmerkungen*. In: Pestel, E. (Hrsg.): *Perspektiven der Dienstleistungswirtschaft. Beiträge zu einem Internationalen Dienstleistungssymposium der Niedersächsischen Landesregierung vom 13.-15. Mai 1985 in Hannover*. Göttingen: Vandenhoeck & Ruprecht

Esping-Andersen, Gösta 1990: *The Three Worlds of Welfare Capitalism*. Princeton, NJ: Princeton Univ. Press

Esping-Andersen, Gösta 1991: *Postindustrial Cleavage Structures. A Comparison of Evolving Patterns of Social Stratification in Germany, Sweden, and the United States*. In: Piven, F. F. (Hrsg.), *Labour Parties in Postindustrial Societies*. Cambridge: Polity Press, S. 147-168

Fainstein, Susan; Gordon, Ian; Harloe, Michael (Hrsg.) 1992: *Divided Cities. New York and London in the Contemporary World*. Oxford: Blackwell

Faist, Thomas 1995: *Ethnicisation and Racialisation of Welfare State Politics in Germany and the United States of America*. In: *Ethnic and Racial Studies* 18, 2, S. 220-238

Fisher, Allan G. B. 1939: *Production – Primary, Secondary and Tertiary*. In: *The Economic Record* 15, June, S. 24-38

Flora, Peter 1993: *Europa als Sozialstaat?* In: Schäfers, B. (Hrsg.), *Lebensverhältnisse und soziale Konflikte im neuen Europa. Verhandlungen des 26. Deutschen Soziologentages in Düsseldorf 1992*. Frankfurt a. M.: Campus, S. 754-762

Fourastié, Jean 1954: *Die große Hoffnung des zwanzigsten Jahrhunderts*. Köln: Bund-Verlag (die Originalausgabe *Le Grand Espoir du XXe Siècle* erschien 1949)

Friedrich, Werner 1993: *Sozialversicherungsfreie Beschäftigungsverhältnisse 1987 und 1992*. In: *WSI-Mitteilungen* 46, 9, S. 553-560

Friedrichs, Jürgen; Kiel, Klaus 1985: *Ökonomische Phasen der Stadtentwicklung*. In: *Kölner Zeitschrift für Soziologie und Sozialpsychologie* 37, 1, S. 96-115

Friedrichs, Jürgen; Häußermann, Hartmut; Siebel, Walter (Hrsg.) 1986: *Süd-Nord-Gefälle in der Bundesrepublik? Sozialwissenschaftliche Analysen*. Opladen: Westdeutscher Verlag

Gartner, Alan; Riessman, Frank 1978: *Der aktive Konsument in der Dienstleistungsgesellschaft. Zur politischen Ökonomie des tertiären Sektors*. Frankfurt a. M.: Suhrkamp

Gershuny, Jonathan I. 1981: *Die Ökonomie der nachindustriellen Gesellschaft. Produktion und Verbrauch von Dienstleistungen*. Frankfurt a. M.: Campus

Gestring, Norbert 1992: *Auf dem Weg zu einer polarisierten Gesellschaft? Thesen zur Verteilung der Einkommen in den Großstädten der USA, Großbritanniens und der Bundesrepublik Deutschland.* Bremen: ZWE (*Arbeitspapiere der ZWE. Arbeit und Region* 5)

Gilljam, Mikael; Holmberg, Sören 1993: *Väljarna inför 90-talet.* Stockholm: Norstedts Juridik

Goldthorpe, John H. 1982: *On the Service Class, its Formation and Future.* In: Giddens, A.; Mackenzie, A. G. (Hrsg.), *Social Class and the Division of Labour.* Cambridge: Cambridge University Press

Gonäs, Lena 1992: *Connecting Two Worlds – or quantitative equality and still a reserve army? Models and strategies of women's integration in working life. The Swedish example.* Stockholm: Arbetslivscentrum, Ms.

Gornig, Martin; Häußermann, Hartmut 1994: *Regionen im Süd/Nord- und West/Ost-Gefälle.* In: Roth, R.; Wollmann, H. (Hrsg.), *Kommunalpolitik.* Opladen: Leske+Budrich, S. 155-175

Gorz, André 1989: *Kritik der ökonomischen Vernunft. Sinnfragen am Ende der Arbeitsgesellschaft.* Berlin: Rotbuch

Gross, Peter 1983: *Die Verheißungen der Dienstleistungsgesellschaft.* Opladen: Westdeutscher Verlag

Gundlach, Erich; Schmidt, Klaus-Dieter 1985: *Das amerikanische Beschäftigungswunder. Was sich daraus lernen läßt.* Kiel: Institut für Weltwirtschaft (*Kieler Diskussionsbeiträge* 109)

Hack, Lothar 1987: *Die dritte Phase der industriellen Revolution ist keine »technische Revolution«.* In: *Technik und Gesellschaft,* Jahrbuch 4, S. 26-60

Häußermann, Hartmut; Siebel, Walter 1987: *Neue Urbanität.* Frankfurt a. M.: Suhrkamp

Häußermann, Hartmut; Siebel, Walter 1991 a: *Polarisierung der Städte und Politisierung der Kultur – Einige waghalsige Vermutungen zur Zukunft der Stadtpolitik.* In: Heinelt, H.; Wollmann, H. (Hrsg.), *Brennpunkt Stadt.* Basel: Birkhäuser, S. 353-370

Häußermann, Hartmut; Siebel, Walter 1991 b: *Soziologie des Wohnens.* In: Häußermann, H. et al., *Stadt und Raum.* Pfaffenweiler: Centaurus Verlagsgesellschaft

Häußermann, Hartmut; Siebel, Walter (Hrsg.) 1993: *New York. Strukturen einer Metropole.* Frankfurt a. M.: Suhrkamp

Hagelstange, Thomas 1988: *Niedergang oder Renaissance der Selbständigen? Statistische Daten zur Entwicklung in der EG und in Nordamerika.* In: *Zeitschrift für Soziologie* 17, 2, S. 143-151

Harms, Rita 1991: *Frauenerwerbstätigkeit und Familienpolitik. Neue Aspekte aus der ehemaligen DDR zur geschlechtsspezifischen Rollenverteilung. Hausarbeit zum Ersten Staatsexamen im Fach Sozialwissenschaft.* Bremen: Universität, Ms.

Harrison, Bennett; Bluestone, Barry 1988: *The Great U-Turn. Corporate Restructuring and the Polarizing of America*. New York: Basic Books

Hausen, Karin; Wunder, Heide (Hrsg.) 1992: *Frauengeschichte – Geschlechtergeschichte*. Frankfurt a. M.: Campus

Hausen, Karin 1976: *Die Polarisierung der ›Geschlechtercharaktere‹ – eine Spiegelung der Dissoziation von Erwerbs- und Familienleben*. In: Conze, W. (Hrsg.), *Sozialgeschichte der Familie in der Neuzeit Europas*. Stuttgart: Klett-Cotta, S. 363-393

Heinze, Rolf G.; Hilbert, Josef; Voelzkow, Helmut 1992: *Strukturwandel und Strukturpolitik in Nordrhein-Westfalen*. Opladen: Leske+Budrich

Henningsen, Bernd 1986: *Der Wohlfahrtsstaat Schweden*. Baden-Baden: Nomos (*Nordeuropäische Studien 2*)

Henningsen, Bernd; Stråth, Bo 1995: *Die Transformation des schwedischen Wohlfahrtsstaates*. In: Jahrbuch für Politik 2/95. Baden-Baden: Nomos

Hinrichs, Karl; Merkel, Wolfgang 1987: *Der Wohlfahrtsstaat Schweden: Was bleibt vom Modell?* In: *Aus Politik und Zeitgeschichte. Beilage zur Wochenzeitung Das Parlament*, B 51/87, S. 23-38

Hinrichs, Karl 1988: *Vollbeschäftigung in Schweden. Zu den kulturellen Grundlagen und den Grenzen erfolgreicher Arbeitsmarkt- und Beschäftigungspolitik*. In: *Politische Vierteljahresschrift* 29, S. 569-590

Hinrichs, Karl 1993: *Kommentar zu Bo Rothstein, »The Crisis of the Swedish Social Democrats and the Future of the Universal Welfare State«*. In: Meulemann, H.; Elting-Camus, A. (Hrsg.), *26. Deutscher Soziologentag. Lebensverhältnisse und soziale Konflikte im neuen Europa. Sektionen, Arbeits- und Ad hoc-Gruppen*. Opladen: Westdeutscher Verlag, S. 344-347

Hoem, Jan M. 1993: *Public Policy as the Fuel of Fertility*. In: *Acta Sociologica* 31, S. 19-31

Hoffmann, Edeltraud 1988: *Beschäftigungstendenzen im Dienstleistungssektor der USA und der Bundesrepbublik Deutschland*. In: *Mitteilungen aus der Arbeitsmarkt- und Berufsforschung* 21, 2, S. 243-267

Hotz-Hart, Beat; Würth, Markus 1987: *Strukturwandel tertiärer Aktivitäten und Raumentwicklung am Beispiel der Schweiz*. In: *Raumforschung und Raumordnung* 45, 3, S. 65-71

Ipsen, Detlef 1991: *Stadt und Land. Metamorphosen einer Beziehung*. In: Häußermann, H. et al., *Stadt und Raum*. Pfaffenweiler: Centaurus, S. 117-156

Jacobs, Eva; Shipp, Stephanie; Brown, Gregory 1989: *Families of working wives spending more on services and nondurables*. In: *Monthly Labor Review*, Nr. 112, S. 15-23

Jaeger, Carlo; Dürrenberger, Gregor 1991: *Services and counterurbanization – the case of central Europe*. In: Daniels, P. W. (Hrsg.), *Services and metropolitan development*. London: Routledge, S. 107-128

Jahn, Detlef 1992a: *Die Wahl zum schwedischen Reichstag 1991. Das Ende des sozialdemokratischen Modells?* In: *Zeitschrift für Parlamentsfragen* 23, H. 1, S. 83-94

Jahn, Detlef 1992b: *Schweden*. In: *Aus Politik und Zeitgeschichte. Beilage zur Wochenzeitung Das Parlament*, B 43/92, S. 22-35

Jessen, Johann; Siebel, Walter; Siebel-Rebell, Christa; Walther, Uwe-Jens; Weyrather, Irmgard 1988: *Arbeit nach der Arbeit – Schattenwirtschaft, Wertewandel und Industriearbeit*. Opladen: Westdeutscher Verlag

Junkernheinrich, Martin 1990: *Finanzwirksamkeit einer Tertiärisierung der Stadtstruktur*. In: Institut für Landes- und Stadtentwicklungsforschung des Landes Nordrhein-Westfalen (Hrsg.), *Tertiärisierung und Stadtstruktur*. Dortmund: ILS, S. 28-36 (*ILS-Schriften* 44)

Kern, Lucian 1976: *Probleme der postindustriellen Gesellschaft*. Köln: Kiepenheuer & Witsch

Klein, Markus 1993: *Die Rolle der Frau im geteilten Deutschland. Eine exemplarische Untersuchung über den Einfluß gesellschaftlicher Kontextbedingungen auf die Einstellungen zur Rolle der Frau und die Frauenerwerbstätigkeit*. In: *Politische Vierteljahresschrift* 34, S. 272-297

Köppel, Matthias 1983: *Zur Bedeutung der Dienstleistungssektoren für die regionale Entwicklung der Bundesrepublik*. In: *Mitteilungen des Rheinisch-Westfälischen Instituts für Wirtschaftsforschung* 34, S. 205-227

Korpi, Walter 1982: *The Historical Compromise and its Dissolution*. In: Rydén, B.; Bergström, V. (Hrsg.), *Sweden. Choices for Economic and Social Policy in the 1980s*. London: Allen & Unwin, S. 124-141

Krätke, Stefan 1991: *Strukturwandel der Städte*. Frankfurt a. M.: Campus

Krupp, Hans-Jürgen 1987: *Gibt es in der Bundesrepublik Deutschland einen Rückstand in der Entwicklung von Dienstleistungen?* In: *Allgemeines Statistisches Archiv* 71, S. 56-75

Langan, Mary; Ostner, Ilona 1991: *Gender and Welfare. Towards a comparative framework*. In: Room, G. (Hrsg.), *Towards an European Welfare State?* Bristol: Arrowsmith, S. 127-150

Lange, Norbert de 1989: *Die Entwicklung des tertiären Sektors*. In: *Die alte Stadt* 16, S. 58-77

Leira, Arnlaug 1989: *Models of Motherhood. Welfare State Policies and Everyday Practices: the Scandinavian Experience*. Oslo: Institute of Applied Social Research (*Rapport* 89/7)

Levy, Frank 1987: *Dollars and Dreams. The Changing American Income Distribution*. New York: Russel Sage Foundation

Lewin, Tamara 1989: *Small Tots, big Biz.* In: *The New York Times Magazine,* 29. Januar 1989

Lützel, Heinrich 1987: *Statistische Erfassung von Dienstleistungen.* In: *Allgemeines Statistisches Archiv* 71, S. 17-37

Lutz, Burkart 1984: *Der kurze Traum immerwährender Prosperität. Eine Neuinterpretation der industriell-kapitalistischen Entwicklung im Europa des 20. Jahrhunderts.* Frankfurt a. M.: Campus

Marcuse, Peter 1993: *Wohnen in New York – Segregation und fortgeschrittene Obdachlosigkeit in einer viergeteilten Stadt.* In: Häußermann, H.; Siebel, W. (Hrsg.), *New York. Strukturen einer Metropole.* Frankfurt a. M.: Suhrkamp, S. 205-238

Marien, Michael 1975: *The banners of Babel.* In: *Social Policy* 5 (5), Jan./Febr.

Marien, Michael 1977: *The Two Visions of Post-Industrial Society.* In: *Futures,* S. 415-431

Marx, Karl 1970: *Resultate des unmittelbaren Produktionsprozesses (Das Kapital,* 1. Buch, *Der Produktionsprozeß des Kapitals,* VI. Kapitel), Neudruck. Frankfurt a. M.: Verlag Neue Kritik (*Archiv sozialistischer Literatur* 17)

Meidner, Rudolf; Hedborg, Anna 1985: *Modell Schweden. Erfahrungen einer Wohlfahrtsgesellschaft.* Frankfurt a. M.: Campus

Mill, John Stuart 1975: *On the Words Productive and Unproductive.* In: Mill, John Stuart, *Essays on Economics and Society.* Toronto: University, S. 280-289. (*Collected Works,* IV) (Reprint der 1844 bei Parker in London u. d. T. *Essays on Some Unsettled Questions of Political Economy* erschienenen Ausgabe)

Mingione, Enzo (Hrsg.) 1993: *The new urban Poverty and the Underclass.* In: *International Journal of Urban and Regional Research,* Vol. 17 (Special Issue)

Mollenkopf, John H.; Castells, Manuel (Hrsg.) 1991: *Dual City. Restructuring New York.* New York: Russell Sage Foundation

Müller, Hans Peter 1992: Sozialstruktur und Lebensstile. Frankfurt a. M.: Suhrkamp

Müller, Walter 1983: *Wege und Grenzen der Tertiarisierung: Wandel der Berufsstruktur in der Bundesrepublik Deutschland 1950-1980.* In: Matthes, J. (Hrsg.), *Krise der Arbeitsgesellschaft? Verhandlungen des 21. Deutschen Soziologentages in Bamberg 1982.* Frankfurt a. M.: Campus, S. 142-160

Nedelmann, Brigitta 1984: *Konstellationsveränderungen im politischen System Schwedens.* In: Falter, J.; Fenner, C.; Greven, M. T. (Hrsg.), *Politische Willensbildung und Interessenvermittlung.* Opladen: Westdeutscher Verlag, S. 174-184

Nelson, Joel I.; Lorence, Jon 1985: *Employment in Service Activities and*

Inequality in Metropolitan Areas. In: *Urban Affairs Quarterly* 21, S. 106-125

Nickel, Hildegard Maria 1993: ›Mitgestalterinnen des Sozialismus‹ – *Frauenarbeit in der DDR.* In: Helwig, G.; Nickel H. M. (Hrsg.), *Frauen in Deutschland 1945-1992.* Bonn: Bundeszentrale für politische Bildung, S. 233-256

Niethammer, Lutz 1979: *Umständliche Erläuterung der seelischen Störung eines Communalbaumeisters in Preußens größtem Industriedorf oder: Die Unfähigkeit zur Stadtentwicklung.* Frankfurt a. M.: Syndikat

Nusbaumer, Jacques 1987: *Services in the Global Market.* Boston: Kluwer Academic Publishers

Ochel, Wolfgang; Schreyer, Paul 1988: *Beschäftigungsentwicklung im Bereich unternehmensorientierter Dienstleistungen. USA – Bundesrepublik im Vergleich.* In: Arbeitsgemeinschaft deutscher wirtschaftswissenschaftlicher Forschungsinstitute (Hrsg.), *Dienstleistungen im Strukturwandel.* Berlin: Duncker & Humblot, S. 139-173

Ochel, Wolfgang; Wegner, Manfred 1987: *Service Economies in Europe. Opportunities for Growth.* Boulder: Westview Press

Offe, Claus 1984: *Das Wachstum der Dienstleistungsarbeit: Vier soziologische Erklärungsansätze.* In: Offe, C., *Arbeitsgesellschaft. Strukturprobleme und Zukunftsperspektiven.* Frankfurt a. M.: Campus, S. 291-319

Offe, Claus 1986: *Die Utopie der Null-Option. Modernität und Modernisierung als politische Gütekriterien.* In: Berger, J. (Hrsg.), *Die Moderne – Kontinuitäten und Zäsuren.* Göttingen: Schwartz, S. 97-118 (*Soziale Welt,* Sonderband 4)

Offe, Claus; Heinze, Rolf G. 1986: *Am Arbeitsmarkt vorbei. Überlegungen zur Neubestimmung ›haushaltlicher‹ Wohlfahrtsproduktion in ihrem Verhältnis zu Markt und Staat.* In: *Leviathan* 14, S. 471-495

Ohlander, Ann-Sofie 1990: *Das vergessene Kind? Der Streit um die sozialdemokratische Familienpolitik.* In: Nelson, M. C.; Rogers, J. (Hrsg.), *Mother, Father, and Child – Swedish Social policy in the Early Twentieth Century.* Uppsala University: Department of History, S. 7-30 (*Reports from the Family History Group* 10)

Ostner, Ilona; Willms, Angelika 1983: *Strukturelle Veränderungen der Frauenarbeit in Haushalt und Beruf?* In: Matthes, J. (Hrsg.), *Krise der Arbeitsgesellschaft. Verhandlungen des 21. Deutschen Soziologentages in Bamberg 1982.* Frankfurt a. M.: Campus, S. 206-227

Oswald, Hans 1966: *Die überschätzte Stadt.* Olten und Freiburg i. Br.: Walter

Pahl, Ray E. 1984: *Divisions of Labour.* Oxford: Blackwell

Petit, Pascal 1986: *Slow Growth and the Service Economy.* London: Frances Pinter

Pettersson, Gisela (Hrsg.) 1990: *Zeit-Puzzle, Modell Schweden. Arbeitszeit- und Familienpolitik.* Hamburg: VSA-Verlag

Pfau-Effinger, Birgit 1993: *Modernisation, Culture and Part-Time Employment: The Example of Finland and West Germany.* In: *Work, Employment and Society* 7, S. 383-410

Reissert, Bernd; Schmid, Günther; Jahn, Susanne 1989: *Mehr Arbeitsplätze durch Dienstleistungen? Ein Vergleich der Beschäftigungsentwicklung in den Ballungsregionen der Bundesrepublik Deutschland.* Berlin: Wissenschaftszentrum Berlin für Sozialforschung (*Discussion Paper FS I 89-14*)

Renner, Karl 1953: *Wandlungen der modernen Gesellschaft.* Wien: Wiener Volksbuchhandlung

Rerrich, Maria S. 1993: *Auf dem Weg zu einer neuen internationalen Arbeitsteilung der Frauen in Europa?* In: Schäfers, B. (Hrsg.), *Lebensverhältnisse und soziale Konflikte im neuen Europa. Verhandlungen des 26. Deutschen Soziologentages in Düsseldorf 1992.* Frankfurt a. M.: Campus, S. 93-102

Riede, Thomas; Schott-Winterer, Andrea; Woller, Alfred 1988: *Soziale Dienstleistungen und Wohlfahrtsstaat. Vergleichende Analysen zur Beschäftigung im Arbeitsmarktsegment ›Soziale Dienstleistungen‹ in der Bundesrepublik Deutschland und den USA.* In: *Soziale Welt* 39, S. 292-314

Rohwer, Götz 1991: *Möglichkeiten und Grenzen einer kapitalistischen Dienstleistungsgesellschaft.* Hamburg: Hamburger Institut für Sozialforschung (Diskussionspapier, S. 2-91)

Rürup, Bert 1989: *Wirtschaftliche und gesellschaftliche Perspektiven der Bundesrepublik Deutschland.* München: Beck (*Perspektiven und Orientierungen. Schriftenreihe des Bundeskanzleramtes 7*)

Sackmann, Rosemarie 1995: *Regionale Kultur und Frauenerwerbsbeteiligung.* Berlin: Humboldt-Universität, Phil. Fak. III, Diss.

Sassen, Saskia 1988: *The Mobility of Labour and Capital.* Cambridge: Univ. Press

Sassen, Saskia 1991: *The Global City, New York, London, Tokyo.* Princeton: University Press

Say, Jean B. 1829: *Handbuch der practischen National-Oeconomie: oder d. ges. Staatswirtschaft für Staatsmänner, Gutsherren, Gelehrte.* Erster Band, Leipzig: Hartmann

Scharpf, Fritz W. 1986: *Strukturen der postindustriellen Gesellschaft oder: Verschwindet die Massenarbeitslosigkeit in der Dienstleistungs- und Informations-Ökonomie?* In: *Soziale Welt* 37, 1, S. 3-25

Scharpf, Fritz W. 1987: *Sozialdemokratische Krisenpolitik in Europa.* Frankfurt a. M.: Campus (*Theorie und Gesellschaft 7*)

Scharpf, Fritz W. 1991: *Die Handlungsfähigkeit des Staates am Ende des zwanzigsten Jahrhunderts.* In: *Politische Vierteljahresschrift* 32, S. 621-634

Schmid, Günther (unter Mitarbeit von Christine Ziegler) 1992: *Die Frauen und der Staat. Beschäftigungspolitische Gleichstellung im öffentlichen Sektor aus internationaler Perspektive.* Berlin: Wissenschaftszentrum für Sozialforschung (*WZB Discussion papers FS I* 91-12)

Schmidt, Manfred 1993: *Erwerbsbeteiligung von Frauen und Männern im Industrieländervergleich.* Opladen: Leske+Budrich

Schott-Winterer, Andrea; Riede, Thomas 1986: *Der Begriff Dienstleistung – oft benutzt, aber wenig geklärt.* Frankfurt: Universität, Sonderforschungsbereich 3 (*Arbeitspapier* 201)

Skolka, Jiri 1986: *Der Dienstleistungssektor der österreichischen Wirtschaft.* In: *WIFO-Monatsberichte* 10, S. 584-611

Smith, Adam 1973: *Eine Untersuchung über Natur und Wesen des Volkswohlstandes.* Gießen: Achenbach. 2 Bände, Nachdruck d. Ausg. Jena 1923

Söderström, Lars 1988: *The Redistribution Effects of Social Protection: Sweden.* In: Jallach, J.-P. (Hrsg.), *The Crisis of Redistribution in European Welfare States.* Stoke-on-Trent: Trentham Books, S. 75-144

Stacey, Judith 1987: *Der Feminismus als Geburtshelferin des »Postindustrialismus«.* In: *Leviathan* 15, S. 230-241

Stanback, Thomas M. Jr.; Bearse, Peter; Noyelle, Thierry J.; Karasek, Robert 1981: *Services. The New Economy.* Totowa, N. J.: Allanheld, Osmun (*Conservation of Human Resources Series* 20)

Statistical Yearbook of Sweden 1992. Stockholm: Statistics Sweden

Sundström, Marianne 1990: *Teilzeit – Chance oder Sackgasse?* In: Pettersson, G. (Hrsg.), *Zeit-Puzzle, Modell Schweden. Arbeitszeit- und Familienpolitik.* Hamburg: VSA-Verlag, S. 45-56

Terlinden, Ulla 1990: *Gebrauchswirtschaft und Raumstruktur. Ein feministischer Ansatz in der soziologischen Stadtforschung.* Stuttgart: Silberburg

Therborn, Gösta 1991: *Swedish Social Democracy and the Transition from Industrial to Postindustrial Politics.* In: Piven, F. F. (Hrsg.), *Labor Parties in Postindustrial Societies.* Cambridge: Polity Press, S. 101-123

Titmuss, Richard M. 1974: *Social Policy. An Introduction.* London: Allen & Unwin

Veblen, Thorstein 1953: *The Theory of the Leisure Class. An Economic Study of Institutions.* New York: The New American Library

Walker, Richard A. 1985: *Is there a service economy? The changing capitalist division of labor.* In: *Science and Society* 49, 1, S. 42-83

Willms-Herget, Angelika 1985: *Frauenarbeit – Zur Integration der Frauen in den Arbeitsmarkt*. Frankfurt a. M.: Campus

Windhoff-Héritier, Adrienne 1988: *Sozialpolitik unter der Reagan-Administration*. In: *Aus Politik und Zeitgeschichte. Beilage zur Wochenzeitung Das Parlament*, B 44/88, S. 25-35

Wolfe, Martin 1955: *The Concept of Economic Sectors*. In: *The Quarterly Journal of Economics* 69, S. 402-420

Wolff, Heimfried 1990: *Das Dienstleistungswachstum – eine moderne Umwegproduktion*. In: *Mitteilungen aus der Arbeitsmarkt- und Berufsforschung* 23, 1, S. 63-67

edition suhrkamp
Eine Auswahl

edition suhrkamp
Eine Auswahl

316/2/6.93

edition suhrkamp
Eine Auswahl

edition suhrkamp
Eine Auswahl

edition suhrkamp
Eine Auswahl

316/5/6.93

edition suhrkamp
Eine Auswahl

edition suhrkamp
Eine Auswahl